„Der Froschkönig"

„Vom sozialen Klimawandel und dem
Verlust der Weiblichkeit in unserer Gesellschaft"

… ein Plädoyer für Geschlechter-Fairness von
Kurt Froschkönig

*„Soziologisch betrachtet, scheinen Männer und Väter
– aber auch bereits die Jungs! – in unserer Kultur gerade
die Transformation ihres ‚Froschkönigs' durchzumachen.
Wir wissen: ‚ALLES SOZIALE IST SYSTEMISCH!'
Daher ist es für uns als Gesellschaft eminent wichtig,
uns klar zu entscheiden: zwischen der Ausrichtung einer
‚mythologischen-Gesinnung-Grimm'scher Märchen'
und jener einer ‚zeitgenössisch aufgeklärten Sozialität'!"*

Kurt Froschkönig

Gewidmet all jenen, die bereit und offen sind,
den Menschen wertschätzend zu begegnen,
um den sozialen Klimawandel und seine
anspruchsvollen Transformationen
mit Empathie zu unterstützen.
Es gibt nur EIN Boot!

Der Froschkönig

„Vom sozialen Klimawandel und dem
Verlust der Weiblichkeit in unserer Gesellschaft"

… ein Plädoyer für Geschlechter-Fairness

Kurt Froschkönig

Impressum:

Bibliographische Information der Deutschen Nationalbibliothek:
Die Deutsche Nationalbibliothek verzeichnet diese Publikation in der Deutschen Nationalbibliothek; detaillierte bibliographische Daten sind im Internet über dnb.dnb.de abrufbar.

Erstauflage: September 2024
© 2024 Kurt Froschkönig
Verlag: BoD · Books on Demand GmbH, In de Tarpen 42, 22848 Norderstedt
Druck: Libri Plureos GmbH, Friedensallee 273, 22763 Hamburg
Umschlagbild „als-ich-noch-der-Froschkönig-war“: vom Autor
Umschlaggestaltung: durch den Autor

ISBN: 978-3-7597-9986-9

Inhaltsverzeichnis: 5

Vorwort

„Zensur" und „Tabuisierung". – Wer will denn SOWAS glauben?!

Wahrscheinlich denken Sie ähnlich wie ich auch dachte: *Man kann doch heute in unserer Kultur über alles schreiben!* – Das stimmt aber nicht. Alle Textstellen, die Sie geschätzte Leserin, geschätzter Leser, im Buch **„fett gedruckt"** lesen, wären der Zensur durch meinen Verlag zum Opfer gefallen, hätte ich mich nicht entschlossen, dieses Buch doch noch selbständig zu verlegen. Die Hintergründe zu meinem Entschluss finden Sie noch in diesem Vorwort. Von Verlagsseite hören zu müssen (ich hatte bereits einen rechtskräftigen Vertrag für die Herausgabe im renommierten Tectum-Verlag der Nomos-Verlagsgruppe), unter Deutschlands Verlagen herrsche / frausche seit Jahren *„berechtigte Verunsicherung und Sorge, bei Veröffentlichungen von feminismuskritischer Literatur"*, musste ich letztlich doch sehr irritiert zur Kenntnis nehmen. Frauenorganisationen würden Derartiges als sozialpolitisches No-Go werten und solchen Tabubruch mit Verlags-Boykotten beantworten. – Ein echtes Dilemma, denn die überwiegende Leserschaft sind heute eben die Frauen. Dass derart motivierte Manuskript-Zensur durch Verlage in einem freien Land und seiner freien Presse stattfindet, ist wenigen bewusst. Ich hätte es mir jedenfalls nicht vorstellen können.

Jede Kultur leidet offenbar an ihren Tabuisierungen. Das ist bitter. Wenn das Problem aber die Hälfte der Bevölkerung betrifft, stellt dies eine echte Gefährdung dar. Wozu aber ist die Presse da, wenn es nicht gelingt, auf einem derart wichtigen Terrain, einen echten Diskurs zu führen und herrschende / frauschende Tabus aufzulösen, die das Klima zunehmend belasten – für alle im Land. Und das gilt bezüglich der Zukunft weniger für Erwachsene als für die Kinder.

Das ist das Eine. Das Andere: *Eine Gesellschaft, welche nicht mehr wagt, ihre (maßvollen) Kritiker zu Wort kommen zu lassen, hatte bislang noch immer radikale Zeiten vor sich.*

Wichtig erscheint mir, dass auch heute beide Seiten über die Spezifika des jeweils anderen Geschlechts wertschätzend informiert werden. Dass sie sich bereitfinden, zuzuhören und das andersartige anzuerkennen. Nur so kann es konstruktiv weitergehen, kann nachhaltig Versöhnung stattfinden. Individuelle „Opfererlebnisse" wird es in jeder Biographie und auf beiden Seiten der Geschlechter immer wieder geben. Eigenes „Opfersein" – etwas, das anzuerkennen meines Erachtens bedeutend weniger Männer als Frauen aushalten. Die meisten Männer sind allemal lieber Täter als Opfer (falscher Stolz). DARÜBER werden Männer lernen müssen, mutig zu sprechen. Ebenso wie Frauen ihre Art von eigenem „Tätersein" anerkennen werden müssen – ohne tabuisierte falsche Scham!

Die Geschlechterwogen der Empörung branden zur Zeit hoch: in den Gazetten der Printmedien, in Diskussionsforen und Talkshows, etc. Berichte über Berichte zum Thema *#metoo,* Karrierismus und Machtmissbrauch. Formuliert VON Frauen FÜR Frauen (sowie für Männer). Wiedermal zeigt sich, wie jene an den Schalthebeln der Macht, mit dieser Macht missbräuchlich umgehen. Jegliche, diesbezüglich schiefe Optik, desavouiert Macht. – Schade, wenn man(n) / frau weiß: Ohne Macht, keine Verantwortung!

Bezüglich *#metoo* gibt es auch von Männerseite genug (mit)zu teilen – *der INHALT sieht aber natürlich sehr viel anders aus!* – Dafür gilt es endlich aufseiten der Männer die richtigen Worte zu finden.

Soziale Tabus und ihre Folgen

Man sieht heute die Zuwachszahlen von rechten Bewegungen, sowohl in Österreich und Deutschland als auch international. Da gibt es neben der AfD, die FPÖ in Österreich, in Belgien den „Vlaams Block", Marine Le Pens französische „Rassemblement National" sowie die sogenannten „Schwedendemokraten" (schwed. Rechtspopulisten), usw.

Das vorliegende Buch schließt ausgewiesener Maßen an der persönlichen Erfahrung des Autors an, muss in seinen detailliert recherchierten Daten aber als Sachbuch gewertet werden. Es ist das Werk eines engagierten Sozialpädagogen, Vaters und Lehrers, der über ein Jahrzehnt als Betreuer von Jungen in Krisensituationen (vornehmlich in Kleinstädten am Land) tätig gewesen ist. Hier musste er erfahren, wie stark – vor allem junge Männer – dazu

9

tendieren, ins politisch rechte Lager abzugleiten. Zuwachszahlen solcher Bewegungen müssen jedoch nicht verwundern, wenn man (jungen) Männern nicht ebenso wie (jungen) Frauen Gehör schenkt und auch ihnen etwas, ihre Nöte Ausgleichendes, anbietet. Wenn es von Regierungsseite nicht bald gelingt, diesen jungen Männern der Mädchen- und Frauenförderung entsprechende Jungen- und Männerförderung angedeihen zu lassen, wird man diese Männer (wie auch ihre Frauen) scharenweise an die „politische Rechte" verlieren. DIESER (sozial-)politischen Unverantwortlichkeit will das Buch „*Der Froschkönig*" entgegenwirken. Auch aus fortschrittlich liberalem Gedankengut müssen endlich sachgemäße Initiativen zur Unterstützung von Männern, Vätern und Jungs entwickelt werden, ohne ihnen diese – von Feminismus-Seite – überzustülpen.

Wer nur ein kleinwenig darauf achtet, wo solche junge Männer (aber auch manche der jungen Frauen) sich „gehört" fühlen, wird leicht einschätzen, dass man(n) / frau sich angesichts politischer „Alternativangebote", leicht genau dorthin verliert, wo mit rechtem Gedankengut geködert wird, um mit altväterischen Versprechen, die bekannten Zustände wieder herzustellen. Verallgemeinerungen wie zum Beispiel: Männer wieder „*in-ihre-angestammten-Rechte-zurück-zu-führen*" oder „*Make-America-great again*". ... Wir alle kennen sie.

Existenzkrisen EINZELNER, welche über kurz oder lang für große Teile der Bevölkerung bestimmend werden, tragen die Gefahr in sich, *globales Chaos* zu verursachen. Das hat jegliche Vergangenheit bewiesen. Nicht erst die Chaosforschung.

Ein erster Schritt muss daher sein, die real existierenden Nöte umfassender sehen und anerkennen zu wollen. Denn: Für das lebendige Gelingen jeglicher Demokratie ist es in hohem Maß mitentscheidend, wie mit Menschen umgegangen wird. Letztlich wählen doch ALLE. Hier aber zeigt sich heute eine politische Un-Verantwortlichkeit, der dringend gegengesteuert werden muss.

Zu Publikation und Werdegang dieses Buches

Da ich das Brodeln unter der Oberfläche dieser Gesellschaft bereits seit langem spüre, habe ich im Lauf der letzten Jahre der Gleich-berechtigungs- und Geschlechterthematik die gesamte Aufmerksamkeit – auch als Autor – gewidmet. Auf Basis meiner persönlichen Erlebnisse als Sozialpädagoge und Lehrer, aber auch auf Basis von Recherchen in den unterschiedlichsten Gesellschaftsbereichen, entstand dieser Beitrag zum Geschlechter-Diskurs. Der Inhalt ist bewusst populärwissenschaftlich gehalten, da ich zu dem Thema kein *sozialwissenschaftliches Buch* publizieren wollte, das dann doch kaum gelesen wird.

Das nunmehr vorliegende Buch *„Der Froschkönig. – Vom sozialen Klimawandel und dem Verlust der Weiblichkeit in unserer Gesellschaft. … ein Plädoyer für Geschlechter-Fairness"* stellt einen am Leben abgeschauten Beitrag zur Genderdebatte sowie den Folgen des feministischen Gesellschaftswandels dar. Ausnahmsweise aus „froschköniglicher" Männersicht. Für manche vielleicht ein *ernsthafter Tabubruch*, in jedem Fall aber, aus genannten Gründen, ein Beitrag mit hohem Seltenheitswert.

Anliegen des Buches ist der verständnisvolle und wertschätzende Umgang zwischen Frauen und Männern sowie der offene, faire Diskurs für nachhaltige Geschlechterversöhnung. Es ist mit Sicherheit kein anti-feministisches Buch. Und schon gar keines gegen Frauen. Aber ein Buch gegen radikal einseitige Sichtweisen.

Wer bereit ist zu hören und die Augen nicht zu verschließen, kann unschwer erkennen, wie schwierig es für Jungen mittlerweile geworden ist, in der heutigen Gesellschaft noch ihren Platz zu finden. Als einen wesentlichen Grund, erachte ich die dramatischen Veränderungen durch Alleinerzieher(innen)schaft, sowie jene im Sozial-, Erziehungs- und Bildungswesen. Während frühere Generationen – aus dazumal unbewussten Diversitätsgründen – zuhause „weibliche Erziehung" genossen und in der Schule auch „männliche", sehen sich heutige Jugendliche teilweise ausschließlich von Frauen umgeben, die ihnen vermitteln wollen, wie es gelingen kann, ein Mann / eine Frau zu werden. Das mag für Mädchen klappen, aber im Regelfall kaum für Jungen. Wen kann es angesichts dieser Veränderungen wirklich wundern, wie krass sich parallel dazu die Bildungszahlen der jungen Männer entwickeln?! [1]

---

1 Jungen fallen seit 2000 auf allen Schulebenen (inkl. Unis) weit hinter Mädchen

Für das vorliegende Buch gelang es zunächst, einen Vertrag mit einem renommierten deutschen Verlag zu bekommen, da die zuständige Cheflektorin dieses Buch offenbar unbedingt im Verlagsprogramm haben wollte. Entscheidend war für sie – wie sie im Mail an mich schrieb, dass *„in jedem Fall das Spezifikum der ‚Männersicht' in den Haupt- oder Untertitel aufgenommen werde. ‚Wer fürchtet sich vorm weißen Mann?' ... sehen wir als wirklich starke Kapitelüberschrift an. Das wiederkehrende Motiv des Froschkönigs ist ebenfalls gelungen."* [2] Eine engagiert, mutige Person, bei der meine ersten 50 Buchseiten als Leseprobe, Exposé und Autorenfragebogen geradewegs zum rechtsgültigen Vertragsabschluss führten. (Es war dies allerdings nicht mein erster erfolgreicher Vertragsabschluss für Buchveröffentlichungen mit Verlagen.)

Dennoch: Der Verlag stieg letztlich – in Raten – aus dem Vertrag aus. Im einstündigen Telefonat mit dem zuständigen Programmleiter wurde klar, dass es *„interne Änderungen in der Programmausrichtung für den Bereich Sachbuch"* (NACH Vertragsabschluss!) gegeben hatte und das Cheflektorat infolge Mutterkarenz neu besetzt wurde. Die neue Cheflektorin lehnte mein vom Verlag favorisiertes Buch kategorisch ab. Ob vorauseilender Gehorsam, ob passend zur neuen Verlagslinie, ideologisierte Ablehnung, versteckte Aversion oder schlicht: Unverständnis – es lässt sich nicht so leicht klären. Neue Besen kehren jedenfalls (unbedingt) anders.

Hier ein Originalzitat aus dem (aufgenommenen) Telefonat mit dem Programmleiter im Tectum / Nomos-Verlag: *„Vielen Dank, es tut gut, Ihnen zuzuhören, es ist erfrischend. Ich selbst habe ... fünf Jahre lang Schulbücher gemacht, zusammen mit Lehrerkollegien, also mit Pädagogen und Sozialpädagogen operativ zusammengearbeitet und kann das, was Sie jetzt hier am Rande nur erwähnen – aber auch in Ihrem Buch, das ich zwischenzeitlich auch nachgelesen habe – durchaus bestätigen. Ich kann auch bestätigen, dass gerade in Deutschland ein Diskurs über solche, Sie haben sie ‚heikel' genannte Themen, auch in den Medien nicht offensiv geführt wird. (verlegen: Das sind Dinge, die*

---

zurück. Ausnahme: bei der Zahlen OHNE Abschluss und jenen in Sonderschulen.
2   Aus dem Mail des Verlages vom 19.12. 20187an mich.

fast tabuisiert werden insofern – auf Deutschland bezogen. Sie können sich kaum vorstellen, wie wenig das bei uns beleuchtet wird. ... Die Filter, die wir im Lektorat einlegen, die greifen nicht in den Text ein. Sie bekommen ein Manuskript zurück, das Anmerkungen der Lektorin enthält und Sie entscheiden, ob Sie diesen Anmerkungen Folge leisten oder nicht. Wir werden nicht den Text angreifen und schon gar nicht so, dass Sie es nicht mehr erkennen können. Sie haben letztlich als Autor – formaljuristisch gesprochen – geistiges Eigentum erschaffen und das geistige Eigentum wird in Deutschland noch stärker geschützt als sachliches Eigentum. ... Sie werden sehen, wie stark Ihre Rechte als Autor tatsächlich geschützt sind, insofern können wir Ihnen einen Antrag machen, eine Passage zu ändern oder zu eliminieren oder umzuformulieren. ... Wir schmeißen nichts raus, es wird sachlich lektoriert und mit Anmerkungen versehen. Und gerade weil Sie etwas zu sagen haben, was für mich auch deutlich wird, deshalb ist es gut, dass wir jetzt mal miteinander sprechen." [3]

Letztlich waren aber doch sehr wesentliche Passagen „gelöscht": Zitat: *„Wir gehen davon aus, dass Sie bei der Überarbeitung Ihres Textes – sofern diese für Sie in Frage kommt – unsere formalen Anmerkungen vollständig umsetzen werden und behalten uns eine zweite Prüfung des Gesamtmanuskripts vor. ... Viele Argumente / Thesen können in der vorliegenden Form so nicht stehen bleiben und müssen z.T. grundlegend überarbeitet werden."* [4] Ich fand mich auch nach reiflicher Überlegung nicht bereit, jene mir wichtigen Textstellen unveröffentlicht zu lassen, nur um als Verfasser eines solcherart zensierten und zahnlosen Buches herzuhalten. Das teilte ich dem Verlag mit, worauf dieser kurzerhand den Vertrag quittierte.

Zu Gericht gehen, kam für mich nicht infrage und so entschloss ich mich zu etwas anderem: Mein Buch unter einem Pseudonym zu veröffentlichen. So dürfen die in **von Verlagsseite zensierten Textstellen nun DOCH erscheinen – nicht „geschwärzt", sondern ganz im Gegenteil „fett gedruckt".**

---

3 Wörtlich niedergeschriebener Gesprächteil des aufgenommenen Telefonats zwischen dem Programmleiter von Nomos (der Name wird hier bewusst nicht genannt) und mir im Originalwortlaut. Min. 5:55, 16:00, 20:40, 35:40).

4 Aus dem Mail des Verlages an mich.

Mir jedenfalls verdeutlichte diese Art von Erleben während der Publikation einmal mehr sehr schmerzlich, welcher Ausgrenzung sich Frauen zu Zeiten eines tabuisierenden Patriarchats ausgesetzt gefühlt haben mussten, in Zeiten als SIE es waren, die versuchten, *ihr eigenes Erleben* den darüber „befindenden und beurteilenden" Männern nahezubringen. Wertschätzung und Wohlwollen zwischen Männern und Frauen müssen erst wieder Einzug halten dürfen. Es ist heute hoch an der Zeit, Vertrauensarbeit zu leisten, um Versöhnung zwischen den Geschlechtern zu ermöglichen.

Es gibt mittlerweile eine NGO, die genau auf diese Weise dem Geschlechter-Frieden dient: *„twogether.wien".* Herzlichen Dank für diese unschätzbar wichtige Arbeit! – Eine zivilgesellschaftliche Initiative, die im Jubiläumsjahr bezüglich *„einhundert Jahre Frauenwahlrecht"* 2019 (und seither jedes Jahr) erstmals ihr „Crossover"-Symposium von Männern für Frauen / von Frauen für Männer initiiert hat. Es ist ein Friedensfest, um gemeinsam eine *neue Qualität und neue Ära im Genderdiskurs* einzuläuten!

Ja, es gilt Rivalitäten zu überwinden und Gemeinsamkeit zu säen, um Wege aus dem Gender-Dilemma zu finden – und tatkräftig zu beschreiten. Der *„Froschkönigs-Mythos"* ist das eine. Wie wir diesen Mythos allerdings HEUTE auffassen, um den Wandel als aufgeklärte, und mitfühlende Menschen umzusetzen – doch etwas ganz anderes.

Danksagung

Ich bedanke mich bei allen Männern und Frauen, denen ich im Lauf meines Lebens begegnen durfte. Von denen ich lernte, was es heißen kann, als Mann zu leben. Auch bei meiner Mutter und meinem Vater.

Ich bedanke mich auch bei all jenen, die dieses spezifische Projekt durch ihren Einsatz unterstützt haben. Dies ist vor allem meine Partnerin, aber auch einige meiner Freunde. Sie haben nicht nur das Manuskript gelesen und wichtige Anregungen gegeben, sondern in persönlichen Gesprächen auch kritische Hinweise und aufmunternde Anmerkungen eingebracht. Letztlich machte all das Mut und hat auf mannigfaltige Weise mein Anliegen gefördert und unterstützt.

Danke euch allen, euer Kurt Froschkönig, (XY ☺)

Prolog – Einleitung

Das Wichtigste für Schriftsteller: Wirklichkeit – auch die eigene!

Ich bin kein Soziologe oder Psychologe und schon gar nicht „Männer-Rechthaber". Ich bin Chronist. Ich greife das Märchen des „Froschkönigs" auf; als eine sehr bedeutende Transformations-Geschichte, die heute bei weitem nicht mehr jedes Kind kennt. Wie viele zeitgenössische Theater-Regisseure, aktualisiere ich den alten Text aus unserer heutige Gegenwart. Nichts Ungewöhnliches somit.

Was hier vonseiten des Chronisten „Froschkönig" zu sagen ist, sage ich nicht als Angehöriger irgendeiner Religion oder Ideologie, sondern lediglich als „bekennender Mensch". Ich bin Beobachter mit dem Anliegen der Mitmenschlichkeit. Ich war lange Lehrer und später Sozialarbeiter und Coach. Ich habe viele Jahre mit sogenannten „Behinderten" gearbeitet, auch mit Schwerstbehinderten. Was ich zu sagen habe, zielt primär auf das Gesellschaftspolitische, welches heute alles Zwischenmenschliche der Geschlechter in seinen Bann zu ziehen beginnt und prägt. Dies gilt selbst da, wo ich des Öfteren die Wissenschaft zu Wort kommen lasse, oder auch meine ganz persönlichen Erfahrungen anspreche. Insofern es mir wesentlich schien, habe ich all das mit eingeflochten. Insbesonders die Aspekte meine Mutter und meinen Vater betreffend – als erste Frau / ersten Mann im Leben eines Menschen –, aber auch jene von Frauen, mit denen ich mich im Laufe meines Lebens zusammengefunden habe.

Die Gesellschaft bringt uns Auffassungen über Frau & Mann bei, die man am ehesten als „Vorurteile" bezeichnen und beschreiben muss. Die Vorurteile entstammen Überzeugungen & Bewertungen, die beide Geschlechter seit Ewigkeiten begleiten, weil sie sich aus Unverziehenem und seinen projizierten Aspekten rekrutieren und deshalb besonders langlebig sind. Und zusätzlich werden heute auch noch Überzeugungen & Bewertungen etabliert, welche einer unversöhnlichen (ge-gendert: „unvertöchterlichten") feministischen Ideologie entstammen. Damit schürt und pusht eine kleine, aber radikale Minderheit künstlich ihre „Frauen-Power", um diese Energie permanent hoch zu halten. Wenn Frauen nicht verzeihen, was sie mit und an Männern erlebt haben, wenn Männer nicht verzeihen, was sie mit und an Frauen erlebt haben, wird es keinen gedeihlichen Dialog geben. Jede, die / der dazu nicht bereit ist, ist mitverantwortlich an der Misere dieses Geschlechterkampfes.

Mein Bedürfnis, das heutige Geschlechter-Dilemma von einem anderen Standpunkt als dem gängig feministischen zu erzählen, nahm jedenfalls stetig zu. Und parallel wurde mir immer wichtiger, über das Mann-Sein in dieser Umbruchzeit Zeugnis abzulegen, gerade auch basierend auf der erfahrenen Realität eigenen Erlebens.

Es wäre natürlich eine völlig unsinnige Illusion, Menschen die einen radikal anderen Weg gehen wollen, durch den im Buch geführten Diskurs zu einer selbst-korrigierenden Einsicht motivieren oder auf ihrem Weg aufhalten zu können. Mit solchen Illusionen will ich mein Anliegen nicht belasten. Menschen ohne zwischenmenschliches Commitment und Empathie für das jeweilige Gegenüber gehören daher weder auf Männer- noch auf Frauenseite als Leser/innen zu meiner angestrebten Zielgruppe. Sicherlich aber all jene moderat gestimmten Frauen und Männer, welche bereits selbst bemerken, dass der radikalisierte Feminismus heutiger Prägung mit sozialen Lebensinteressen, mit Emanzipation oder Gleichberechtigung von Frauen und Männern ebenso wenig gemeinsam hat, wie ein rechtsgerichteter Chauvinismus. Ihnen will das Buch Mut zu eigenständigen Entscheidungen wider den aktuellen Leistungsdruck machen sowie Argumente für einen inneren Diskurs und jenen im gesellschaftlichen Umfeld liefern. Einfach weil es um reale Gleichberechtigung von Männern und Frauen geht.

Dies wird es brauchen, um sich gegen ideologische Maschinerien und den zunehmenden Anpassungsdruck vonseiten eines radikalen Feminismus behaupten zu können. Ohne gegenseitige Akzeptanz, Wohlwollen und Achtsamkeit an Stelle von Rivalität wird nachhaltig doch gar nichts vorangehen. Und natürlich gehören auch alle jene Männer zu meiner Zielgruppe, die ein sowohl ehrliches als auch engagiertes Anliegen an den Frauen haben.

Immer wieder gab es Momente, in denen es sich in mir innerlich weigerte, weiterzuschreiben. Immer wieder spürte ich, mir ersparen zu wollen, dieses Buch zu schreiben. Es nagte an mir, es belastete mich. Wozu sich da mit dieser kontroversen Thematik befassen und argumentativ scheinbar *um des Kaisers Bart ringen*?!

TABU-Brüche werden, wie wir wissen, von der herrschenden Gesellschaft abgestraft – **und von einer „frauschenden" sicherlich nicht minder.** Zudem ist jegliche Art von Aufdecker-Journalismus leider kein Honigschlecken. *Lass es einfach los!* – sagte ich mir. *Du lebst ein schönes, sinnerfülltes Leben, in einer feinen Partnerschaft mit einer liebenden Frau.* Gerne hätte ich mich davor gedrückt, doch die Zeichen der Zeit ließen es nicht zu. Leider – oder eben auch: Gottseidank! – Letztlich musste es denn doch sein. Meine Partnerin war es, die mich im Lauf der Zeit immer wieder darin bestärkte, dieses Buchprojekt nicht fallenzulassen. Und jetzt ist es auch gut so.

Für die Konzeption dieses „Froschkönig"-Buches ergab sich in jedem Fall eine gefühlte Notwendigkeit: *Humor und Leichtigkeit dürfen all dem anspruchsvoll Diskursiven zum Trotz, einfach nicht zu kurz kommen!* **An speziellen Stellen im Buch werden Sie, liebe Leserinnen, liebe Leser, im Text oder in den Anmerkungen, sie sind mit „**siehe *** "** markiert** – auf etwas Erquickliches stoßen, um wieder in die Leichtigkeit des Seins zurückzufinden. **Wir leben immerhin in der besten aller möglichen Welten. Nehmen Sie sich diese kurzen Auszeiten (hin und wieder auch auf Youtube), um ihre humorige Ader zu stärken. (*Unter uns und – streng vertraulich: So bleibt alles gut verdaulich.* ☺)**

Feminismus heute

Ich habe vieles gelesen, Kommentare in Bücher geschrieben und Eselsohren als Markierungen für Zitate positioniert, das Internet zu Rat gezogen, Studien recherchiert, Freundinnen / Freunde befragt, etc. Ich habe spannende und kontroverse Geschichten gehört, aber keine Antwort darauf gefunden, was eine typische Feministin von heute ausmacht. Es scheint aber „Realos" unter ihnen zu geben und „Fundis" („Fundamentalos"). *Was aber erleben sie an dieser Welt?* Sind sie beleidigt und verletzt? Fühlen sie sich wirklich nach wie vor benachteiligt? Oder verarscht man sich nur selbst und alle anderen gleich mit? Verachten oder hassen diese Frauen die Männer – oder tun sie nur aus taktischen Gründen „als-ob"? Den Opferbonus für

Frauen gegenüber den Männern zu erhalten, scheint hier (zunächst) leider wichtiger als manch anderes. *Was für ein höchst zweifelhafter Vorteil!* – Und Letztlich musste ich mich auch fragen: Will „SIE" gar so sein wie wir Männer? – Dafür spricht heute jedenfalls vieles.

Eine Feministin heute ist etwas erheblich anderes, als sie das noch vor 20 bis 30 Jahren oder noch früher war. Sie hat sich gewandelt und der Feminismus hat sich ebenfalls gewandelt. Er tritt deutlich verdeckter sowie weniger aggressiv auf und setzt sich nicht mehr so wütend in Szene (Auch der rüde „Schwanz-ab"-Feminismus ist heute out.) Er wurde gesellschaftsfähig. Ja, mehr als das: *Er wurde Gesellschaft bestimmend* und bildet heute sozusagen die nicht mehr weiter hinterfragte Grundhaltung der Gesellschaft – ein scheinbares „Axiom" [1]. Zu derart einseitig programmatischen Überlegungen eigene Zweifel auszudrücken oder diese gar als ideologisch überholt zu hinterfragen – spätestens dann kann es schnell heikel werden.

Auch unsere Gesellschaft ist nicht so simpel gestrickt und lässt sich nicht so flach abbilden, wie der moderne Feminismus es gerne propagiert: *„Die Welt der Männer ist schlecht"* und muss daher dringend überwunden werden [2], *„Die Welt der Frauen sei gut"*, an ihre Regeln müssten sich die Menschen daher in Zukunft halten, einfach aus purem Idealismus, um die Gerechtigkeit zu vermehren. Ich selbst habe das allerdings auch einmal geglaubt, ja so glauben wollen. – Wir wissen: Viele suchen nach *schwarz-weiß*-Erklärungen. Aber so einfach ist die Welt eben nicht. Sie ist weder *flach* noch *schwarz-weiß*. Solches zählt nicht länger für eine erwachsene und erwachende Welt der Geschlechter und ihre Beziehungen.

---

1 Wie die „Gerade" für Euklid und seine klassisch geprägte Geometrie des Flachen als der „kürzeste-Weg-zwischen-zwei-Punkten" galt, so gilt für viele in unserer heutigen Gesellschaft das ideologische Gedankengut des Feminismus als der „kürzeste-Weg-zu-einer-gerechten-Welt".

2 Unter anderem haben derart einseitig verunglimpfende Sichtweisen es mehrfach bis ins SPD-Grundsatzprogramm geschafft: S. Bickerich: *„SPD-Parteiprogramm – Eine Vision für 20 Jahre: ,In letzter Minute ergänzt wurde ein Passus zur Gleichberechtigung von Mann und Frau. Im Programm heißt es dazu: Wer die menschliche Gesellschaft will, muss die männliche überwinden'".* Aus: http://www.tagesspiegel.de/politik/spd-parteiprogramm-eine-vision-fuer-20-jahre/1080834. html .

Diskussionen über derartige Fehleinschätzungen haben natürlich bereits andere vor mir initiiert. Sie begann irgendwann im neuen Jahrtausend, als klar wurde, dass die axiomatischen Grundregeln für eine bessere Welt, nicht mehr zwingend von den Kriterien des Feminismus abgeleitet werden können, geschweige denn, dass seine „Fakten" die Welt zu sehen, unhinterfragt zu übernehmen sind. Es geht hier und heute offenbar argumentativ darum, Männer für den „schlechten Zustand" dieser Welt verantwortlich zu erklären, Frauen als grundsätzlich sozialer, kommunikativer und friedfertiger zu charakterisieren – Männer hingegen als egoistischer und aggressiver.

Im heutigen Feminismus gibt es allerdings nicht nur diese eine Sicht der *schwarz-weiß-Malerei*, sondern es erfreut sich – diese Idee quasi ergänzend – noch eine andere Sicht zunehmender Beliebtheit: Betrachtet man(n) / frau heute wesentliche Aspekte der Genderforschung, so muss dies einem einigermaßen gebildeten Menschen geradezu die *Haare-zu-Berge-stehen* lassen. Da wird konsequent versucht, eine *ideologische Gleichmacherei* der Geschlechter zu etablieren, wohl um die Stimmigkeit für die erwünschte Gleichberechtigung zu begründen. Doch das braucht es gar nicht, wie wir im Diskurs des Buches noch sehen werden. Sehr widersprüchlich, meinen Sie? – Ja, aber so zeigt sich diese *Gender-Welt* heute eben.

Und da gibt es auch noch die geharnischten Reaktionen der letzten Jahre auf klärende und weiterführende Artikel zum sogenannten *„Gender Pay Gap"*, einem der am ausgiebigsten strapazierten ökonomischen Argumente der heutigen Feminismus-Bewegung. Sie haben mich – ehrlicherweise – wenig überrascht, eher genervt, schließlich aber auch interessiert und fasziniert. Was ist da im Bereich der Bestrebungen um Fairness zwischen den Geschlechtern in krasse Dekadenz abgedriftet, in Ideologien, ohne den Blick auf die Realität – und die gewandelte Realität – aufrecht erhalten zu wollen?

Schließlich wurde mir klar, dass sich nicht nur die Gesellschaft, sondern auch der Begriff „Feminismus" radikal gewandelt hat. Und: dass er für mich heute etwas gänzlich anderes bedeutet als das, was ich einst synonym mit „Emanzipation" und mit dem Bestreben um Gleichberechtigung der Geschlechter begreifen konnte. Heute geht es im Feminismus offenbar längst um vermeintlich mögliche Dominanz und Optimierung der Lebenswirklichkeit von Frauen zu Lasten der Kinder, der Männer sowie der Gesellschaft als Ganzes.

Letztlich habe ich auch gelernt zu verdauen, dass und warum es heute agierenden, feministischen Organisationen offenbar derart wichtig ist, dass bislang in die *„Gender-Mainstreaming Arbeitskreise für Gleichbehandlung und Diversität"* (zumindest in Österreich) bloß keine Männer kooptiert werden. Und auch, warum der *„Gender Pay Gap"* und die feministische Forderung von *„50 : 50"*, sich bislang durch keinerlei Argumente entkräften lassen DÜRFEN. Außerdem: Warum die Rechte von Frauen und Randgruppen wichtiger sind als die Rechte von Männern. **(Nein, DAS hat mir so natürlich keine(r) erzählt.** ☺ – Aber: schauen Sie sich nur einmal selbst um!) Auch wird die Deutungshoheit zum Thema *Gleichberechtigung* heute vom radikalen Feminismus grundsätzlich für sich reklamiert.

Während meiner Recherchen charakterisierte ich das für mich durchaus Problematische am heutigen Feminismus zunächst im Begriff *„radikaler-Feminismus"*. Mittlerweile bemerkte ich jedoch, dass diese Formulierung bereits durch sprechende Entwicklungen überholt erscheint. Daher verwende ich seither und nun auch im Buch stattdessen: *„Männlichkeits-orientierter-Feminismus"*.

Ich glaube, eine Gruppierung, die von sich meint, die gesamtgesellschaftliche Deutungshoheit im Land zu besitzen, wird leider nur sehr schwer die Bereitschaft finden und aufbringen wollen, sich auf einen echten Dialog über die Phänomene der Veränderung einzulassen. Dieser Dialog aber ist längst überfällig! Es wird somit entscheidend sein, ihn mit liberalen Feminist(inn)en zu suchen sowie jenen zwischen moderaten Männern und Frauen zu aktivieren.

„Komplexität" braucht nötiges Feingefühl bei Veränderungen

Die Emanzipationsbewegung und die Form des daraus entstandenen frühen Feminismus, zählt für mich zu den bedeutendsten und wesentlichsten Freiheitsbewegungen zu Beginn und im Verlauf des 20. Jahrhunderts. Es ging, wie wir wissen, um die Anerkennung und Angleichung der Rechtsstellung von Frauen mit jener der Männer in äußeren Gesellschaftsbereichen wie Bildung, Erwerbsarbeit und Politik, etc. Das so genannte Patriarchat wurde infolge als dekadent erkannt und galt – als überkommene Sozialstruktur – zu überwinden sowie seinen sozial kränkenden Mief aus schlecht durchlüfteten Räumen zu blasen. **Die Emanzipationsbewegung hat dieses Ziel in unserer Kultur politisch äußerst souverän erreicht. Daher achte und erachte ich den Feminismus dieser vergangenen Couleurs als wichtigen Impuls und äußerst erfolgreiche Bewegung. Wir alle, Männer wie Frauen, haben ihm viel zu verdanken! Er fügte sich in seinen integren Motiven in die Berechtigung anderer Befreiungs-Bestrebungen dieser Zeit und ihrer idealistischen Ziele ein.**

Ich möchte aber anmerken, dass ich heute bereits einen höchst einseitig gewordenen Feminismus erkenne. Sein ursprüngliches Anliegen – mittels der idealistischen Ägide von *„Wahlfreiheit für Frauen"* sowie *„Geschlechter-Gleichberechtigung"* – den Wandlungs-prozess in der Gesellschaft voranzutreiben, beginnt sich mittlerweile ad absurdum zu führen. Denn einerseits wird hier eine latente *„Anti-Männer-Stimmung"* geschürt und andererseits zeigt dieser männerfeindliche Feminismus eindeutig auch *anti-weibliche* Züge.

So scheint es unter anderem mit entscheidend, dass *„Männer als Spezies"* an allem schuld seien und *„leider völlig empathielos gegen die Frauen"* stünden. Ein Feind im Außen stärkt eben den inneren Zusammenhalt, wie wir wissen. Vor allem da, wo man(n) / frau sich ihrer Sache nicht gar so sicher fühlt. *Missachtung für Männer auf der einen Seite und Anpreisung bis Glorifizierung männlicher Attribute für die neuen Frauen auf der anderen – solche Art des Denkens desavouiert das Feminine, Weibliche, in unserer Gesellschaft, das als „konservativ & schwach" abgetan wird.* Vornehmlich von feminis-tischen *„role-model"*-Frauen – und weit weniger von Männern. Das Credo heißt: *Frauen lernt männlich zu sein wie Männer (oder männlicher!), nur so könnt ihr in dieser Welt euren (Arbeits-)Platz finden!* Ist das der *Kategorische Imperativ* [3] der zeitgenössischen Emanzipationsstrebungen? Oder – *Vollerwerbsarbeit für alle Frauen!*

---

3 Unter *„kategorischer Imperativ"* versteht man ein allgemeingültiges Handlungs-prinzip. Aus: https://de.wikipedia.org/wiki/Kategorischer_Imperativ .

Dies führt letztlich aber doch nur dazu, sofern *„Kinder-kriegen"* auch in Zukunft immer noch als Thema existent sein sollte, dass sich alle überfordern, **schlechtes Gewissen inkludiert, weil die hochgesteckten Erwartungen einfach nicht zu schaffen sind.**

Hier das interessante Zitat einer Frau auf LinkedIn. Es ist nicht bloß engagiert, sondern bezüglich LinkedIn mit echtem Seltenheitswert: *„Unsere Generation ist so sehr damit beschäftigt zu beweisen, dass Frauen alles tun können, was Männer tun können. Die Frauen verlieren dadurch immer mehr die einzigartigen Qualitäten, welche sie auszeichnen."* [4] Die klare Frage, die sie sehr selbstbewusst in ihrem Beitrag stellt, in meinen Worten: *Haben sich Frauen wirklich primär dem gesellschaftlichen Verständnis zu beugen, alles können zu sollen und zu tun, was EIN MANN tun kann?* Oder steht für heutige, ihrer-selbst-bewusste-Frauen eventuell ein *„Fein-tuning"* als nächster, weiterführender Bewusstseins-Shift zu einem neuen „Selbst-Verständnis" an: sich wieder selbst-bewusst, selbst-genug-sein-zu-dürfen um – in welchem Zusammenhang immer – GRADE DAS *„zu tun, was EIN MANN nicht (so leicht) tun kann"*! Meines Erachtens braucht es für diesen „Bewusstseins-Shift" unser aller Anerkennung des genuin „Weiblichen" als gleich wertvoll und gleich wichtig, wie dies dem „Männlichen" längst zugestanden wird.

Interessant war es für mich daher, parallel dazu aus dem Mund jener Frau zu hören, was sie heute denkt und fühlt – die Ikone der Emanzipations-Bewegung, vor 50 Jahren dazumal ihrer Zeit weit voraus: die Journalistin und Herausgeberin der *„Emma"*, Alice Schwarzer lässt im ORF/Ö1-Interview mit Renata Schmidtkunz, aufhorchen, wenn sie heute bekennt: *„Wir brauchen eine Vermenschlichung der Geschlechter, nicht eine Vermännlichung der Frauen!"* [5]

Was das Ganze soll …

„Sobald wir etwas schreiben, ist es nicht mehr so schlimm, wie wenn es passiert." Diese Einsicht Martin Walsers ist ebenso ein Aspekt,

---

4   R. Schmidsberger, auf LinkedIn 22.7.2024; (gilt auch fürs nächste Zitat infolge).

5   A. Schwarzer, in: ORF/Ö1 *Im Gespräch"*, Interview mit R. Schmidtkunz (11/2022): https://oe1.orf.at/programm/20221124/698601/Alice-Schwarzer-Vermenschlichung-der-Geschlechter .

warum ich – neben den bereits erwähnten Aspekten / Gründen – dieses „*Froschkönigs-Plädoyer-für-Geschlechter-Fairness*" schreibe.

Oft wurde uns schon gesagt: *Zeiten des Umbruchs seien Zeiten der Chancen!* – JA, so wir die Klugheit haben, etwas Wichtiges zu ändern und es auch WIRKLICH TUN.

Wir haben heute eine gewaltige, gesellschaftliche Krise. Meines Erachtens ist unsere größte jene des akzelerierten „*sozialen Klimawandels*" durch den drohenden „*Verlust der Weiblichkeit*" in unserer Gesellschaft. Dahinter verblassen alle anderen Krisen (obwohl ich damit den „*globalen Klimawandel*" keinesfalls kleinreden will.)

Für Frauen und Männer muss der heutige, reale „Gegner" (nicht Feind!) für den Zusammenhalt der Geschlechter als eine relativ gleich kleine Gruppe von Männern – aber hier und heute ebenso von Frauen – ausgemacht werden: Die jeweilige Gruppe von Männern (wie eh und je), heute gleichermaßen aber auch von Frauen (brandneu), muss so charakterisiert werden: *Sie versucht, ihre persönlichen Macht-Interessen ungeniert und ohne Commitment mit dem anderen Geschlecht sowie gegen die vitalen gesellschaftlichen Grundbedürfnisse durchzusetzen.* Nennen wir sie beide ruhig beim Namen: Es sind dies die Epigonen eines „*rechtsgerichteten*", einseitig „*männlichen-Chauvinismus*" auf der einen Seite sowie Verfechter/ innen eines einseitigen, von mir als „*männlich-orientiert*" titulierten *Feminismus* (vorgeblich linker Prägung) auf der anderen. Die beiden Strömungen mögen sich in ihren Methoden unterscheiden. Bezüglich ihres Mangels an Wertschätzung, Anerkennung und Achtsamkeit im Umgang mit anderen Personen – erscheinen mir die Unterschiede marginal.

In beiden Gruppierungen herrschen / frauschen Tendenzen, die im Licht demokratischer Überzeugungen und Fairnessverhältnisse unwürdig bis unerträglich erscheinen. In beiden wird auf subtile Weise ideologisierte Affektpolitik betrieben. Dennoch besteht eine bedeutende Unterscheidung: *Nicht beide gefährden gleichermaßen Entwicklung und Zusammenhalt der Gesellschaft.* Während erstere eine staatlich kontrollierte Randgruppe darstellt, avanciert zweitere zu einer von höchstem gesellschaftlichen Einfluss, infiltriert mit ihrem politischen Setting die staatliche Macht und ist von kaum zu überschätzender Bedeutung.

Die Gleichberechtigungs-Argumente der Feminismusbewegung beherrschen die Gazetten der Presse. Sie sind heute allesamt tief im kollektiven Bewusstsein unserer Kultur und Gesellschaft eingeprägt und verankert. Ja, mittlerweile hat sich bereits so etwas wie ein – verzeihen Sie die Wortschöpfung – „Staatsfeminismus" erschaffen. (Lesen Sie bitte die Anmerkung, dann wissen Sie warum der Ausdruck durchaus naheliegt. [6]) Was allerdings auf die Weise bislang verlorenging und keineswegs gleichermaßen Eingang ins Bewusstsein der Öffentlichkeit gefunden hat, ist die Situation der Männer und der männlichen Jugendlichen in unserem Land.

In diesem Buch wird ihre veränderte Realität beschrieben, ihre dezimierten Bildungschancen, ihre Lebenswirklichkeit, u.a. in der Partnerschaft und in weiteren gesellschaftlich relevanten Bereichen. In diesem „*Froschkönig*" wird IHRE Stimme zu Wort kommen. Welch' Seltenheit! Aber deshalb umso wichtiger, wenn Männer einen Beitrag zum Geschlechter-Diskurs geben (sollen). – Frauen kommen jedoch gleichermaßen zu Wort.

Die Auseinandersetzung bietet weiter kritische Faktenchecks zum aktuellen Stand der Dinge. – Wichtig scheint mir, dass Frauen sich heute ebenfalls bereitfinden, Männerspezifika wertschätzend anzuerkennen, wie sie sich wünschen, dass Männer Frauenspezifika wertschätzend anerkennen mögen. Und auch, dass BEIDE offen zuhören, wie sie sich das auch von der jeweils anderen Seite wünschen. Nur so kann es konstruktiv werden. Und: individuelle

---

6 Ganz „erlöster Froschkönig", schrieb ich einst an Bundeskanzler, Vizekanzler und an zwei Ministerinnen sowie an die Volksanwaltschaft und zuletzt an den Verfassungsgerichtshof. Warum? – Weil alle öffentlich-politischen „*Arbeitskreise für Gleichbehandlung und Diversität*" (in Österreichs Ministerien), aber nicht nur dort, ausschließlich von Frauen besetzt waren. Conclusio des Verfassungsgerichtshofs: „*Weder das Bundes-Gleichbehandlungsgesetz noch das Universitätsgesetz enthalten Bestimmungen über die Zusammensetzung der betreffenden Arbeitsgruppen bzw. Arbeitskreise. Entsprechende Bestimmungen könnten nur im Wege der Gesetzgebung geschaffen werden.*" (2.6.2017). **Da nicht vorgeschrieben, kooptieren Frauen ausschließlich Frauen in diese Gremien und die Männer schauen zu.** Auch in Deutschland ist die Situation im Wesentlichen gleich.

„Opfererlebnisse" wird es in jeder Biographie und auf beiden Seiten der Geschlechter immer wieder geben. Was allerdings viele Männer meines Erachtens sehr viel schwerer aushalten, anzuerkennen als die meisten Frauen. NICHTS scheint für Männer so unerträglich wie „Opfer-Sein". Da dann allemal lieber „Täter" – so kurios das auch immer klingen mag! Aber auch DARÜBER werden Männer zu sprechen lernen müssen. Ohne falsche Scham. Etwas was Frauen anhand der *#metoo*-Debatte ja auch gerade lernen. Bezüglich *#metoo* gibt es eben auch von Männern genug (mit)zuteilen – der Inhalt sieht aber natürlich GÄNZLICH anders aus. Dafür gilt es auch aufseiten der Männer, Worte zu finden. Das braucht auf beiden Seiten der Geschlechter Mut. – Wie Frauen das leider oftmals anhand ihrer *#metoo*-outings erfahren. Denn, wo keine Betroffenheit im Gegenüber in Resonanz kommt, bläst der Gegenwind in Form von Spott und Zynismus: *„Die sollen sich doch nicht so anstellen!"* – Auch hier versucht das Buch mit seinen Darstellungen einen Beitrag zu liefern, wenn ich an diversen Stellen schreibe: *„Ich habe erlebt ..."*. Das von mir Recherchierte und an Persönlichem Angeführte hat m. E. durchaus Relevanz und liefert Anstoß für gesellschaftliche Aufarbeitung – insofern jedenfalls, als ich ja in keiner Weise ein männlicher *#meetoo*-Einzelfall bin. Höchstens insofern, als ich mir mein Wohlwollen für die andere Seite nicht habe nehmen lassen.

Hier geht es dringlich um ein Aufrütteln aller politisch Verantwortlichen. Insofern darf es in Zukunft, ob auf Männer- oder Frauenseite, nicht um missverstandene Verantwortung zur Durchsetzung eigener Ideologien gehen. Oder ums primäre Wohl der eigenen Klientel. Sondern es müssen wieder das große Ganze und seine Bedürfnisse im Mittelpunkt der Verantwortlichkeit stehen: *Verantwortlichkeit für das „Weibliche" und die große Mehrheit der Frauen in diesem Land, für Kinder und auch für die Männer sowie den gesunden Weiterbestand dieser Gesellschaft.* So etwas geht nicht von selbst. Hier braucht es Korrektive und eine stete Kontrolle der Macht – selbstverständlich auch bezüglich der *Macht von Frauen* und, wie wir noch sehen werden, vor allem bei gewissen feministischen, radikal-ideologischen Sichtweisen, die sich – seltsam genug! – gegen die genuin *„weibliche Natur"* im Menschsein von Frauen richten.

25

Es ist heute kein allzu großes Kunststück für das gesellschaftliche Verständnis von Frauenanliegen zu werben. Sehr wohl aber ist es ein Kunststück heutzutage für die Bedürfnisse und Lebenslagen von Jungen und Männern in unserer Gesellschaft Verständnis zu finden. Genau für dieses „Kunststück" möchte ich Sie, liebe Leserin, lieber Leser mit meinem Buch öffnen, sensibilisieren und – aufrütteln. Ganz unter dem Motto: *Männer sind auch unsere Mitmenschen!*

Eine bemerkenswerte Initiative auf Frauenseite, hat 2018 für viel mediales Aufsehen gesorgt: Hanna Milling hat in den gegenwärtig äußerst konfrontativen Zeiten von *#metoo, #payback und Co* mit dem Filmvideo „*From women to men*" ein berührendes Zeichen der Versöhnung zwischen den Geschlechtern gesetzt. Danke! [7]

Mir war reale Augenhöhe zwischen den Geschlechtern stets wichtig. Dafür werbe ich. Ein Gutteil meines Lebens und meines steten Engagements ist in die Realisierung dieses Ideals geflossen. Als bekennender Idealist und Optimist muss ich mir aber leider eingestehen, dass ich diese Gesellschaft heute von einer sehr kleinen politischen Kaste wie blind in die Irre geleitet wahrnehme. Ich war meiner Einschätzung nach (um in diesem Bild zu bleiben), vormals stets ein liebenswerter, bemühter und engagierter „*Froschkönig*". Aber – liebenswert, bemüht und engagiert: „*Frosch blieb letztlich Frosch.*" Bitter dies irgendwann zur Kenntnis nehmen zu müssen.

Die persönliche Erfahrung mit diesem Kuriosum ist biographisch abgeschlossen. Soziologisch betrachtet, scheinen die Männer und Väter – aber auch bereits die Jungs! – in unserer Kultur gerade die Transformation ihres „Froschkönigs" durchzumachen.

Daher ist es für uns als Gesellschaft eminent wichtig, uns klar zu entscheiden: zwischen der Ausrichtung einer „mythologischen-Gesinnung-Grimm'scher-Märchen" und jener einer zeitgenössisch aufgeklärten Sozialität! – Beide Standpunkte ergeben natürlich eine ganz unterschiedliche Bewertung des gegenwärtigen Heils- oder Unheilsgeschehen in unserer Gesellschaft und wohl auch, wie man sich selbst dazu stellt.

---

7   H. Milling: „*From women to men*". www.youtube.com/watch?v=rCaQliiGusM .

Der Begründer der Männerbewegung und inspirierte Eltern-Erzieher im australischen Down Under, Steve Biddulph führt dazu aus: *„Anstatt sich stiller Verzweiflung hinzugeben (Motto: ‚Das stehen wir jetzt durch‘) ist die neue Männer-Bewegung Hoffnungsträger dafür, dass Männer lernen können, glücklichere, bessere Menschen zu sein; und (so unglaublich das auch klingen mag), dass es auch positiv sein kann, ein Mann zu sein! Vielleicht sind wir Männer am Ende doch nicht die Ungeheuer dieser Welt – oder sind es zumindest nicht aus freien Stücken. ... Frauen mussten sich gegen die Unterdrückung zur Wehr setzen, Männer haben es mit einer ganz anderen Schwierigkeit zu tun: der Isolation. Die Feinde und Gefängnisse, denen Männer entkommen müssen, heißen: Einsamkeit, zwanghaftes Wettbewerbsstreben, lebenslange emotionale Scheu.“* [8]

Frauen schließen allerdings leider auch diesbezüglich rasant zu den Männern auf, wie ich das als Coach tagtäglich erlebte / erlebe. Vor einiger Zeit fragte mich eine berufstätig erfolgreiche Frau ratlos: *„Wie schaffe ich es bloß, einem Partner real DEN Platz in meinem Leben zu geben, der ihm ja auch zusteht? Ich habe keine Ahnung, wie ich es machen kann, obwohl ich das wirklich möchte und weiß, dass das nicht nur fair wäre, sondern auch für MEIN Leben wichtig. Aber ich brauch die Zeit für mich und habe viele Interessen.“* – Ein akutes Dilemma: Vereinsamung. – Wie aktuell diese Thematik ist, zeigt u.a. auch die Einrichtung des *„Ministry of Loneliness“* in England. [9]

Am Ende jedes Kapitels in diesem Buch werden Sie lieber Leser, liebe Leserin, eine Möglichkeit vorfinden, die jeweiligen Inhalte nochmals persönlich zu reflektieren und Stellung zu beziehen: *Welchem Argument konnten Sie zustimmen? Was hat Sie nachdenklich gemacht, überzeugt oder wenig überzeugt? Was hat Sie erreicht ...?*

Ich wünsche Ihnen eine spannende Lektüre dieses „Froschkönigs“!

---

8   S. Biddulph: *„Männer auf der Suche – Sieben Schritte zur Befreiung“*, München 2001, S. 14f.

9   *„Über 9 Millionen Menschen in Groß Britannien fühlen sich immer oder oft allein“*, so ein Untersuchungsbericht. Die heutige Arbeitssituation lässt vielen keine Zeit mehr für soziale Beziehungen. Folgen davon: Krankheit, Depression, soziale Isolation und – ENORME KOSTEN! Premierministerin Theresa May damals: *„Einsamkeit ist die traurige Realität des modernen Lebens“*.

Kapitel 1:
... wie alles begann.

Der Froschkönig (Beginn)

„In den alten Zeiten, wo das Wünschen noch geholfen hat, lebte ein König, dessen Töchter waren alle schön, aber die jüngste war so schön, dass die Sonne selber, die doch so vieles gesehen hat, sich verwunderte so oft sie ihr ins Gesicht schien. Nahe bei dem Schloss des Königs lag ein großer dunkler Wald, und in dem Wald unter einer alten Linde war ein Brunnen: Wenn nun der Tag recht heiß war, so ging das Königskind hinaus in den Wald und setzte sich an den Rand des kühlen Brunnens: und wenn sie Langeweile hatte, so nahm sie eine goldene Kugel, warf sie in die Höhe und fing sie wieder; und das war ihr liebstes Spielwerk." [1] (Fortsetzung folgt)

Als die Welt noch in Ordnung war

Einst war mein Name wohl *„Morula"* – *„Morula Froschkönig"* (Name vom Autor angepasst☺). Damals hatte ich noch kein Geschlecht und die Welt war noch echt in Ordnung. Klammheimlich hatte ich mich ins Leben eingefunden. Gezeugt im Frühsommer an der Côte d'Azur, nahe zur strahlenden Sonne und in der Vorfreude meiner Eltern das azurblaue Meer zu genießen. –Das waren noch Zeiten!

Übrigens fand dies alles gemeinsam mit *„Morula die andere"* und spätere Nummer-Eins, statt, wie sich das bei unserer Geburt herausstellen sollte. Das Meer hörten wir dazumal wohl noch nicht rauschen. Wir waren viel zu sehr damit beschäftigt, uns zu teilen. Gleich zu Beginn eben in eine Zwillings-Zygote und dann weiter in die erwähnten beiden *Morulas 1+2* [2]. Und weiter ging es im Eileiter unserer Mutter Richtung *„Blastula Froschkönig"* und *„Gastrula Froschkönig"*. Dann kam irgendwann der erwähnte Urlaub. Ich überspringe großzügig das darauf Folgende. Nur soviel: Beide überlebten wir unseren Namens-Zustand – *Morula, etc.* – und

---

1 Aus: *„Der Froschkönig"* (auch: *„Der eiserne Heinrich"*), Märchen der Gebrüder Grimm. Online: www.internet-maerchen.de/maerchen/froschkoenig.htm .

2 *„Morula"* ist der Name eines der vorembryonalen Zustände – bald nach der Befruchtung der Eizelle. Ebenso etwas später danach: *„Blastula"* und *„Gastrula"*.

erreichten nach dem Urlaub den *embryonalen Zustand*. Und obwohl wir beide kleine Schwänzchen bekamen und „männlich" wurden – **und genau das kann dann schon mal lebensgefährlich werden!** – schafften wir beide es zu strampelnden Föten heranzuwachsen.

Meiner Mutter ging es zu dieser Zeit nicht gut. Wir bereiteten ihr bereits damals höchst anstrengende Momente, bis hin zu körperlicher Übelkeit. Sie wusste ja noch nichts von ihrem doppelten Glück. Das kam dann erst, als ihr der Arzt um Weihnachten 54, verkündete, er würde da zwei Köpfe tasten. „*Doch nicht Zwillinge!?*" entfuhr es der Froschkönigs-Mutter bestürzt. (Nein, das hatten wir nicht bewusst gehört, sondern später Mal erzählt bekommen.) Der Arzt fragte stoisch nach, ob ihr denn EIN Kind mit zwei Köpfen lieber wäre ... Tja, damit hatte unsere Mutter ein wesentliches Motiv genannt bekommen, sich auf UNS BEIDE zu freuen.

Es wurde letztlich echt eng da drinnen und so beschlossen wir bereits drei Wochen zu früh, unsere Füße in diese Welt zu setzen. Die eine Ex-Morula (ich) schob und boxte die andere Ex-Morula Richtung Ausgang; sie wurde somit als Erster geboren. (Namen tun hier nichts zur Sache.) **ZWEI GESUNDE JUNGS. Toll!** Wir sollten, dem Willen meiner Eltern entsprechend, einfache und kurze Namen tragen und so wurde aus mir der kleine „*Kurti*".

Beide „*Knaben wuchsen zu zwei jungen Männern heran ...*" und glichen einander, sehr zur Verwirrung der Einlings-Menschen, über viele Jahre wie ein Ei dem anderen. – Obwohl das so gar nicht stimmt! Denn, es muss betont werden: Wir SIND nur *Ein-Ei-mit-dem-jeweils-anderen*. Zwei natürliche Klone, geboren im Stern-Zeichen der Fische als Zwillinge ... mit letztlich sehr verschiedenen Lebensläufen zweier individueller Männer. Was wir beide aber gemeinsam des Öfteren von unserer Mutter verzweifelt zu hören bekamen, war: „*Warum habe grad ich solche Kinder!!!*" Tja, Jungen-Erziehung kann echt schwer sein.

... doch, doch, auch wir hatten einen Vater. Er war fast zwei Meter groß und als Familienerhalter nur am Rande anwesend. **Familienintern hatte er – in den allermeisten Fällen – kaum etwas zu sagen.**

... und wie es weiterging

Kürzlich hörte ich den Song „*Après moi*" im Radio. Im Text heißt es: „*Fürchtet die Lahmen und die Hinter-mir-die-Sintflut*". Ja, da ist was dran! Das Thema dieses Buches sowie sein gesellschaftlicher Diskurs mögen riskant scheinen. Aber er ist notwendig! Aus Gründen der Gesprächskultur werde ich versuchen die gesellschaftlichen Phänomene – wenn schon aus Sicht der Männer – so fair wie mir irgend möglich zu beschreiben. **Natürlich kann dies dennoch durchaus gewöhnungsbedürftig sein, denn im Unterschied zu Frauen sprechen Männer gegenüber anderen Männern (und Frauen) ungern über ihr innerstes Empfinden – so sie es überhaupt selbst kennen. Das Private der Männer, ihre Sicht der dramatischen Veränderungen, ist die große Unbekannte in dieser Kultur. (Jedenfalls da, wo sie kontrovers zur Sicht von Frauen ist). Es geht bei den Betrachtungen im Buch nie um Schuldzuweisung. Dennoch wird es klarer Worte bedürfen, um mich nicht dem Vorwurf der Feigheit auszusetzen oder den Mut zu verlieren.**

Vor Kurzem las ich ein mir unbekanntes Zitat einer in meiner Heimat hochdekorierten Schriftstellerin Marie v. Ebner Eschenbach: „*Der Satz ,Der Klügere gibt nach, bringt die Dummen an die Macht.*"[3] Man(n) / frau kann dieses Zitat interpretieren, wie man will: Für mich bedeutet es, bezüglich dem, was gerade in unserer Kultur an Veränderungen stattfindet, keinerlei Klarheit vermissen zu lassen.

Als mich dieses Mann-Frau-Buchprojekt überraschend zu vereinnahmen begann, fühlte ich, dass es sich um ein Friedensprojekt handeln werde. Der Anlass: Meine Partnerin konnte sich dazu erheben, erstmals im Leben zu einem Mann zu sagen: „*Ich gehöre zu Dir.*" – Und wunderbarer Weise war ich dieser Mann. ☺ Unser Credo hieß ab dann: *Ich gehöre zu Dir*, bzw. von meiner Seite als Mann: *Du gehörst zu mir*. Natürlich, jeder fühlt den Unterschied zwischen einem *Du gehörst MIR* bzw. *Du gehörst ZU mir*. Oder auch zwischen *Ich gehöre ZU Dir*, versus *Ich gehöre DIR*.

---

3 C. Bauer Jelinek: „*Die helle und die dunkle Seite der Macht*", Salzburg 2009, S. 17. Bei Ebner Eschenbach: „*Der Gescheitere gibt nach! Eine traurige Wahrheit, sie begründet die Weltherrschaft der Dummheit.*".

Dennoch: Wie viel Zweifel und Verunsicherung leben in mancher heutigen Frauenseele (aber auch in so mancher Männerseele!), bis das Bezogenheitsgefühl so eines Satzes, auf den jede gelebte Paar-Beziehung angewiesen ist, vom Herz emporsteigen und über die Lippen kommen darf. Ich verstehe es, ich kann es mitfühlen. – Dennoch führt meiner Erfahrung nach, kein Weg daran vorbei. Eine Ehe eingehen muss die Art von Zueinanderstehen noch keineswegs fühlbar machen –, wie ich dies selbst jedenfalls auch erlebt habe.

Dieses „*Ich gehöre zu Dir*" lässt mich als Mann fühlen, dass es Okay ist, alle meine Möglichkeiten und Ressourcen für *den Gebenden in mir* aufzuschließen. Statt eines netten und abwägenden Nebeneinander – ein hingebungsvolles Miteinander. Das wird der Unterschied sein, so es ehrlich und echt ist.

Wesentlich erscheint mir, den neoliberalen Live-Style Kampf der Geschlechter um Autonomie in der Partnerschaft wie wir ihn heute erleben, nicht weiter zu forcieren. Stattdessen aber die Fähigkeit zur Präsenz sowie das Fühlen des Anderen in der Aktualität des jeweiligen Moments zu fördern. Dasselbe gilt meines Erachtens im Besonderen auch in der Gesellschaft. **Für den Zusammenhang dieses Buches ist es erheblich, ein erlebbares Gefühl dafür zu entwickeln: *Wer IST der Mann? – Welche Wesen sind diese Männer wirklich? Welchen Einsatz sind sie als gebährunfähiges Geschlecht fähig und bereit, für eine gedeihliche Zukunft zu geben?***

Zur Entstehung des Buches

Das oben Beschriebene war das Eine. Das Andere aber war, dass ich bald auf folgendes, programmatische Statement stieß: „*Männer sind Konstruktionen im Dienste der Frauen*" und „*Frauen sind die Chefinnen in der Firma Beziehung*" [4] Ich gestehe, ich war zunächst fassungslos, wütend und empört. Sollten die beiden Überzeugungen geschlechtstypisch sein, wie die beiden Autorinnen meinten – oder etwa doch nicht? Waren sie lediglich provokant gemeint, oder wurde hier etwas Eigenes, Persönliches projiziert und verallgemeinert, um mit den eigenen Spezifika nicht weiter aufzufallen?

---

4 B. Schweder / S. Riedl: „*Wie Frauen Männer gegen ihren Willen glücklich machen*", Wien 2003, S. 224, S. 223.

Was ich da ungläubig las, war allerdings genau das, worauf ich in meiner Biographie immer wieder zum Verzweifeln stieß: *Männer als Konstrukt im Dienste der Frauen* und diese als *Chefinnen in der Firma Beziehung"*. DAS hatte ich beides selbst erlebt: in meiner Stammfamilie, in meiner ersten, gescheiterten Ehe, in (bis auf eine einzige) allen Partnerschaften. Jetzt las ich es als proklamierte und generalisierende Grundhaltung vonseiten der Frauen: unbefangen und offenherzig mitgeteilt, aus der Feder einer bekannten Sozialanthropologin. ECHT CRAZY!

Wir kennen ja leider auch jede Menge an Zitaten von Männern früherer Generationen, die auf plumpe Weise ihre Körpergröße und Kraft argumentativ dafür missbraucht haben, oder auch noch heute dafür missbrauchen, („ihre") Frauen zu bevormunden oder sich auf entwürdigende Weise über sie zu stellen. Und das alles gepaart mit mangelnder Wertschätzung und lediglich rudimentär entwickeltem Mitgefühl. Während solche Denkweisen früher wohl einfach eine gesellschaftlich gängige Sicht gewesen sind, gelten sie heute lediglich noch als reaktionäre Rechtfertigung und betreffen Gottseidank nur den chauvinistisch rechten Rand des gesellschaftlichen Spektrums. Kann es sein, ähnlich sexistisch entwertende Äußerungen heute, im 21. Jahrhundert, über die Gender-Frage in Partnerschaft und Gesellschaft aus dem Mund zweier hochgradig renommierter Frauen, Barabara Schweder und Sabina Riedl. Einer Zoologin und Sozialanthropologin (tätig in einschlägigen Forschungsprojekten) und einer mit dem *Staatspreis für Wissenschaftpublizistik* ausgezeichneten Journalistin, zu hören? Das bot für mich schon ein gerütteltes Maß an Unverfrorenheit.

Ich war empört! Es schien mir als kontraproduktive Anmaßung auf dem gemeinsamen Weg zu emanzipatorischer Gleichberechtigung sowie gleicher Augenhöhe von Mann und Frau! *„What the f... !?"*

Zunächst legitimierte ich meine persönliche Empörung und den gefühlten Widerstand dagegen damit, als engagiertes männliches Subjekt mit der Bezeichnung *„Konstrukt-Mann"* konfrontiert zu werden. Mich als Mann auf diese Weise vordefiniert zu erleben: Wow – beschämend! Wie bereits erwähnt: Ich kannte solche weiblich gefühlten Hierarchievorstellungen bereits aus persönlich-biographischen Erlebnissen. Hier nun musste ich lesen, dass diese Erfahrungen offenbar *mehr* als nur eine rein biographisch-individuelle Dimension hatten und haben. Das konfrontierte mich als Fühlenden mit entsprechender Wut und Trauer. – Es erweiterte dies aber eben auch mein Bewusstsein und stellte somit auch eine Unterstützung dar, die gegenwärtige *„Mann-Frau-Problematik"* und damit verbundene Herausforderungen zu erhellen.

Meine Tochter, die sich im persönlichen Zweier-Gespräch zu dem *Konstruktionen-Zitat* mit meiner Empörung konfrontiert sah, stellte lakonisch, aber treffend fest, dass ich sicherlich wenig repräsentativ für entwickelte Gleichberechtigung der Männer in unserer Kultur sei, was auch mir bewusst ist. Letztlich entwickelte (s)ich mit der Zeit doch die nötige Distanz, Anerkennung und sogar eine gewisse Dankbarkeit, wenn schon nicht für die zunächst empfundene, ungenierte Dreistigkeit, so doch für jene schonungslose Sicht, wie sie mir im Zitat sowie dem gesamten Buch entgegentrat.

Jede(r) hat ja immer auch Recht mit seiner Sicht. Zumindest vom Standpunkt betrachtet, den er / sie einzunehmen trachtet. Für mich habe ich jedenfalls erkannt, dass nur ein ehrlicher, aber entschieden geführter Diskurs dienlich ist. **Humor aber wird mit von der Partie sein dürfen, um die Leichtigkeit nicht vermissen zu lassen.**

So blieb mehr und mehr die Frage nach dem Anliegen, das dazu führt, diesen Dominanz-Standpunkt *„Frau-ÜBER-Mann"* zu einer Zeit einzunehmen, wo von der Genderbewegung stets *„Augenhöhe-und-Gleichberechtigung"* als politische Stoßrichtung und entwicklungsimmanente Notwendigkeit gefordert wird? Es zeigt sich darin eben, einschließlich der mangelnden Wertschätzung im verbalen Kontext des Zitats, wo am Weg zu männlich / weiblicher Gleichberechtigung in Beziehung und Gesellschaft „der-Hase-im-Pfeffer-liegt". Jedenfalls von männlicher Warte betrachtet. Ein Zitat auch, das, wie dort angeführt, die *„wirklichen Machtverhältnisse"* [5] –

---

5 *„Die Jahrtausende der Männerherrschaft haben **die wirklichen Machtverhältnisse** nur verschleiert. ... Frauen halten eine Macht in Händen, die lange in Vergessenheit geraten war."* B. Schweder / S. Riedl: *„Wie Frauen Männer ...",* Wien 2003, S. 225.

bzw. ihre bislang verdeckte Proklamation im *weiblich realen Verhältnis der Geschlechter* – als Dilemma sichtbar werden lässt. Jener, im öffentlichen Diskurs bislang verdeckt gehaltene Vorherrschafts- und Hegemonieanspruch von Frauen besaß offenbar für *prä-patriarchale* Zeiten ebenso Relevanz, wie er sie in nunmehr *post-patriarchalen* noch immer besitzt. Jetzt aber ungehindert in seiner Realisierung.

Das Leid von Frauen aller Zeiten durch von Männern begangenes Unrecht wird zwischen und unter den Frauen verbreitet. Darüber lassen sich heute Bücher füllen. Auch Gerichtsbücher. Die Trauer, der Widerwille und die Wut haben im Westen *das Patriarchat als dekadentes Unrechtsregime* entlarvt und aufgelöst. Leider hat dieses Unrecht auch viel an pauschalisierender Verachtung und Diskriminierung als Rache gesät – gegen die Männer allgemein und innerhalb der ganzen Gesellschaft. **Und es blieb auch eine gehörige Portion Hass in der Feminismus-Gemeinschaft zurück, welche in den sozialen Medien hashtags wie #payback geradezu epidemische Verbreitung ermöglicht. Pauschalverurteilungen und Vergeltung gegen „DIE Männer" wird hier angesagt. Wenn Frauen aber Männer in ihrer Gesamtheit attackieren und sie abwerten, geben sie doch nur weiter, was sie selbst als Unrecht erfahren haben.**

Wie zuvor gesagt: *Frauen ist vielerorts auf der Welt von Männern großes Unrecht angetan worden. Und es geschieht auch heute noch. Sicherlich auch in Europa. Doch wie leben wir im Allgemeinen hier und jetzt wirklich?* – Die überwiegende Mehrzahl der Männer und die überwiegende Mehrzahl der Frauen leben vornehmlich ohne Gewalt und Übergriffe in dieser Gesellschaft. Wir leben in einer Kultur, die Derartiges der Vergangenheit überantwortet hat. Wir haben gelernt, ein Maß an neuem Miteinander zu leben, wie es das vielleicht noch nie gegeben hat. Für uns Männer aber gilt nach wie vor nicht das Menschenrecht der *„Unschuldsvermutung"* [6], sondern eine latent projizierte bzw. kolportierte *„Unmutsverschuldung".* Etwas,

---

6 *„Die Unschuldsvermutung findet sich bereits in Artikel 11 der Allgemeinen Erklärung der Menschenrechte. Die Europäische Menschenrechtskonvention setzt dies in ihrem Artikel 6 völkerrechtlich verbindlich um."* Aus: https://www. menschenrechtskonvention.eu/unschuldsvermutung-9323/ .

dem sich noch heute alle Männer latent ausgesetzt erleben. Du stehst nach wie vor als Mann unter Generalverdacht und kannst Dich im Grunde nie ideal genug verhalten, um nicht doch irgendwann unter irgendeinen Verdacht gestellt oder als „Täter" bezichtigt zu werden. **Sogar ich, der ich vor Jahrzehnten IN meiner Ehe – genötigter Weise – gelernt hatte, jahrelang ohne jegliche Sexualität zu leben, wurde nach der Trennung von der Mutter meiner damals etwa 7-jährigen Tochter verdächtigt, dieser intim nahe getreten zu sein. Sie hätte** *„von einem Wolf geträumt",* **ich müsse doch wissen,** *was DAS bedeute* **...(?) Irre!** – Ich weiß von Kindergärtnern und Lehrern, dass sie darauf achten würden, besser nie mit einem Kind allein im Raum zu sein. Was ist hier bloß los?!

Meine Frage (wie ich sie noch öfter im Buch stellen werde): *Liebe Frauen, können Sie sich ausmalen, wie belastend eigenartig sich Ihr alltägliches Leben anfühlen würde, wenn Sie sich persönlich latent solchen haltlosen Verdachtsmomenten ausgesetzt fühlten?* Wie würden Sie sich fühlen, wenn aufgeklärte und mit dem heutigen Bewusstsein ausgestattete Männer Ihrem Geschlecht derart misstrauen und es vorsätzlich ähnlich pauschal verdächtigen und verunglimpfen würden, wie dies heute aus radikal-feministischen Kreisen ungeniert bezüglich „DEN Männern" geschieht? – Von meiner Warte aus betrachtet kann ich Ihnen sagen: *Je sensibler und warmherziger ein Mann ist, desto absurder.*

Wie aber wird einmal der reale Weg aussehen? – Jener von der *„Unmutsverschuldung",* **welche gegenwärtig die Zusammenarbeit zwischen den Geschlechtern belastet, zu real gelebter** *„Unschulds-vermutung",* **das Herzen auf beiden Seiten für einen neuen Weg der Geschlechter erst öffnen wird können?**

Die feministische Gruppe „Femen" wählt für ihre Aktionsformen selbst die Bezeichnung „Sextremismus" und begreift sich als neue, radikale und globale Frauenbewegung. „Femen" erlangte schnell internationale Bekanntheit. Umso interessanter was Zana Ramadani als Femen-Mitbegründerin aus ihrer Sicht im Interview schildert: *„Ich habe irgendwann verstanden, dass meine Mutter sich selbst viele Freiheiten genommen hatte. An meinem Vater lag es nicht. Sie hatte* *denselben Unterdrückungsmechanismus verinnerlicht wie ihre Eltern oder viele andere Familien. Davon konnte sie sich nicht emanzipieren. (Interviewer: ‚Dennoch war es Ihr Vater, der Sie als junge Frau grün und blau geschlagen hat, weil Sie mit Ihrem westlichen Lebensstil gegen die sittlichen Normen des Islam verstoßen hätten.') – Das war nur ein einziges Mal.* [7] *Mein Vater konnte sich gegen die Dominanz meiner Mutter, ihre religiösen Werte und Moralvorstellungen nicht durchsetzen. Das zeigt mir, dass Männer nicht das alleinige Übel dieser Welt sind. Auch sie leiden unter diesen Strukturen und sind zum Teil zu schwach, sich daraus zu befreien. ... Frauen sind keine besseren Menschen, sie sind allerdings besser darin, Dinge unter den Tisch zu kehren. Vor der Beantwortung der Frage nach der Mittäterschaft der Frauen am patriarchalen System drücken sich viele Feministinnen. Ich erlebe das immer wieder. Vor allem die jüngere Generation von Feministinnen hält den ‚weißen Mann' für das einzige Übel. In meiner Welt sieht das nicht so aus, da hat mich wohl die Geschichte meines Vaters sensibilisiert."* [8]

Ich persönlich meine, dass die beiden Autorinnen Schweder und Riedl mit ihren Zitaten bezüglich der beiden Geschlechter, Gutteils richtig liegen und kam zum Schluss, dass es nur einen einzigen Grund geben kann, solches zu schreiben: Es ist genau das, was diese beiden Frauen erkannt haben und wirklich glauben. **Für sie beide scheint es eine soziologisch erwiesene Tatsache, dass Frauen damit richtig lägen, wenn sie – Patriarchat hin oder her! – im Grunde ihrer Seele auch heute noch an die Berechtigung ihrer Dominanz glauben.** Etwas anderes zu schreiben, wäre für sie wohl

---

7   Bei mir musste mein Vater die Bestrafung ausüben, das gehörte offenbar zu seinen Pflichten (!?). Meine Mutter (eine gebildete Frau), obwohl damals zuhause, hatte nicht vor, sich die Hände damit schmutzig zu machen: „Good cop / bad cop." Eine solche Art der Machtverteilung daheim war in diesen Jahren, auch im Bildungsbürgertum noch üblich. Bei meiner damaligen Partnerin war es ähnlich. Auch ihr Vater musste im Namen ihrer Mutter, die „Erziehungsgewalt" ausüben. Er ging dann mit dem Mädchen aus der Küche ins Nebenzimmer, klatschte dort 2-3 Mal in die Hände, um die verordneten „Ohrfeigen" zu simulieren, sie heulte laut auf – und damit war diese Sache für Mutter und Vater erledigt.

8   Z. Ramadani, in: J. Bichler / W. Rössler: *„Männer sind nicht das alleinige Übel"*, in: *Der Standard*, 29.4.2017.

heuchlerisch gewesen. Und: Männer haben das ihnen entsprechend früher VON SICH ja ebenso gedacht. Und deshalb war alles so gefügt, wie es gefügt war: Matriarchat innen – Patriarchat außen.

Wir dürfen somit den beiden Autorinnen jeweils den Schutzstatus „*Whistleblowerin*" zubilligen **und einfach auch mal „*Danke!*" sagen für diese ungute Wahrheit aus dem weiblichen Lager.** Derartige Überzeugungen haben eben kein blaues oder rosa „Geschlechter-Mascherl", sondern jedes Diktat, jede Bevormundung gegen den Willen des / der Anderen ist letztlich gleich entwürdigend – komme es nun aus patriarchalen Machtverhältnissen oder jenen, wie im Zitat so benannten, „*wirklichen Machtverhältnissen*" [9] eines weiblich Matriarchalen und seiner Selbstermächtigung. Man(n)/ frau könnte das als soziologische „Wunschvorstellung" zweier abgehobener Feministinnen abtun. Aber erstens glaube ich nicht, dass die Soziologin Schweder sich gern vor den feministischen Karren spannen ließe, viel mehr anerkenne ich, dass diese scheinbar provozierende Darstellung die herrschende / frauschende Geschlechterrealität durchaus treffend abzubilden versucht.

Nochmals soll der wichtige Repräsentant der Männerbewegung und Autor, Steve Biddulph zu Wort kommen. Sein „*Raising Boys*", zu Deutsch: „*Jungen! Wie sie glücklich heranwachsen*" wurde der erste Elternbuch-Bestseller in der Geschichte: „*Das bedeutet, dass Sie Ihre Frau respektieren sollen, es aber auch nicht an Selbstachtung fehlen lassen dürfen. Wenn Sie es zu einer guten, dauerhaften Beziehung bringen wollen, müssen Sie lernen, zuweilen auch heftige Diskussionen zu führen, dass für Ihre gemeinsamen Probleme auch wirklich eine Lösung herauskommt. Den ‚Softies' laufen die Frauen genauso fort wie den rücksichtslosen Kerlen, von denen sie sich nicht mehr schikanieren lassen wollen. Deshalb muss der heutige Mann erst mal lernen, wirklich zu kommunizieren. Eine ziemlich radikale Vorstellung, was?!*" [10]

Dazu aber will mein Buch anregen. Erüben und leisten werden Sie es in Ihrer Beziehung, jeder / jede auf eigene Weise, selbst dürfen.

---

9 Zitat im vollen Wortlaut: Siehe zuvor im selben Kapitel, Anm. 5.
10 S. Biddulph: „*Männer auf der Suche – Sieben Schritte zur Befreiung*", 2001, S. 25.

Kapitel 1: … wie alles begann.

Was außer Streit gestellt sein will

Dass BEIDE Geschlechter über geschlechtstypische Möglichkeiten verfügen das jeweils andere Geschlecht zu dominieren, ist leider wahr. Es gab und gibt seit jeher die „Waffen-der-Frauen" wie auch jene der Männer. Die einen sind heute – richtigerweise – geächtet. Der Einsatz der anderen aber wird im Geschlechterdiskurs ignoriert und in ihrer Realität ausgeblendet. – Dazu kommt, dass Männer leider auch heute größtenteils nicht über die Fähigkeit einer annähernd gleich entwickelten Streitkultur verfügen wie Frauen. Der Grund: Der lautstarke Umgang gilt berechtigterweise nicht mehr als statthaft. Das Neue steht vielen von ihnen (noch) nicht zur Verfügung. Dass sich dies zu einem existenziellen Hemmschuh für jegliche Bestrebungen um Gleichberechtigung der Geschlechter auswächst, braucht daher wahrlich nicht zu verwundern. Was viele Frauen und Männer so aber wohl weder sehen, noch gelten lassen wollen. *„Es sind aber wahrlich nicht immer die Lauten stark, nur weil sie lautstark sind."* [11] Dennoch stellt es meiner Einschätzung nach das wesentliche Dilemma in den diesbezüglichen Bestrebungen dar. *Es wird nicht möglich sein, EIN Geschlecht ALLEIN zu befreien!* Und: Es muss daher auch angesprochen sein dürfen, dass dies weder für die Bedürfnisse von Frauen in der Gesellschaft, noch für die Bedürfnisse der GESAMTEN Gesellschaft hilfreich sein kann. Wenn nur ein Geschlecht gewinnt, verlieren letztlich beide. – Genau diese Gefahr besteht aber heute.

Systemverlierer gibt es überall und bei allen Entwicklungen auf der Welt. Diesbezüglich wird entscheidend sein, dass *Mitgefühl und Gleichberechtigung* sich aktiv die Hand reichen. **Dieses Buch will darauf verweisen, dass es AUCH um die Gleichberechtigung der Männer in dieser Kultur und dieser Entwicklung geht. Und es ist mir daher wichtig, auf reale Dilemmata sowohl *vonseiten*, wie auch *aufseiten* der Männer hinzuweisen.** Die entscheidenden politischen Argumente, welche von feministischer Seite bezüglich Un-Gleichberechtigung genannt werden, will ich von meiner Seite gleich vorne weg außer Streit stellen:

---

11 Nach einem Aphorismus von Konstantin Wecker.

1.) Elternarbeit (Frauen- und Männerarbeit) im Rahmen der Kinderbetreuung wird nach wie vor viel zu wenig in ihrer Bedeutung gewürdigt und gesellschaftlich auch unzureichend honoriert. – Diesbezüglich muss es neue Sozialmodelle für einen gerechten finanziellen Ausgleich geben.

2.) Ideologie und dekadente Praxis patriarchaler Tendenzen ist in bildungsfernen Randbereichen dieser Gesellschaft nach wie vor eine äußerst bedauerliche, wenn auch nur noch subkulturelle Realität.

3.) Es gibt beklagenswerter Weise Formen von Gewalt gegen Frauen und sie werden nicht dadurch entschuldbarer, dass es auch Formen der Gewalt von Frauen gegen Männer gibt. [12]

4.) Als diesen Punkt hatte ich zunächst den *„Gender Wage Gap"* notiert. Ich war (wie Sie liebe Leserin / lieber Leser vielleicht auch) der festen Meinung, dass dies als „Faktum" existiere, durfte mich aber im Faktencheck meiner Recherche Gottlob eines Besseren belehren lassen: Die empörende Vorstellung eines grob diskriminierenden *„Gender Pay Gap"* basiert offenbar auf missverständlich gestreuten „Daten", welche das Klima zwischen den Geschlechtern leider fahrlässig belasten und vergiften. Denn es gibt mittlerweile offizielle, gegenteilige Erfolgsmeldungen von ganz wenigen verbliebenen Prozentpunkten, welche gewissen Gruppierungen SO wohl nicht ins politische Kalkül passen. Oder auch im Sinne von *„good news are bad news"* medial marginalisiert wurden bzw. werden. Die erfreuliche Erkenntnis auf Basis der OECD-Daten 2017 zeigt: Im Bereich stattlicher und kommunaler Arbeitgeber sowie in jenen Sparten der Wirtschaft, die durch sogenannte Kollektivverträge, etc. geregelt werden, existiert so gut wie kein Geschlechterunterschied in der Bezahlung von Männern und Frauen für *gleiche* Arbeit und *gleiche* Arbeitszeit: Resümee der OECD-basierten Studie: *„Wir könnten*

---

12 Derartig verbal-psychische Gewalt sieht meist sehr viel anders aus, entfaltet andere Wirkungen und wird bis heute gesellschaftliches als TABU gehandelt. Dass allerdings bereits ein Aufwachprozess und Umdenken einsetzt, hat mit Erkenntnissen aus der Kinderpsychiatrie zu tun. Hier wird psychische Gewalt, Abwertung, Demütigung sowie erpresserisches Verhalten gegenüber Kindern mittlerweile als ebenso traumatisierend angenommen, wie körperliche Gewalt. – Ein Feld wo es bzgl. Partnerschaften noch viel „Luft nach oben" gibt.

näher an einem gänzlichen Fehlen jeglicher Arbeitsmarkt-Diskriminierung dran sein, als wir zuvor dachten."[13] Die veröffentlichten Ergebnisse des so genannten BEREINIGTEN „*Gender Wage Gap*" liegen in Deutschland im Schnitt bei ca. 4% (in Ö bei „*weniger als 3% für unterdurchschnittliche Einkommen!*"[14] – Tendenz weiter fallend.

5.) Ebenso hatte ich zunächst die *mangelnde Chancengleichheit von Männern und Frauen im Bereich Top-Management* anführen wollen. Hier gibt es ja nachweislich kein „*Halbe-Halbe*". Aber auch da erkannte ich während meiner Recherche, dass hierüber ein klärender Diskurs dringend erforderlich ist sowie Kriterien ganz anderer Art miteinbezogen werden müssen. Nur so kann man(n) / frau zu einer unaufgeregten und sachlich stimmigen Sicht gelangen. *Meines Erachtens sind zum Beispiel unvergleichlich mehr Personen, welche an diese „Gläserne Decke" zur obersten Machthierarchie und seiner Pfründe an-stoßen – ohne durch-zu-stoßen – Männer (Schätzung: 9 von 10).* Auch sie alle kommen nicht ganz hinauf.[15]

Es bleiben somit die Punkte 1.) bis 3.) und so bedauerlich diese Relikte männlich-antiquierter Haltungen sind – sie sind immer wieder zur Schau gestellter Widerstand, gepaart mit Beharrungstendenzen des Gewohnten, Justament-Haltungen, oft getriggert von empfundener Hilflosigkeit infolge persönlich-prekärer Zustände. Dennoch: Jeder einzelne Übergriff ist einer zu viel. Gegenüber Frauen ebenso wie gegenüber Kindern. **Wie ich aus eigener Erfahrung weiß, leiden (auch) Männer, wenn sie sich doch einmal hinreißen ließen, maßgeblich.** – **W*er noch nie aggressiv oder gewalttätig gegenüber anderen in seinem Leben geworden ist, der / die werfe den 1. Stein.***

---

13 https://ideas.repec.org/p/zbw/glodps/63.html; download: https://www.econstor.eu/bitstream/10419/157335/1/GLO_DP_0063.pdf. (Seite 31). Im Grunde kein Wunder, da hierzulande laut Arbeiterkammer 98% (in Ö) der Erwerbstätigen nach Kollektivverträgen entlohnt werden und wohl kaum viel weniger in der Bundesrepublik!

14 Ebenda; Seite 30.

15 Wie hoch ist der Prozentsatz an Frauen tatsächlich, die trotz hohem Leidensdruck in solchen Jobs arbeiten wollen (interne Kämpfe, Konkurrenz, Rückstellen von Privatem, Überstunden, Herabwürdigungen, etc.) und die bereit sind wie die Männer auch, sich den beschwerlichen Weg nach oben zu dienen – „twentyfour-seven"?

Solange Frauen allerdings mit Filtern und Überzeugungs-Netzen wie *„Gib bloß acht, sonst wirst Du ständig von Männern übervorteilt!"* diese Wirklichkeit „wahr-nehmen", werden sie wie Fischer ihre Netze auswerfen und damit genau DIESE Realität herausfischen. Es wird sich in solchen Überzeugungs-Netzen schlichtweg keinerlei Fang, keine „gefischten Wahrnehmungen" finden können, wo es auch bereits gänzlich anders und viel liebevoller läuft. – DAS ist das eine. Das andere ist, dass heute stets eine schützende Hand über Frauen und deren Bestrebungen gehalten wird. Nicht nur von Frauenseite, ebenso von Männerseite. Chancengleichheit IST wichtig! Man(n) / frau darf sie aber nicht am Bedürfnis nach Ergebnisgleichheit messen! – Dies hat bezüglich FREIER INDIVIDUEN einfach keine Berechtigung!

Gewalt im Affekt in der Familie hat zumeist den systemischen Hintergrund der Hilflosigkeit. Männliche Gewalt stellt meines Erachtens die allergrößte Tragik dar. – Und das nicht nur für die betroffenen Frauen und Kinder, sondern auch für die gewalttätigen Männer. Nicht zuletzt auch für das verallgemeinernde Bild, welches mittlerweile aufgeboten wird, wenn von „DEN Männern" als *stets gewaltbereites Geschlecht* gesprochen wird. Männer gelten als DIE potenziellen Täter. – Wer SO denkt, geht als Fischer / Fischerin ebenfalls mit einem speziellen Fang-Netz durch die Welt und er / sie wird immer wieder ein Ereignis finden und mit dem *Selbst-Bestätigungsnetz eigener Überzeugungen* genau DAS herausfischen, was diesem Bild entspricht. Im eigenen Bewusstseinsnetz findet sich immer der 100% Fang, der diesem Überzeugungs-Netz entspricht! [16] Und das auch dann, wenn die überwiegende Zahl aller Männer **in unserer Kultur und an der überwiegenden Zahl ihrer Lebenstage,** nachweislich ausgesprochen friedlich leben. In unserer Kultur sind

---

16 Dieser Ansatz geht davon aus, dass der „Resonanz" als Übertragungs-Mechanismus in einem Kosmos aus Energie und Schwingung, auf allen Ebenen eine zentrale Bedeutung und Realität zugesprochen werden kann. Überzeugungen sind In-*forma*-tionen in unserem Bewusstsein, welche Resonanzen mit der Welt erzeugen. Überzeugungen stellen somit „Filter" im Bewusstsein dar – oder eben „Netze". So wie die Eigenart der Netze bestimmt, welche Fische wir aus dem Meer herausfischen, bestimmen Überzeugungen, was wir wahrnehmend aus dem Leben um uns und der Vielzahl sozialer Aspekte herausfischen werden, welche Erfahrungen wir letztlich machen werden.

das kaum 1-2% der Männer, die als real gewaltbereit eingestuft werden müssen. D.h. im Umkehrschluss: 98 bis 99% sind nicht so. Doch um das herauszufischen und einen Mentalitätswandel durchlaufen zu können, müsste man(n) / frau ein ganz anderes „Netz" (eine heilsamere persönliche Überzeugung) verwenden, sonst fehlt dafür die nötige Resonanzbereitschaft und Aufmerksamkeit. Um solch verblendete Wahrnehmungen und verblendende Sichtweisen nachhaltig zu ändern, braucht es zu schulende Mentalisierungs-Fähigkeiten. *Wie wäre es wohl, als Frau absichtsvoll das (Bewusstseins-)Netz zu verwenden: „Männer haben Fehler wie alle Menschen, aber sie tun mit großer Effizienz ihr Bestes zum Wohle aller."* [17] *? Auch dieses Netz wird einen 100%-igen Fang liefern, es wird jedoch etwas Heilsameres ins individuelle und kollektive Bewusstsein hereinschaffen.*

Männer wünschen sich natürlich, nicht primär an ihren Fehlern gemessen und eingeschätzt zu werden – wie das für Frauen wohl auch gilt. Sie wollen (von Frauen) in der Gesellschaft auch nicht pauschal als potenzielle Täter betrachtet werden. Mit diesem gesellschaftlichen „Manns-Bild" wird auch kein Mann wählen wollen, gerade Kindergärtner oder Grundschullehrer zu werden. Obwohl es wohl nichts dringender bräuchte in unserer Gesellschaft, als mehr Männer in diesem Berufszweig. – Entsprechendes gilt überall, wo Männer und Frauen zum gegenseitigen Wohl beitragen (wollen).

Gender Mainstreaming – und der Bruch seiner 1. Präambel

Gender Mainstreaming wurde von der EU 1997 zur gesamtgesellschaftlichen Aufgabe erklärt, mit Konsequenzen in der Gesetzgebung und Rechtsprechung. Was dabei aber bis heute entstand, sind krasse Asymmetrien in der Besetzung der gestaltenden Gremien. Bislang galt Mädchen- und Frauenförderung durch die Politik, allerorts als vorrangige Verpflichtung. Wohl deshalb sind ALLE „*Arbeitsgruppen für Gleichbehandlungsfragen*" im politisch-öffentlichen Bereich zu 100% weiblich besetzt. Dazu zählt z.B. die „*Interministerielle Arbeitsgruppe für Gleichbehandlungsfragen im Bundesdienst*" (IMAG GIB).

---

17 Siehe auch Kap. 5: Alte Machtverhältnisse und ihre Überwindung, Anm. 10-14.

Dort dominieren ausschließlich Frauen (36 von 36!) Und diese 36 sind lediglich die Führungspersonen. In jeder der Abteilungen gibt es – diesen unterstellt – wiederum nur Frauen (13 von 13 im Wirtschaftsministerium, 6 von 6 im Bildungsministerium und im Ministerium für Gesundheit und Frauen natürlich ebenso: 6 von 6, etc. [18]) Auch hier also: *Seilschaften und Kooption auf die typische Art und Weise eines „Familien-Unternehmens".*

Wie wir wissen, war die gesellschaftspolitisch relevante (Gender-) Entwicklung aber NIE nur Frauensache allein und kann es daher auch in Zukunft nicht sein. Es ist an der Zeit, dass auch die Männer in unseren Ländern zum Thema *„Gleichberechtigung und Diversität"* vermehrt Stellung beziehen und als ersten Schritt etwas für eine adäquate Männerquote in dem Bereich unternehmen, um den Anliegen der Frauen in diesem Land etwas eigenaktiv Ergänzendes hinzuzufügen. Recherchiertes Material gibt es mittlerweile zur Genüge, aber leider wenig Bewusstsein dafür in der Bevölkerung.

Hier zeigt sich der Gleichheitssatz entgegen der *„1. Präambel von Gender Mainstreaming"* schwer verletzt: *„1. Präambel: Gleichberechtigung bedeutet, dass beide Geschlechter in allen Bereichen des öffentlichen und privaten Lebens gleichermaßen präsent, kompetent und beteiligt sind."* [19] – Was also soll diese 0%-Männerquote in allen öffentlichen *„Arbeitsgruppen für Gleichberechtigung und Diversität"?* [20]

Lassen Sie uns das Beobachtete kurz vom Standpunkt der Wissenschaft betrachten: Jede/r Physiker/in weiß um die Bedeutung des Zentrums eines Feldes – für dieses Feld. Es gilt dies durchaus auch im soziologischen Bereich: *Im Zentrum eines Feldes für REALE*

---

18 Diese Fakten betreffen Österreich (https://www.bmgf.gv.at/home/Frauen_ Gleichstellung/Gleichbehandlung/IMAG_GIB/. Sie sind aus Okt./2018; es hat sich seither Unwesentliches verändert. In D ist die Schräglage kaum anders.

19 Siehe: http://www.imag-gmb.at/cms/imag/search.htm?query=erste+Pr%E4ambe l&x=0&y=0 (.

20 Die Bestellung von Männern in „Gender-Mainstreaming-Arbeitskreisen" muss sinnvoller Weise aus Basisorganisationen heraus erfolgen. Z.B. aus Männerberatungsstellen, die die gesellschaftliche Gesamtsituation aus ihrer tag-täglichen Arbeit kennen oder auch Lehrer und Sozialpädagogen. – NICHT jedenfalls weiter wie bisher durch Kooption!

Gleichberechtigung und Diversität müssen somit Gremien konstituiert werden, welche in ihrer Zusammensetzung Gleichberechtigung repräsentieren. Anders kann es weder in Bereichen der Physik noch in einer Demokratie funktionieren – ohne einem weiteren, politischen „Rechts-Ruck" in der Gesellschaft in die Karten zu spielen.

Das hier Angeführte möge zur Nachschärfung der Motivationen bezüglich *Gleichberechtigung / Diversität* beitragen und ein politisches Zeichen setzen, damit Männer sich nicht nur als Systemverlierer begreifen können oder ignoriert vorzukommen. Alle wollen mitbedacht werden, alle dürfen wählen gehen und entscheiden über die Art unserer Demokratie. Auch für die politische Mitte wird es darum gehen müssen, das Geschlechter-Thema in beide Richtungen zu ihrem zu machen und somit weder vornehmlich für eine „feministische" Gesellschaft da zu sein, noch die Männer spezifischen Anliegen allein dem „rechten Lager" – für eine „maskuline" Gesellschaft – zu überlassen. Dazu braucht es eine aktive und bewusste Rolle ihrer politischen Vertreter/innen.

Zwar gibt es noch Bereiche in der Gesellschaft (wie Vorstandsetagen und Aufsichtsräte), in denen die Frauenquote nicht paritätisch erfüllt ist. Allerdings gibt es für die Gesellschaftsentwicklung wesentliche Bereiche, in denen es längst um die Erfüllung einer Männerquote gehen müsste, insofern diese Geschlechter-Schere immer weiter aufgeht, während sie sich bezüglich Frauenquoten deutlich schließt.

Was sich infolge der Misslage mittlerweile zeigt, sind zunehmende Einseitigkeiten bezüglich gesellschaftlicher Entwicklungen. Sie stehen dem gemeinsamen und berechtigten Anliegen um „Gleichberechtigung und Diversität" immer mehr entgegenstehen. So haben sich in der westlichen Gesellschaft kontinuierlich quasi-matriarchale Berufs-Bereiche realisiert. Hier seien vornehmlich der Sozial- und Erziehungsbereich künftiger Generationen (von 0-15 Jahren) genannt, welche ganz im Gegensatz zu den vieldiskutierten Jobs in den Vorstandsetagen, den wohl relevantesten Bereich der künftigen Gesellschaft-Entwicklung darstellen (von Baby-Krippen bis Hauptschule sowie weiterbildende Einrichtungen. Aber auch Sozialämter und demnächst der Richterstand (Anwärterinnen 60+%

in D, 70% in Ö) und Jungärztinnen (70% in D, 60+% in Ö), etc. Ebenso auch die Gender-Studies (90+%) und der Bereich „Gender Mainstreaming" mit seinen Arbeitskreisen. – SIE ALLE prägen die reale Gesellschaftsentwicklung sowie die Chancenverteilung – bzw. ihre Mängel – bezüglich Gleichberechtigung und Diversität.

Mittlerweile zeigt sich auch eine weitere hochsignifikante, Geschlechter-Problematik: Bedeutend weniger Jungs (in Ö: Buben) machen Abitur (in Ö: Matura). In Österreich ist es gar nur ein Drittel solcher Abschlüsse. Die Hintergründe sind vielschichtig: wie das Dilemma viel zu weniger gleichgeschlechtlicher Vorbilder für Jungs im Bildungssystem: nur 7% Männer in der Volksschule, nur ca. 14% im gesamten Pflichtschulbereich, etc. (In D sind die Zahlen ebenfalls sehr unausgewogen, wenngleich nicht ganz so katastrophal.)

Spätestens diese Realität MUSS die rechtliche und gesetzgebende Situation der gesamten Gleichberechtigungs- und Diversitätdebatte in neuem Licht erscheinen lassen. In diesem Kontext erzählt die ehemalige „Gleichstellungsbeauftragte", Monika Ebeling aus ihrer Praxis: *„Nach und nach bemerkte ich, dass wir Doppelstandards zu Gunsten von Frauen implementiert haben. Nicht selten wirken sich diese Doppelstandards negativ auf die andere Hälfte der Gesellschaft, auf die Männer, aus. Diese Hypersensibilität für Frauenbelange kann keine gerechte Geschlechterdebatte sein, da in einer solchen Debatte die Gleichberechtigungsbedürfnisse von Frauen überrepräsentiert sind, während die Gleichberechtigungsbedürfnisse von Männern, nicht zu Wort kommen können. Ein solch einseitig geführter Monolog repräsentiert auch kaum die Bedürfnislagen der Mehrheit unserer Gesellschaft. Hier bleibt Demokratie auf der Strecke."* [21]

Danke für diese Frauensicht! **Frau Ebeling hat ihre Tätigkeit im Bereich Gleichberechtigung wohl zu wörtlich genommen und sich auch gegen Diskriminierung von Männern eingesetzt** und nach nur drei Jahren Tätigkeit ihren Posten als Gleichstellungsbeauftragte wieder – wie sie es darstellt – verloren und ihre Stelle als

---

21 M. Ebeling: *„Können Jungen und Männer in unserer Gesellschaft benachteiligt werden?"* Vortrag, 30.4.2012, Ohm-Hochschule, TH-Nürnberg. Aus: https://geschlechterdemokratie.files.wordpress.com/2012/05/vortrag-ebeling-ohm.pdf .

Kindergartenleiterin gleich obendrein.

Vielleicht ist ja richtig, was politisch vielerorts gemutmaßt wird: Frauen schaffen es, eine für die Öffentlichkeit attraktivere Frauen-Politik zu betreiben – ganz unabhängig von deren Ergebnis, einfach weil sie FRAUEN sind: *Frauen für Frauen eben*. Das mag sein, nur: *Männer kommen dabei heutzutage per se und explizit nicht vor!*

Fragen zur Plausibilität angeführter Aspekte in diesem Kapitel:

1.) Ich kann den Sinn hinter der Beziehungshaltung *„Ich gehöre zu Dir"* – *„Du gehörst zu mir"* gut nachfühlen und halte es für entscheidend aus der Emanzipation keinen Geschlechterkampf zu formen, sondern kommunikationsfähig zu werden. Und ohne gegenseitiges Wohlwollen wird es auch nicht gehen.

O	O	O	O	O
sehr	überwiegend	durchschnittlich	wenig	gar nicht

2.) Die in den beiden ominösen Zitaten dargelegte Soziologinnen-Sicht und ihr Selbstverständnis matriarchaler Dominanz berühren mich. Ich spüre diese Haltung bei vielen Frauen und sie stellt keinesfalls einen Einzelfall dar. Auch da muss sich etwas – auf Seite der Frauen – wandeln.

O	O	O	O	O
sehr	überwiegend	durchschnittlich	wenig	gar nicht

3.) Die Hinweise zu dem in den letzten Jahren entstandenen quasi-matriarchalen Bereich in der modernen Erwerbsarbeitswelt zeigen eine höchst fragwürdige Gesellschaftsentwicklung auf. Ebenso befremdet mich die quasi 0%-Männerquote im Bereich „Gender-Mainstreaming".

O	O	O	O	O
sehr	überwiegend	durchschnittlich	wenig	gar nicht

Punkte: sehr = 5; überwiegend = 4; durchschnittlich = 3; wenig = 2; gar nicht = 1

Ihre persönliche Auswertung / durchschnittlicher Punktewert:

Kapitel 2:
Das Patriarchat. Alles Soziale ist systemisch

Der Froschkönig (Fortsetzung 2)

„Nun trug es sich einmal zu, dass die goldene Kugel der Königs-
tochter nicht in das Händchen fiel, das sie in die Höhe gehalten hatte,
sondern vorbei auf die Erde schlug und geradezu ins Wasser hinein
rollte. Die Königstochter folgte ihr mit den Augen nach, aber die Kugel
verschwand, und der Brunnen war tief, so tief dass man keinen Grund
sah. Da fing sie an zu weinen und weinte immer lauter und konnte
sich gar nicht trösten. Und wie sie so klagte, rief ihr jemand zu: ‚Was
hast du vor, Königstochter, du schreist ja dass sich ein Stein erbarmen
möchte.‘ Sie sah sich um, woher die Stimme käme, da erblickte sie
seinen Frosch, der seinen dicken hässlichen Kopf aus dem Wasser
streckte. ‚Ach, du bist's, alter Wasserpatscher,‘ sagte sie, ‚ich weine
über meine goldene Kugel, die mir in den Brunnen hinab gefallen
ist.‘ ‚Sei still und weine nicht,‘ antwortete der Frosch, ‚ich kann wohl
Rat schaffen, aber was gibst du mir, wenn ich dein Spielwerk wieder
heraufhole?‘ ‚Was du haben willst, lieber Frosch,‘ sagte sie, ‚meine
Kleider, meine Perlen und Edelsteine, auch noch die goldene Krone,
die ich trage.‘ " [1] (Fortsetzung folgt)

My Short-Story

Nun, die meisten Erwachsenen in unseren kulturellen Breiten
wissen wohl noch, wie es im Märchen dann weitergeht: Der Frosch
kommt seinem Versprechen nach, um am sozialen Dasein teilhaben
zu dürfen und „dazu-zu-gehören" – undsoweiterundsofort …

**Ich war auch so ein Frosch (typisch „Mann"!). Auch ich bot meine
Hilfe und Einsatzbereitschaft an, etc. Auch mein Einsatz wurde
gerne angenommen. Oh, was war ich damals für ein gutgläubiger,
vertrauensseliger Frosch! Weit mehr meinen Idealen wie u. a. der
Geschlechter-Fairness verpflichtet als meinem eigenen Mensch-
und Mann-Sein. Ich bekenne: Genau dieses Verhalten, diese**

---

1 Aus: „Der Froschkönig" (auch: „Der eiserne Heinrich"), Märchen der Gebrüder
  Grimm. Online: www.internet-maerchen.de/maerchen/froschkoenig.htm .

Priorität förderte die Bereitschaft, „*dem Knecht*" in mir die Zügel zu überlassen, diesem projizierten, menschlichen „*Konstrukt im Dienst der Frauen*"; man(n) – meine Mutter – hatte mich bestens auf mein heroisches Scheitern als Frosch vorbereitet: Ihre Gabe mit auf meinen Lebensweg als Mann lautete: „*Handle stets so, dass Du den Frauen dienst und hüte Dich ihnen ein Leid zuzufügen, so wird es Dir gut ergehen im Leben.*" – Ich hab's geglaubt. Was wollte meine Mutter damit wohl wirklich? – Tja, ich weiß es nicht. Sie hat dieses Geheimnis mit ins Grab genommen. Und ich glaube, sie hätte es mir auch nicht verraten können, da sie es wohl selbst nicht wusste.

Gar nicht unähnlich *Parzival*, ohne mich mit ihm vergleichen zu wollen, startete ich jedenfalls in meine, von Muttern initiierte, Männer-Karriere: Quasi als „tumber Tor", in nicht unähnlich seelischem Narrengewand wie er [2] und voll idealistischer Flausen. Oder auch: Wie der oben angesprochene froschene König: grün (nicht nur hinter den Ohren), ahnungslos, blauäugig und vertrauensvoll, mit dem obigem Auftrag in die Welt geschickt ... Allerdings gab mir dieses Ideal auch viele Jahre inneren Halt und eine immense Kraft sowie geistige Orientierung. Ich empfand dies als äußerst „männlich", weil es mir zu mehr Gelassenheit in meinem Leben verhalf, zu mehr Beharrlichkeit, Geduld und Beständigkeit in meiner Ausrichtung. Es bestärkte mich in meinem Durchhaltevermögen, meinem Mut, meiner Sanftheit und Ruhe. Es machte mich behutsam, unerschütterlich und

---

2   „*Von der Erscheinung der Ritter und deren Ausführungen entbrannt, möchte Parzival ausziehen, um Ritter am Artushof zu werden. ... Er erbittet von seiner Mutter ein Pferd, um seine Reise antreten zu können. Herzeloyde weiß sich nicht anders zu helfen und denkt sich eine ‚List' aus: sie stattet ihren Sohn mit einem schlechten Pferd, ‚tôren kleidern' (Narrenkostüm) und Bauernstiefeln aus, in der Hoffnung, dass Parzival dadurch Leid und Spott erfährt und zu ihr zurückkehrt. ... Anschließend fügt Herzeloyde eine kurze Minnelehre an und rät ihm, er solle, wenn er einer lieben Frau begegnet, ihren Ring nehmen und sie küssen. ... Herzeloydes Erziehungsmaßnahmen bringen ‚komisch-katastrophale Folgen' mit sich, welche sich an Hand ausgewählter Episoden aufzeigen lassen.*"; Zitat aus: http://mediaewiki. de/wiki/Parzivals_Erziehung_durch_Herzeloyde_und_ihre_Folgen_(Wolfram_ von_Eschenbach,_Parzival) .

fair. Und: Es half mir dennoch nichts. Auch ich entging dem „*an-die-Wand-geworfen-Werden*" nicht.

Am schlimmsten – aber auch erweckendsten – lief es für mich als durchaus liebevoller (und so man Frösche lieben kann, auch als liebenswerter) Frosch, wohl in meiner Ehe. Unglaublich!!! Noch ahnte ich ja nichts davon, welch Narrengewand als ekeliger Frosch ich übergezogen (bekommen) hatte. Es half alles nichts: Auch ich wurde letztlich von „*meiner Prinzessin*" als unwürdig froschig erkannt und mein hochkarätiges Anliegen um „reale Gleichberechtigung" als Unbotmäßigkeit von sich gewiesen, verworfen, abgelehnt.

Und schon ward einer mehr „an-die-Wand-geworfen". Im erinnernden Rückblick kann ich nur betroffen sagen: „Puhh!" Mit Abstand von der Ent-Täuschung, aber eben auch: „Juhu!" ☺ Allerdings: Wer man(n) sich nicht des „*Froschkönig-Evangeliums*" und seines tröstlichen Endes bewusst ist – und das war ich mir in meiner persönlich-biographischen Zeitlupe damals nicht – ein eben wahrhaft haarsträubend skurriles Geschehen!

Vielleicht kennen Sie das Zitat des großen Physikers Nils Bohr, über die absurd erscheinenden Zustände im Quanten-Kosmos: „*Wer von der Quantentheorie nicht schockiert ist, der hat sie nicht verstanden.*"[3] – Ebensolches dürfen wir im Sinn von Bohr durchaus auch über die Zustände im *Kosmos-der-Froschkönige* sagen: „*Wer vom Froschkönig-Evangelium nicht schockiert ist, der hat es nicht verstanden.*" ☺ **Kann das WIRKLICH so absurd sein?!?**

Andererseits: *Was wissen und verstehen wir bezüglich dieses offenbar verschränkten, systemischen und märchenhaft brutalen Geschehen schon wirklich?* Mit (meinen) beiden Beinen am Boden vor so manch ominöser Wand stehend, sah die Sache eben sehr viel anders aus. Die Frohe Botschaft unseres „*Froschkönig-Evangeliums*" für alle Frosch-Männer, indirekt aber natürlich auch für alle Feministinnen, Prinzessinnen und Königinnen, lautet somit: *Kommt zu mir vor die Wand, all ihr Trauernden*

3 N. Bohr, in: https://www.wissenschaft.de/allgemein/wer-von-der-quantentheorie.

*und Verzagten, ihr Verdrossenen und auch ihr immer noch
Unverdrossenen. Fürchtet euch nicht, ihr seid gesegnet unter den
Menschen und gesegnet ist die Frucht eures Geistes.* ☺ *Euer wird
das Königreich sein.*

Doch statt solchem selbstgewählten Sarkasmus, allemal besser:
Präsenz Männer, Präsenz!

Vom einstigen „an-DER-Hand-Gehen" zum: „an-DIE-Hand-Gehen"

Ich bin sicherlich nicht der Erste, der eine etwas differente Sicht
zur Realität des sogenannten Patriarchats einnimmt. Mindestens
habe ich dies mit einer anerkannten Feministin und Professorin
für Erziehungswissenschaften an der Technischen Uni Berlin,
gemeinsam: Die Anerkennung der *„Mittäterschaft von Frauen am
Patriarchat"* ist nicht zuletzt durch den Einsatz jener Professorin für
Erziehungswissenschaften an der Technischen Universität Berlin,
Christina Thürmer-Rohr [4], geklärt worden. Thürmer-Rohr sah sich
in den 1970er Jahren für ihre damals ungewöhnliche Sichtweise
massiven persönlichen Anwürfen aus feministischen Kreisen – wie
u. a. dem Vorwurf *„Anti-Feministin"* zu sein – ausgesetzt. Und sie
blieb nicht die Einzige. Heute allerdings ist ihr Standpunkt auch in
feministischen Kreisen anerkannt und die einseitigen Positionen
haben sich aufgeweicht.

Was diese Pionierin seriöser feministischer Forschung auf ihre
Weise darlegte, möchte ich von einem anders gewählten Standpunkt
auf meine Weise, als Mann, tun. Es gilt eben ohne Vorbehalte, das
systemisch Wirkende, Situative anzusprechen. Das was real wirkt.
Insofern gehen wir beide, allen Differenzen in der Betrachtung

---

4 *„Christina Thürmer-Rohr ist eine deutsche Sozialwissenschaftlerin, feministische
Theoretikerin und Musikerin. Sie gehört zu den Pionierinnen für Frauen-
und Geschlechterforschung an deutschsprachigen Hochschulen. Bis zu ihrer
Emeritierung 2005 lehrte und forschte sie als Professorin für Erziehungswissen-
schaften an der Technischen Universität Berlin und gründete dort 1976 den ersten
Studienschwerpunkt Frauenforschung. Sie unterrichtete Feministische Theorie,
Menschenrechte und Erinnerungskultur. Bekannt wurde sie insbesondere durch den
Begriff der ‚Mittäterschaft', mit dem sie die Mitbeteiligung bzw. Komplizenschaft
von Frauen an der institutionalisierten Herrschaft des Patriarchats bezeichnet."*
Aus: https://de.wikipedia.org/wiki/Christina_Thürmer-Rohr .

zum Trotz, methodisch durchaus ähnliche Wege. Was die bisherige Genderdebatte primär vermissen lässt, ist die Einsicht, dass die wirkliche Bedrohung für den Frieden der Geschlechter darin liegt, dass zwar viel Gelehrtes geschrieben wird, aber wenig Bereitschaft gegeben ist, die bestehenden systemischen Zusammenhänge anzuerkennen – geschweige denn auch nur anzusprechen. Oft würde ich den feministischen Ideologinnen einfach gerne zurufen: *Entspannt euch doch einfach mal ein bisschen! – Was ihr da angriffig und vorwurfsvoll vorbringt, ist doch längst nicht mehr Teil einer stichhaltigen, gesellschaftlichen Wirklichkeit.* Es gibt unterschiedliche Ideen dazu, wie es zur Herausbildung der kulturbestimmenden Realität des Patriarchats, in seiner dekadenten Ausformung kommen konnte. Ich werde ihnen in diesem Kapitel nun eine weitere, persönliche Fassette hinzufügen. – Hier ist sie: Wenn ich auf meine eigene Lebenserfahrung schaue, dann sehe ich ein Phänomen, dass sich stets von Neuem wiederholte: Ich suchte Situationen (und fand sie), in denen ich dem *„Sinn des Lebens"* dienen kann – **meinem** Sinn des Lebens, so wie er auf mich zukam und ich ihn in Resonanz erleben, erkennen und anerkennen konnte. Ich tat dies als Partner, als Vater, als Freund, als Lehrer, als Sozialarbeiter, als Organisator, ich tat es als Maler, als Autor und auch als Ausbildner und Coach. Es war nie eine Frage, **wann es jetzt aber WIRKLICH reicht.** Da schien unermesslich viel Energie und Kraft zur Verfügung zu stehen, aktivierbar und mir geschenkt – und: Ich gab sie weiter.

Im Grunde war dieses Leben herrlich und ich konnte dieses Sich-Verschenken auch genießen. Es schien mir richtig so. Meine Überzeugung, die mich heute noch trägt war: *„Es geht sich immer alles aus."* Und: Es GING sich immer alles aus. *Zu dienen war für mich nie etwas, was den schalen Beigeschmack von etwas wie Zwang hatte. Ich empfand mich als König meines Daseins – und diente den auftretenden Bedürfnissen der Menschen und den Notwendigkeiten des Lebens.* (Die mich kennen, wissen wovon ich rede.) **Wer und was dabei letztlich auf der Strecke blieb, war ich selbst, jener Teil jedenfalls, der auch biologisch vorgegebene sowie Egobedürfnisse hatte wie Schlaf, Sexualität, Angenommen-Sein, Partnerschaft, Leichtigkeit, etc. und eben nicht nur ideell-geistige und dienende.**

Ich darf aus meiner Eigenwahrnehmung sagen: *Ich war und bin ein Liebender und Begeisterter am Leben und seinen Herausforderungen.* Nicht, dass ich sie alle hätte lösen können und sicherlich auch nicht immer fehlerfrei. Dennoch: Da lebt die Liebe zum Leben. Bedingungslos. Ich lebe mein Leben auch selbst so, wie ich mir die Welt wünsche, in der ich leben will – nicht mehr, nicht weniger: Ein wohlwollend dienender König seines „Landes" [5] und aller die dazugehören, weil sie hier ihr Dasein haben wollten.

Mittlerweile zähle ich MICH SELBST allerdings auch zu meiner Welt dazu. **That's the difference!** – Was ich somit Entscheidendes ändern konnte, war die Wandlung bezüglich meiner Ausrichtung: Von der Selbstaufgabe zur Hingabe an mich selbst, ohne allerdings mein Commitment für die Welt gleich mit über Bord zu werfen.

Natürlich scheint es auf den ersten Blick naiv, zu meinen, das oben als „Quasi-Selbstausbeutung" Beschriebene sei *„typisch-männlich".* Ich WEISS natürlich: Es gibt Tyrannen. Es gibt Menschen, die Macht missbrauchen, die im Lauf ihres Lebens korrumpieren, keine Frage. Aber: Alle Männer werden meist von Frauen erzogen und für das Leben geprägt. Insofern könnte es durchaus sein, dass hinter den meisten *Narrenkostümen* von uns Männern, doch ein miss-„ratener" *kleiner Parzival,* oder eben auch ein verwünschter *Froschkönig,* steckt. Ich persönlich vermute, dass Derartiges durchaus so ist. **Allerdings: Es könnte auch ein gutmütiger *Königssohn im Bärchen-Kostüm* sein, wie wir das aus Grimm's „Scheeweißchen und Rosenrot" kennen ... Naja, es wird wohl (s)einen Grund haben, dass die Märchen voll sind von königlicher Nachkommenschaft, verbannt in Tiergestalten ...☺. Andererseits auch von noch unerkannten, verwunschenen, künftigen Prinzessinnen (wie etwa Aschenputtel) oder verwunschenen (Schneewittchen, Dornröschen, etc.) – allerdings *IMMER in Menschengestalt.* [6]**

---

5 *„Jeder Mensch ist ein anderes Land."* – Weisheit aus Afrika (Tansania).

6 Namhafte Psychologen interpretieren Männer-Gestalten in Märchen sowie ihre rettenden Helden als Repräsenten des „Ich", oder auch als in ihrem Leiblichen Verwunschene; während Frauengestalten in den Märchen primär das Seelische repräsentieren. – Den Mann im Märchen behindert oft mehr sein unentwickelt Leibliches, die Frauengestalten behindert mehr ihr unentwickelt Seelisches.

Als ich vor vielen Jahren ein Frauenbuch las – *„Kein Mann für eine Nacht"*, von zwei Frauen für Frauen geschrieben – staunte ich nicht schlecht, denn da las ich unter der Überschrift *„Wie Männer sich verlieben und wie Frauen lieben"*, das Folgende: *„Nur ein maskuliner Mann verliebt sich; eine feminine Frau nicht. Sie teilt lediglich die Liebe, die sie für sich selbst empfindet. Das heißt, sie muss sich zunächst einmal selbst lieben. ... Ein Mann kann sich nicht in eine Frau verlieben, die sich nicht selbst liebt. ... Bezeichnend für den Übergang eines Jungen ins Mannesalter ist, dass er aufhört Frauen, Kinder und Tiere als Quellen für seine persönliche Befriedigung und sie stattdessen als Adressaten seiner mannhaften und liebevollen Großzügigkeit zu sehen. ... Wenn ein maskuliner Mann sich hingibt und heiratet, wirft er sein Geld und seinen Status in die Waagschale und übernimmt nicht nur Verantwortung für die Frau, sondern auch für jeden, den sie liebt. ... Für einen Mann ist Verlieben daher gefährlich. Denn wenn diese Beziehung scheitert, besteht die Gefahr, dass er auf der ganzen Linie sein Selbstvertrauen verliert ... ."* [7] Tja, spannend, dachte ich damals, das kenne ich gut.

Zehn Jahre später las ich dann bei der Biologin, Evolutions- und Sozial-Anthropologin Barbara Schweder, was sie in ihrem Buch *„Frauen fühlen anders. Männer auch."* so charakterisiert: *„An die männliche Hilfsbereitschaft zu appellieren, kann kein Fehler sein, das wissen Frauen. ... Wie geschlechtsspezifisch diese Hilfsbereitschaft ist, wissen auch die Männer selbst recht gut."* [8] Sie verortet eine geschlechtsspezifische Eigenschaft bei Männern, wofür sie sogar eine Art „Helfer-Gen" apostrophiert. – Etwas, das – dem Mythos entsprechend – auch den freundlichen „Froschkönigen" zu eigen ist.

Wir brauchen Männer allerdings auch nicht gleich zu heroisieren. Die Gründe für das, was den Frauen da offensichtlich von Männern hilfsbereit und / oder verliebt geschenkt wird und zugutekommt, könnten einfach im egoistischen, *männlichen Streben nach Glück* begründet sein: Er tut sein Bestes, um die geliebte Frau glücklich zu machen, glücklich zu sehen.

---

7 P. Allen / S. Harmon: *„Kein Mann für eine Nacht"*, Hamburg 1995, S. 136f.

8 B. Schweder: *„Frauen fühlen anders. Männer auch."* Wien 2012, S. 141.

Daraus zieht „ER" seine Freude. So sind Männer eben gemacht. Sie bevorzugen *„glückliche Frauengesichter"*, wie die Ergebnisse einer Untersuchung der Entwicklungspsycholog/innen Jessica Tracy und Alec Beall (University of British Columbia, 2011) zeigen. Hierbei wurden mehr als 1000 Probanden – Männern wie Frauen – Fotos von Gesichtern beiderlei Geschlechts gezeigt, die unterschiedliche Emotionen ausdrückten. Man(n) / frau sollte das attraktivste Gesicht auswählen: *„Das Ergebnis war so geschlechtstypisch wie klischeehaft: Während Männer die glücklichen Frauen(gesichter) bevorzugten, begeisterten sich Frauen eher für die stolzen Männer. Interessant war, dass die Vorlieben männlicher und weiblicher Versuchspersonen offenbar völlig komplementär waren. Der glückliche Gesichtsausdruck, der Männer an Frauen besonders gut gefiel, wurde von Frauen an Männern besonders geringgeschätzt. Und Stolz, der begehrenswerteste männliche Gesichtsausdruck in den Augen der Probandinnen, war auf Frauengesichtern den Probanden gänzlich unsympathisch. Gesichter, die Schamgefühl vermittelten, kamen bei beiden Geschlechtern gleichmäßig gut oder schlecht an, jedoch bevorzugten vor allem jüngere Frauen diesen Ausdruck bei weitem vor glücklichen Männergesichtern. Die Autoren nannten ihre Studie daher ,Happy guys finish last' – frei übersetzt: Kein Auftrag für glückliche Männer."* [9]

Vor Stolz strotzende Männer, im Rang hochstehende, ehrgeizige Männer – DAS zählt offenbar bei Frauen wirklich (**Feministinnen wohl ausgenommen** ☺). Und – raten Sie mal – was werden jene Menschen-Frauen wohl an Förderlichem für Männer zu geben bereit sein, wenn sie liebend gern „Stolz" in deren Gesichter malen wollen? Könnte es sein, dass genau deshalb immer galt: *„Hinter jedem erfolgreichen Mann steht eine starke Frau"*. Ist dieses weibliche Begehren etwa die Auswirkung davon? – Eine Art seriöse *„Karriere-Planung"* für stolze Gesichter? Heute gleichermaßen für Jungen wie für Mädchen, im neuen Matriarchat unseres Bildungssystems. *„Glückliche Männer"* stehen laut dieser Studie bei Frauen wenig hoch im Kurs. Da schon eher *beschämte*, denen gerade eine Niederlage oder

---

9 B. Schweder: *„Frauen fühlen anders. Männer auch."* Wien 2012, S. 145; J. Tracy / A. Beall: *„Emotion: Happy guys finish last – The impact of emotion expression on sexual selection."*, in: *„American Psychological Association Online Edition,"* (2011).

Ablehnung zugefügt wurde, wie die Studienleiter/innen darlegen. Warum glückliche Männer(gesichter) bei Frauen nicht punkten ... Die Verfasser/innen meinen: Ein solcher Gesichtsausdruck bei Männern triggere die Sorge, solche Typen würden *„fröhlich in den Tag leben, weil sie ohnehin mit sich und dem Dasein zufrieden sind."* [10]

Ja, welche Frau will schon so einen Mann, in Anbetracht dessen, wie selten Frauen – auch heute noch – bereit sind, einen Mann als Partner mitzuerhalten. Andererseits ist aus der Sicht eines Mannes, sowieso klar: Eine Frau, deren Augen vor Freude leuchten: „JA!" – Aber vor Stolz blitzen ...?! – NEIN DANKE!

Traurig und bitter wird es für Männer allerdings, wenn sie **als freudig gebende Männer** gerade deshalb missachtet, benutzt oder gar ausgesondert werden. – Frauen mögen mir glauben: Viele, viele Männer kennen genau DAS. Was mich aber interessiert – und daher frage ich an dieser Stelle wieder Sie, liebe Leserinnen unter den Leser(inne)n: *Liebe Frauen, wisst ihr als Frauen auch darum?! Und: Wie fühlt sich das eigentlich an ...?*

Ich persönlich glaube, dass Menschen, die wirklich eine *partnerschaftliche Beziehung* suchen, allesamt schlecht beraten sind, sich zu sehr für *„stolze Gesichter"* zu interessieren. Da scheint mir die Enttäuschung im Grunde vorprogrammiert, weil solche Charaktere – egal ob Mann oder Frau – primär an anderem als an Beziehung interessiert sind. Und, Frauen in unserer Kultur haben sich heute doch soweit emanzipiert, dass sie den Versorger-Mann gar nicht mehr brauchen (wollen). Oder ...?

Doch ich schweife grade ab. Daher zurück zur angesprochenen Form von *Liebes-Erweisung*. Dieses Prinzip zeigt sich selbst heute noch, in Zeiten einer post-emanzipativen Gesellschaft, zwischen so abstrakten Bereichen wie „Finanzamt" und „Sozialamt": Etwa 3/4 aller Steuern kommen von Männern, ca. 2/3 aller Sozialbeiträge gehen an Frauen. [11] Dazu hat auch die Machtexpertin Christine

---

10 B. Schweder: *„Frauen fühlen anders. Männer auch."* Wien 2012, S. 145f.

11 K. Weidinger: „Wie schlecht ist doch die Männerwelt! (Lohnschere: Was sind die Fakten?)", 15. 4. 2012, in: https://diepresse.com/home/meinung/gastkommentar/ 749484/Geschlechterdebatte_Wie-schlecht-ist-doch-die-Maennerwelt .

Bauer-Jelinek recherchiert: *„Das Prinzip ‚Geld-für-Sex' wird heute in der Prostitution angeprangert, zieht sich bei näherer Betrachtung jedoch durch alle Bereiche der Geschlechterbeziehung. Die materielle Umverteilung läuft auf vielen Ebenen von den Männern zu den Frauen."* [12] Heute erhält dieses Prinzip ein mehr zeitgenössisches Mäntelchen umgehängt, das als *„Gender-Budgeting"* betitelt wird.

Solches kann / konnte im hoch-idealistischen Status gegenseitiger Bezogenheit (negativ betrachtet: Abhängigkeit) und entsprechender Empathie vielleicht lebensförderlich funktionieren. Im Naturzusammenhang etwa, zu einer Zeit, wo das Bedürfnis-, Ressourcen- und Schutz-Thema bei Frauen und ihren Familienmitgliedern den Männern noch *weibliche-Fürsorge-und-Anerkennung* brachte und den Frauen eventuell sogar etwas wie Dankbarkeit ermöglichte.

Diese männliche Liebeserweisung muss sich heute grundsätzlich ändern, damit sie im Lichte jenes veränderten feministischen Selbstverständnisses unserer Epoche, nicht schnurstracks der Versuchung zur Ausnutzbarkeit der Männer (Partner) Vorschub leistet! So etwas müssen Männer – *kleine Parzivals, Froschkönige* sowie *als Bären getarnte Königssöhne",* oder auch die zeitgenössische Variante der *„harten Männer-Punks"* – aber erst einmal erkennen und begreifen lernen, um solches Verhalten lassen zu können.

Wenn alles selbstverständlich wird, wird Commitment hinfällig

Überraschend, dass es dieselbe Barbara Schweder ist, welche keine neun Jahre vorher in ihrem Buch *„Wie Frauen Männer gegen ihren Willen glücklich machen",* gemeinsam mit der Journalistin Sabine Riedl im letzten Kapitel *„Utopia – ein Ausblick in die Zukunft",* jene Worte wählte, die Sie bereits zu Beginn des Buches als Zitat kennenlernten: *„Eine Frau ohne Mann, ist wie ein Fisch ohne Fahrrad, ein Mann ohne Frau wie ein Anker ohne Grund. Es gibt Tierarten, die ganz ohne Männchen auskommen – ohne Weibchen gibt es gar nichts. Männer sind Konstruktionen im Dienste der Frauen."* [13] Und an

---

12 C. Bauer-Jelinek: *„Der falsche Feind. Schuld sind nicht die Männer.",* 2012, S.41.
13 B. Schweder / S. Riedl: *„Wie Frauen Männer gegen ihren Willen glücklich machen."* Wien 2003, S. 223.

andere Stelle desselben Buches: *„Frauen sind die Chefinnen in der Firma Beziehung und Männer sind die Angestellten."* [14]

Es hat wirklich gedauert – das muss ich leider zugeben –, bis ich ehrlicherweise, wenn auch ziemlich betroffen, sagen konnte: *„Danke für die Deutlichkeit dieser Zitate!"* Ich hatte damit eben meine persönliche *„Froschkönigs-Geschichte"* und betrachtet man(n) manche Umgangsweisen in Partnerschaften, hatte ich bereits des Längeren den Verdacht, (viele) Frauen würden genau so denken. Männer haben im Patriarchat den Spieß letztlich umgedreht, was um keine Spur freundlicher war und ihnen letztlich auch nicht wirklich diente.

Fürs menschliche Ego liegt natürlich auf beiden Geschlechterseiten eine Riesenversuchung darin, einen „dienstbaren Geist" zugesprochen zu bekommen – vor allem, wenn man behaupten kann, die Autorität dafür sei die höchste: „Vorsehung", Gott oder auch nur: die Natur. Wir können getrost davon ausgehen: alles nur Überzeugungen und Machtallüren im Dienste von Rechtfertigungen für emotionales, egoartiges Verhalten ohne Commitment. Daher: *Erkennen und loslassen!* Vielleicht hat die Natur, menschlich personifiziert als Gott, ja wirklich der Eva den Adam als Unterstützung gegeben, um ihr Leben angenehmer zu machen. Eine Gabe, die sich aber für Eva, aus ihrer heutigen Sicht immer weniger bezahlt zu machen scheint. Denn: Nicht nur *„Froschkönige"* meinen offenbar für ihre *„dienstbarer-Geist"*-Rolle entsprechende Wertschätzung sowie Commitment einmahnen zu dürfen statt Zurückweisung – auch ganz „gewöhnliche" Männer.

Ähnlich wie die sogenannte „Dritte Welt" (Entwicklungsländer) heute für die „erste Welt" (Industrieländer), birgt „Mann-für-Frau" offenbar viele *„Probleme"* in sich! ☺ (Bemerke allerdings: Auch unsere Kinder sind uns quasi *„gegeben"*. Aber wohl ebenfalls nicht, um uns als Gesellschaft, ihrer – ohne Wertschätzung – zu bedienen. Das haben wir Gottseidank schon begriffen und die Kinderarbeit abgeschafft. Wenn sie Eltern unterstützend dienen, dann bitte im Rahmen ihrer Freude und unserer Dankbarkeit und Wertschätzung.)

---

14 Ebenda; S. 15, S. 13.

Für die „*Frau-Mann-Thematik*" steht jener Schritt JETZT an, ansonsten: Was ist anderes zu erwarten als ein zwischenmenschliches Desaster, da uns (*scheinbar*) nichts Existenzielles mehr zwingt, Kinder zu bekommen oder in Paarbeziehung zu sein? *Commitment aber muss auch jenseits des traditionellen Versorgerstatus möglich sein!*

Ich habe es allerdings auch selbst erlebt, dass mir eine Partnerin (eine als Ärztin höchst erfolgreiche Selbstversorgerin), nach etwa zwei Jahren intensiver Beziehung und gemeinsamer seminaristischer Tätigkeit, erklärte, für sie komme „*ein Commitment in der Beziehung sowieso nur in Frage, wenn es Kinder gäbe.*" (Wir waren damals beide weit über 50.) Das war dann doch eine sehr spezielle Überraschung, bzw.: Ich spürte es eh schon lange, hörte aber zuvor aus ihrem Mund immer gänzlich andere Positionen. Eine Therapeutin ihres Vertrauens, die ihr dieses „*Null-Commitment*" geradewegs auf den Kopf zusagte, verkündete mir dann im Anschluss jovial: „*Tja, da gibt's kein Commitment. Allerdings gibt's für Dich damit die frohe Botschaft: Du bist in Zukunft frei, zu machen was immer Du willst.*" [15] – Ich nahm den Hinweis an. Zum bald folgenden Geburtstag bekam ich von meiner Tochter eine Karte: „AGAIN WHAT LEARNED!" ☺ Ja, das stimmt. Ein weiterer Schritt, meinem Fühlen bedingungslos zu vertrauen. – Ich hab die Karte heute noch.

Doch nun wieder *back to Adam-and-Eve* und Barabara Schweders soziologischem „Whistle-blowing". – Irgendwann konnte ich es wie gesagt anerkennen, dass eine zentrale matriarchale Überzeugung zweier im Genderbereich forschender Frauen hier endlich mal klar, direkt und ohne Umschweife ausgesprochen wurde – **mangelnde Achtsamkeit hin, mangelnde Achtsamkeit her.** Immerhin liegt die Sache jetzt mal explizit auf dem Tisch. Jetzt weiß „man(n)" wenigstens Bescheid, wie FRAU das sieht (bzw. soziologisch forschende Wissenschaftlerinnen). Das alles vor dem wirkenden Hintergrund zunehmender Einzel-Individuation und Hand in Hand gehend mit der Zunahme von Egoismen in unserer Gegenwartskultur, kann man(n) /frau durchaus ahnen, wohin das führen wird.

---

15 Greta Adolf-Wiesner im persönlichen 3-er Gespräch im Dezember 2014.

Ich persönlich glaube heute (wie bereits gesagt), dass Barbara Schweder mit ihrem Forschungsergebnis und ihrer These aus unterschiedlichen Perspektiven betrachtet, durchaus richtig liegt. Sie erkennt und anerkennt, was die meisten Frauen als uralte und grundsätzliche (Gender-)Überzeugung, heute auch über ihren Familien- und Hausbereich hinaus, denken. Etwas was sie schon in ihren klassisch gesellschaftlichen Matriarchats-Bereichen (Haus / Familie / Erziehung / Heilung und Pflege) erlebt und gelebt haben. Und heute, am Ende des Patriarchats in der westlichen Welt, trachten sie verständlicherweise danach, genau das in eine – einseitig erweiterte Richtung, dem neu eröffneten Feld „Erwerbsarbeit" – ebenfalls zu leben. ... Und schon wird in der bisherigen Männerwelt bezüglich der Umgangsformen für die neuen Mitspielerinnen alles entsprechend adaptiert, sodass sich nun auch Frau darin leicht wohlfühlen kann. Was allerdings weiterhin bleiben wird, ist die Problematik im Gefolge: Stress, Konkurrenz und Hierarchie, etc.

Dass sich heute nicht wenige hochgebildete Frauen in keine Partnerschaften mehr hineinfinden, lässt allerdings auch ihnen weiterhin lediglich EINEN der beiden Gesellschaftsbereiche, um die eigene Dominanz zu (er)leben. War es früher der im Inneren – im Haus – so ist es jetzt mehr und mehr der im Äußeren. Im Gegensatz zu den meisten Männern wünscht sich die überwiegende Zahl von Frauen nämlich auch heute noch keine Partner, die mit ihnen bildungsmäßig auf gleicher Höhe stehen (oder gar unterlegen sind), sondern Männer zu denen sie aufschauen können (**Feministinnen ausgenommen**). Die Zahl *solcher* Männer aber nimmt drastisch ab. Ihre Verunsicherung ist kaum zu überschätzen.

Bei der überwiegenden Zahl von Männern ist dies m. E. grundsätzlich anders: Männer machen die Wahl bezüglich ihrer Partnerinnen nicht von weiblicher Stärke oder höherem Bildungsabschluss abhängig. Dass Männer andererseits dennoch kein gesteigertes Bedürfnis haben, mit gebildeteren Frauen als sie selbst sind, zusammen zu sein, hat vermutlich weit weniger mit deren Bildung und neu erworbener Stärke zu tun. Erfahrungsgemäß hängen die Gründe viel mehr mit der oft einhergehenden und korrumpierenden Überheblichkeit und Abschätzigkeit den / ihren Männern gegenüber zusammen. Je „stärker" diese neuen Frauen sich fühlen, desto stärker wird auch dieser konkurrierende Anspruch wie auch ihre oft verzweifelte Suche nach Männern, die neben ihnen bestehen können. Konkurrenz und Selbstbehauptung statt Hingabe sind eben stressig und – alles andere als lustig. Vor allem, weil Männer mit Frauen nie zu konkurrieren gelernt haben. [16] Das galt auch bereits im Tierreich.

Ein Mann, der nicht Paroli bieten kann und als stark erlebt wird, dient möglicherweise gut für Jahre der Kindererziehung, bietet für die *FRAU in der Frau* aber offenbar zu wenig herausfordernde Erotik. Soziologische Forschungen zeigen bei Trennung von Paaren, immer öfter jene 4 bis 6 Jahren nach der Geburt des letzten Kindes. Es klingt hart, aber: *Mangelnder Respekt ist da ebenso selten fern, wie das Verschwinden von Eros und Sexualität nahe liegen.* Bloß: Wie wird man (frau) „den Typ" dann bei Zeiten auch wieder los ...? Und das müssen keine „bewusst-kalkulierten-Prozesse" im Dienst einer „coolen" Trennung sein. Keiner sollte aber die hohe „Intelligenz" der Ego-Identität unterschätzen, die zumeist im Verborgenen wirkt! Solche Kränkungen fördern Ohnmacht – oftmals leider auch Gewalt!

Mit äußerer Macht umgehen zu lernen, fällt nicht nur Männern schwer, sondern ist ein allgemein menschliches Los. *Je weniger gewachsene Erfahrung man(n) / frau damit hat, umso schwieriger.* Alice Schwarzer hat den Zusammenhang von Macht und Korruption einmal so in Worte gefasst: „*Macht korrumpiert, nicht das Geschlecht."* (Gilt somit für sie für beide / alle Geschlechter)

Es ist somit absehbar, in welchen Gesellschaftsgruppen künftig Singles vornehmlich beheimatet sein werden: Die eine Gruppe ist jene – nennen wir sie im Anklang an den „Froschkönig" – Bildungprinzessinnen. Die zweite besteht aus jenen Männern, die

---

16 Männer haben im Laufe der langen Geschlechter-Evolution lediglich gelernt, sich mit Männern zu messen. Würden sich erwachsene Männer im Berufsleben oder auch privat auf Konkurrenz mit Frauen, auf ihre Weise existenziell einlassen, können sie doch nur verlieren! Das WISSEN sie. Vor allem: Sympathien; aber auch Geld, Selbstachtung und letztlich auch rechtlich.

heute als **Bildungsverlierer** gelten und daher kaum als Partner gewählt werden. Es scheint immer weniger kompatibel. ^{siehe 17*}

Ich las hierzu kürzlich ein Zitat aus der New York Times: „*'Es ist für eine 30-jährige Akademikerin in New York wahrscheinlicher Opfer eines Terroranschlages zu werden, als einen Mann zu finden, der sie heiratet'*, schrieb die ‚New York Times' nicht lange nach dem 11. September. *Und formulierte damit einen alten Grundsatz leicht zynisch um: ‚Bildung ist die beste Geburtenkontrolle' (wobei dabei nicht die Bildung des Mannes gemeint ist).*" [18] Die Folgen wurden im ORF-Dokumentationsfilm „*#Single*" anschaulich: „*In Europa und den USA gibt es ungefähr 270 Millionen Singles. Damit ist jeder dritte Erwachsene ohne Beziehung.*" [19]

Wir müssen *zurück zur Natur*. – Nicht in die kulturelle Steinzeit, sondern zu unserer eigenen, neigungsgelenkten, unverordneten, geschlechter-typischen und dennoch emanzipativen Natur gelebter Geschlechter-Diversität in der Gesellschaft. In jene Zeit, bevor eine radikal-feministische Minderheit begonnen hat, ein ideologisches „*Anforderungsprofil-für-'starke'-Frauen*" – und für „*feministische Männer*" gleich mit – zu erstellen. (**Und daraus bitte, BITTE kein überflüssiges Missverständnis rauskonstruieren!**)

Meinem Empfinden nach, braucht es im Leben dieser radikal-feministischen Minderheit entweder keine Männer, oder sie will nicht bemerken, wie tief sie sich damit selbst – vornehmlich aber auch den Ihren – also alle jenen Frauen, die gut mit Männern auskommen und gerne mit ihnen leben – ins eigene Fleisch schneidet.

Wer sich ganzheitlichen Betrachtungen nicht verschließen will, wird nicht umhin kommen, anzuerkennen: *Alles hat seinen Preis.*

Es ist an der Zeit einen Diskurs zu führen, welchen Preis Frauen bereit sind, für ihre Karrieren – bzw. das was man ihnen als

---

17* Wenn Sie zu dieser Thematik Kabarettistisches schätzen, hier mein Hinweis: auf Bernhard Ludwig. Er war ein exzelleneter Psychologe und Entertainer: „*Anleitung zur sexuellen Unzufriedenheit*" (Kurzfassung, 5:30 min.: https://m.youtube.com/watch?v=QAp7PmrjP7I).

18 http://www.mamaberlin.org/2015/06/04/die-primaten-unter-den-mutter (2018).

19 A. Eder: Dokfilm „*#Single*", TV ORF 2, 18.11.2018, 23:05.

„Karotte-vor-die-Nase hängt" – zahlen zu wollen. Oder glauben Sie, liebe Leserin, lieber Leser ernsthaft, Männer hätten jemals alles gehabt, einfach so? Bauer-Jelinek meint dazu: *„Die Arbeit der Männer war (und ist) in den seltensten Fällen geeignet, ihrer Selbstverwirklichung und Unabhängigkeit zu dienen. Das einzig Wichtige war, ob sie damit ihre Familien erhalten konnten – da wurden sie nicht lange nach ihrer Identität gefragt."* [20] Etwas, was auch andere Psychologen und Soziologen so einschätzen: *„Einer der größten Irrtümer der Frauenbewegung ist der, den Arbeitsplatz mit ‚Macht' und ‚Selbstverwirklichung' gleichzusetzen. Arbeitgeber müssten die Leute nicht zahlen, wenn sie ihnen Macht und Selbstverwirklichung bieten würden."* [21] Farrell zitiert zur Frage „Gesundheit im Job" einen Familienvater: *„‚Wenn ich diesen Job verliere, leiden meine Frau und meine zwei Kinder darunter.' Um sich selbst Mut zum Weitermachen einzureden, zeigte er mir ein Foto von seiner Familie vor dem Weihnachtsbaum. ... Der Durchschnittsmann ist sich bewusst, dass er seinen Körper für die Firma einsetzt und dass er Leistungszulagen nur bekommt, weil er dann noch mehr leistet."* [22]

Dem Leben dienen

Wie schon angesprochen, verstehen sich Männer in ihrer Bereitschaft zu dienen ein wenig anders als heutige Frauen, wie das auch die Sozialanthropologin Barbara Schweder und die Journalistin Sabine Riedl (mit ihrer Sicht der Frau als *„Chefin in der Firma* Beziehung *und den Männern als Angestellte"* [23]) sehen.

Es ist ein feiner aber entscheidender Unterschied, der an einem zweiten Zitat, diesmal von zwei Männern, deutlich wird. Wieder kommen die Zitierten aus der Biologie und anthropologischen Forschung sowie aus dem Journalismus (Joseph Campbell und Bill Moyers). Der renommierte Sozialanthropologe & Mythologe Campbell unterrichtete u.a. an der University of California.

---

20 C. Bauer-Jelinek: „*Der falsche Feind. Schuld sind nicht die Männer."*, S. 98, S. 107.

21 W. Farrell „*Mythos Männermacht"*, Frankfurt 1995, S. 278.

22 Ebenda, S 278f.

23 B. Schweder / S. Riedl: „*Wie Frauen Männer gegen ihren Willen glücklich machen"*, Wien 2003, S. 13.

Campbell konstatiert zu den Aufgabenprofilen von Mann und Frau und ihren Rollen im Bereich von Stammeskulturen: *„Die Frau ist das Leben, und der Mann ist der Diener des Lebens."* [24] Der *„Mann als Diener des Lebens"* klingt natürlich schon bedeutend anders als der *„Mann als Konstruktion im Dienste der Frauen".* Der Hinweis, dass auch dieses Statement ausdrückt, die Frau sei *„das Leben"* trifft als Einwand am Kern der Sache vorbei: In Stammeskulturen wurde der Frau als der *Repräsentantin des Lebens* gedient, nicht als der Frau im Sinne eines *Individuums mit all ihren Ego-Ansprüchen,* wie sich das in unserer westlichen Kultur, heute für beide Geschlechter, entwickelt hat. Im Übrigen wurde dazumal auch dem Mann vonseiten der Frauen gedient und Respekt gezollt, insofern er der *Beschützers des Lebens* war.

Es war von beiden Seiten nicht das Einzelindividuum, dem der Dienst galt. Es war das Leben selbst, dem zu dienen von der Natur die Weichen gestellt waren. Genetisch / epigenetisch. *DAFÜR setzten beide Geschlechter ihr Leben aufs Spiel.* Männer leisteten ihren *„Frondienst im Außen",* die Frauen leisteten *„Frondienst im Inneren".* Und jedes beider Geschlechter hatte daher seine / ihre Dominanz in genau jenem Bereich, in welchem es Verantwortung für den Fortbestand des Lebens trug und das eigene Leben sowie den eigenen Körper aufs Spiel setzte. Männliche Vorherrschaft nach außen (Patriarchat), weibliche Vorherrschaft im Innern der Familie und in der Erziehung der Kinder (Matriarchat). Es gab klare Rollenverteilungen: *Beide Geschlechter waren in ihren Repräsentanzen somit nicht primär „Chefs / Chefinnen", sondern GEFOLGSLEUTE DES LEBENS, seiner Förderung, seines Schutzes.*

Was wir hier verallgemeinernd konstatieren, klingt aus dem Mund der „Macht-Expertin" so: *„Die Geschlechter funktionieren nicht wie gesellschaftliche Klassen nach dem Prinzip der Herrschaft. Sie sind vielmehr existenziell aneinander gebunden. Ein Sieg des einen über das andere Geschlecht ist nicht möglich. Die Gegnerschaften verliefen entlang von gesellschaftlichen*

---

24 J. Campbell und B. Moyers: *„The Power of Myth",* New York 1988, zitiert in: W. Farrell: *„Mythos Männermacht",* Frankfurt 1995, S. 104, S. 450.

Schichten oder Weltanschauungen, niemals entlang des Geschlechts. Nie kämpften ‚die' Männer gegen ‚die' Frauen." [25]

Wissend und anerkennend, dass es Unterdrückung von Frauen gegeben hat, vertrete ich die Auffassung: Das Paradigma dieser Unterdrückung vernebelt unseren heutigen Blick auf jene Vergangenheit wo Mann und Frau nach gänzlich anderen Kriterien der gegenseitigen Gleichgewichtung ihre Macht in patriarchalen und matriarchalen Daseinsebenen lebten, womit wir uns später näher auseinandersetzen werden. Beide Geschlechter waren für ihr gemeinsames Überleben hochgradig auf einander angewiesen und existenziell voneinander abhängig. Das stabilisierte Partnerschaften und sicherte das Überleben der Art „Mensch". Heute mag man solche Abhängigkeiten berechtigterweise ablehnen. *Die damalige Wirklichkeit aber ist nur aus DIESER damaligen Realität sinnvoll nachvollziehbar und stimmig einzuschätzen. Und ganz klar NICHT aufgrund unserer heutigen Sichtweisen und Ideale.*

Seit Jahren wird die ständige Diskussion über Männermacht und das Patriarchat am Köcheln gehalten und es scheint nur zu offensichtlich, wofür. Diesbezüglich hat eine, leider nur fiktive Person, eine Mutter klare Worte gefunden, wie der Autor *von Forrest Gump* ihn erzählen lässt: *„Meine Mom hat immer gesagt: ‚Man muss die Vergangenheit zurücklassen, bevor man weitermacht'."* [26] Das wird leider meist vergessen im Diskurs ums Patriarchat – als „Stein des Anstoßes". Die Kampagne #*payback* in den sozialen Medien ist definitiv kein sinnvoller Weg, um heilsame und gemeinsame Entwicklungen zwischen den Geschlechtern zu erreichen. Auch hier ist es dringend an der Zeit, etwas hinter sich zu lassen, um endlich befreit davon, gemeinsam weitermachen zu können! Der Film wäre es übrigens sehr wert, dass Frauen (und Männer) ihn ansehen. Lehrreich, lehrreich, lehrreich! Man könnte natürlich einwenden, Forrest sei gänzlich anders als die „typischen" Männer: **so HERRlich**

---

25 C. Bauer-Jelinek: *„Der falsche Feind. Schuld sind nicht die Männer.",* S. 156f, S. 151.

26 Zitat aus dem Film-Klassiker „Forrest Gump" (1994). *„Forrest Gump ist eine US-amerikanische Literaturverfilmung von Regisseur Robert Zemeckis. Sie basiert auf dem Roman von Winston Groom und wurde mit insgesamt sechs Oscars und drei Golden Globes ausgezeichnet."* Aus: https://de.wikipedia.org/wiki/Forrest_Gump.

naiv. Aber genau das ist ja meines Erachtens das Typische der meisten Männer! ☺ Es zeigt sich bei den meisten von uns nur bedeutend weniger offen und längst nicht so rein und ungeniert wie beim „etwas minder-bemittelt" dargestellten Forrest.

Viele Frauen (und Männer) haben vermutlich noch nie darüber nachgedacht, dass es parallel zum allseits kritisierten, verdammten Patriarchat wohl auch rein weibliche Herrschaft bzw. „Frauschaft" gab und gibt: Matriarchate, wo der äußere Machtbereich der Männer endete und jener innen orientierte von Frauen begann. Dort hatten die Männer ebenso wenig zu sagen, wie das auch heute noch – und nicht nur in südlichen Ländern, etc. – der Fall ist (aber nicht nur dort). Wo auch heute noch Mama und / oder Groß-Mama das Regiment führen, die Familie und die Verwaltung des Geldes inklusive. Kürzlich sprach ich mit einer Freundin, die sich derartige weibliche Machtbereiche „rein gar nicht" vorstellen konnte. Da herrscht bei vielen nach wie vor die Idee vor: *NUR DIE MÄNNER hatten Macht!*

Interessant allerdings ist, was sich „im Volksmund" dazu findet. Da werden gesellschaftliche Usancen beschrieben, die ein informatives Schlaglicht auf Machtverhältnisse werfen, wie sie damals eben üblich waren. So war die Angst vor einer restriktiv „bösen Schwiegermutter" sprichwörtlich, und ist – mit Augenzwinkern – noch heute verbreitet: Man solle sich nicht an ein Tisch-Eck setzen, sonst „bekomme man eine böse Schwiegermutter". Oder auch die Umdichtung der Arie aus George Bizets Carmen: „Auf in den Kampf, die Schwiegermutter naht, siegesgewiss klappert ihr Gebiss ...". [27] Mir geht es natürlich nicht darum, Schwiegermütter zu verunglimpfen, wie in dem Liedtext, sondern darauf zu verweisen: Diese Personen nahmen durchaus einflussreiche Positionen ein, um für Schwiegertöchter und Schwiegersöhne das Leben zu dirigieren. Macht kann eben immer auch mal ungut rüberkommen – eine Realsatire gefälligst? [siehe 28*]

Im Gegensatz dazu findet die Sorge vor einem „bösen Schwiegervater" und seiner Art von Macht im Volksmund keinerlei Resonanz. Die profunde Sicht der Machtexpertin Bauer-Jelinek dazu lautet:

---

27 Im Originaltext der Oper heißt es: „Auf in den Kampf Torero".
28*Loriot: „Pappa ante Portas/ ‚Mutters 80. Geburtstag'." ☺ (auf Youtube).

„Auch wenn Frauen nur selten offizielle Positionen innehatten, so nahmen sie doch Einfluss auf das Geschehen – nur eben meist informell. Sie hatten die volle Kontrolle über die Produktivität des Mannes. Die ‚Frau des Hauses‘ war eine gesellschaftlich anerkannte Machtposition. ... Frauen setzten ihre moralische, emotionale und sexuelle Macht als Geliebte, Ehefrau und Mutter in den persönlichen Beziehungen ein, um ihre persönlichen Interessen, aber auch Anliegen für die Gesellschaft durchzusetzen. Und die Männer handelten nachweisbar im Sinne ihrer Frauen (und Kinder) – in der Wirtschaft, Politik, Wissenschaft und Kunst. Sie ließen sich ‚führen‘ und orientierten sich in erster Linie an deren Bedürfnissen. Oder kann man sich einen Herrscher, einen Minister, einen Bauern oder Arbeiter vorstellen, der auf Dauer gegen die Meinungen und Wünsche seiner Frau(en) hätte agieren können? Sein Alltag wäre die Hölle gewesen.“ [29]

Doch zurück zum **beklagten Machtbereich, dem „Patriarchat“.** Warren Farrell war zehn Jahre, bis in die 1970er Jahre, einer der anerkanntesten, männlichen Aktivisten der US-amerikanischen Feminismusbewegung und wurde während dieses Zeitraums drei Mal in den Vorstand der Organisation *„National Organization for Women“* (NOW) gewählt, bevor er begann für das Buch *„Mythos Männermacht“* zu recherchieren. Er selbst versteht sich seither als Vertreter einer Bewegung, die für eine Modernisierung der Geschlechterrollen eintritt (*Gender Transformation Movement*). [30]

Er schreibt zum Thema Patriarchat / Matriarchat: *„Heute wird das Wort ‚Patriarchat‘ gebraucht, um Männer für alle Übel verantwortlich zu machen, und deshalb kann man es nicht mehr ohne den Beiklang benutzen. Mein Vorschlag: aus dem Sprachgebrauch streichen. Wenn Sie eine Gesellschaft beschreiben wollen, benennen Sie die Rollen, die beide Geschlechter spielen, um ihre Mitglieder am Leben zu halten. Dann werden wir eher Vielfalt als eine Verschwörung vermuten. ... Die Überzeugung, dass Männer für die Beschränkung von Frauen verantwortlich seien, ist womöglich nur die Kehrseite des Glaubens*

---

29 C. Bauer-Jelinek: *„Der falsche Feind. Schuld sind nicht die Männer.“*, Salzburg 2012, S. 155.

30 Aus: https://de.wikipedia.org/wiki/Warren_Farrell .

an den Retter-Prinzen. Es mussten aber beide Geschlechter tun, was dem Leben der nächsten Generation dienlich war." [31] – Der Märchen-(Retter-)Prinz, alias *„Froschkönig"*, verpflichtet zur Außenerwerbsarbeit (Brunnenbereich), da haben wir ihn wieder. ☺

Wer meiner systemischen Sichtweise und persönlichen Hypothese skeptisch gegenüber steht und sie nicht zu teilen bereit ist, dem / der möchte ich gerne zugestehen: *Sie haben natürlich Recht – aus ihrer zweifelnden Sichtweise betrachtet jedenfalls.* Es könnte aber hilfreich sein, die erläuterte systemische Denkweise zu beachten, vielleicht ist ja mehr dran, als Sie selbst zunächst für möglich halten (möchten).

Dazu ein Hinweis der Familientherapeutin und Buchautorin Patricia Allen und Sandra Harmon aus den USA: *„Freud stellte am Ende seiner Laufbahn die Frage: ‚Was wollen die Frauen?' Die treffendste Antwort heute ist: ‚Alles.' Und das ist genau das, was falsch ist. Frauen (und Männer), die alles wollen, enden damit, dass es niemand gibt, den sie lieben können.*" [32] Und an anderer Stelle im Buch: *„Als gesunde feminine Frau sind sie egozentrisch. Sie lieben sich an erster Stelle einmal selbst, ehe sie einen Mann lieben. Dann erst teilen Sie Ihre Liebe mit Ihrem Mann und denen, die Ihnen nahestehen.*" [33] In Kombination mit der neuen Ausrichtung zur „Selbstversorgerin" in unserer Gesellschaft könnte sich diese Eigenschaft als zielsicherer Bumerang gegen jedes partnerschaftliche Commitment sowie gegen jede dauerhafte Paarbeziehungen erweisen.

Heute wird es sinnvoller Weise darum gehen, Bewusstsein zu entwickeln, dass weder die Männer die Chefs sind und Frauen die Untergebenen noch umgekehrt, dass Frauen die Chefinnen sind und Männer untergebene Angestellte. Sondern dass beide Geschlechter GEMEINSAM für die Firma arbeiten. Oder besser: für die Aufgabe der Firma. Und das ist ethisch richtig verstanden allemal nicht primär das Wohl des Chefs / der Chefin, sondern das Wohl aller Beteiligten, ihrer Mitarbeiter/innen wie auch ihrer Klient/innen – der Kinder!

---

31 W. Farrell *„Mythos Männermacht"*, Frankfurt 1995, S. 123.
32 P. Allen / S. Harmon: *„Kein Mann für eine Nacht"*, Hamburg 1995, S. 25.
33 Ebenda; S. 64.

Das Leben ist das Leben ist das Leben, ist das Leben. [34]

Mit eines der wesentlichsten, wenn nicht DAS wesentlichste aller Ziele muss sein, Männer und Frauen im *Dienst am Leben* künftig nicht weiter durch radikale Kräfte, auseinander dividieren zu lassen, weil auch hier gilt: *Nur gemeinsam sind wir stark!*

Fragen zur Plausibilität angeführter Aspekte in diesem Kapitel:

1.) Auch ich selbst kenne die geschlechtsspezifische Eigenschaft von Männern bezüglich Hilfsbereitschaft und wusste sie stets zu schätzen.

O	O	O	O	O
sehr	überwiegend	durchschnittlich	wenig	gar nicht

2.) Ich halte den Standpunkt und die Argumentation, dass Männer auch nie „alles" hatten, für berechtigt und finde es plausibel, dass *„alles Soziale systemisch ist"*. Ebenso erkenne und anerkenne ich, dass es für das sogenannte Patriarchat auch ein *weibliches* Gegenstück der Medaille gab und HEUTE – in erweitertem Ausmaß in Erwerbsarbeits-Matriarchaten, etc. und somit neuem Gewand gibt.

O	O	O	O	O
sehr	überwiegend	durchschnittlich	wenig	gar nicht

3.) Ich halte den ausgeführten Gedanken für äußerst plausibel, dass BEIDE Geschlechter in früheren Kulturen *„Gefolgsleute des Lebens"* waren und zu seiner existenziellen Förderung und seinem Schutz das eigene Leben einzusetzen bereit.

O	O	O	O	O
sehr	überwiegend	durchschnittlich	wenig	gar nicht

Punkte: sehr = 5; überwiegend = 4; durchschnittlich = 3; wenig = 2; gar nicht = 1

Ihre persönliche Auswertung / durchschnittlicher Punktewert:

---

34 Frei nach Gertrude Steins *„Eine Rose ist eine Rose ist eine Rose ..."*; Gedicht *„Sacred Emily"*, 1922.

Kapitel 3:
Vom Verlust der Weiblichkeit in der Gesellschaft

Der Froschkönig (Teil 3)

„Der Frosch antwortete: ‚Deine Kleider, deine Perlen und Edelsteine, und deine goldene Krone, die mag ich nicht: Aber wenn du mich lieb haben willst, und ich soll dein Geselle und Spielkamerad sein, an deinem Tischlein neben dir sitzen, von deinem goldenen Tellerlein essen, aus deinem Becherlein trinken, in deinem Bettlein schlafen: wenn du mir das versprichst, so will ich hinunter steigen und dir die goldene Kugel wieder herauf holen.' ‚Ach ja,' sagte sie, ‚ich verspreche dir alles, was du willst, wenn du mir nur die Kugel wieder bringst.' Sie dachte aber ,was der einfältige Frosch schwätzt, der sitzt im Wasser bei seines Gleichen und quakt, und kann keines Menschen Geselle sein.' " [1] (Fortsetzung folgt)

Welche Versäumnisse fördern einseitige Fehl-Entwicklungen?

Der einstige Slogan der Emanzipationsbewegung der 1970er Jahre: *„Die Zukunft ist weiblich!"* findet sich immer noch an manch heutiger Plakatwand. Dennoch ist die Gegenwart mittlerweile – durch den politischen Feminismus befördert – sogar weit *männlicher* als sie es wohl je zuvor war! – Dem politisch agierenden Feminismus geht es doch in keiner Weise um *„Weiblichkeit"*. Meines froschköniglichen Erachtens auch längst nicht mehr um *„Gleichheit"*. Am ehesten wohl um Frauen-Dominanz unter der „Ägide-von-Männlichkeit",

Wer von diesen Slogan-Frauen glaubt eigentlich selbst noch an diesen 1970er Slogan? – Als fühlender Froschkönig aber stehe ich dafür, dass das Weibliche (auch) in Zukunft seine essentielle Wichtigkeit und Berechtigung haben darf – ja: HABEN MUSS!

Die *„Verdrängung des Weiblichen"* in der Gesellschaft, auch bzw. gerade durch die intensiven Bestrebungen des einseitig motivierten Feminismus, hat heute Ausmaße angenommen, die kaum zu übersehen oder zu überschätzen sind. Als etwas gänzlich

---

1 Aus: *„Der Froschkönig"* (auch: *„Der eiserne Heinrich"*), Märchen der Gebrüder Grimm. Online: www.internet-maerchen.de/maerchen/froschkoenig.htm .

anderes aber ist die heute praktizierte Art der Genderforschung einzuschätzen: *Welches Frauenbild soll da in der Gesellschaft etabliert werden?!* Wen macht so ein „Männlichkeits-Bild" glücklich und zufrieden? Wer profitiert von solchen Schablonen-Ideologien? – Vielleicht die neoliberale Wirtschaft, aber DOCH NICHT DIE FRAUEN im Sinne ihrer WEIBLICHKEIT! – Welche Größenordnungen an Geldern werden für einseitig ausgerichtete „Mädchen-Kampagnen" verwendet und gezielt in männlichkeits-orientierte „Bevorbildungs- und Bevormundungsprojekte" geleitet, um auf die Weise normative Vorurteile zu propagieren und sie weiter am Köcheln zu halten? *Wer sind diese Repräsentantinnen heutiger Mädchen?* – Warum stereotyp Einzelbenachteiligungen aus der Gesamtsituation herauspicken, um den „Frau = Opfer" Status in der Gesellschaft weiter zu kultivieren bzw. zu verankern und den gesamten Geschlechterdiskurs damit zu dominieren?!

Die Entwicklungen können durchaus verständlich und nachvollziehbar erscheinen. M. E. werden sie genau so lange Zulauf haben, als das *„Weibliche"* in unseren Gesellschaften nicht gleichermaßen geachtet und honoriert wird, wie das *„Männliche"*. BEIDE aber sind fürs Gelingen des gemeinsamen Lebens NOT-wendig. Was es daher dringend braucht – parallel zu den allgegenwärtigen Bestrebungen eines heute einseitig *„männlichkeits-orientierten Feminismus"*, ist ein *„weiblichkeits-orientierter Feminismus"*. Ein Feminismus, der sich AUCH für Mütterlichkeit und Weiblichkeit einsetzt – und auch interessiert; der IHREN WEIBLICHEN ZUGANG ZUR WELT stärkt, um ihre Bedürfnisse ebenso zu achten!

Oder noch besser: Etwas Erneuerndes, was BEIDE Geschlechter gemeinsam kreieren – in gegenseitiger Fairness & Wertschätzung ihrer Unterschiedlichkeit.[2] – Wo aber stehen wir kulturell heute ...?

Mann-Frau-Komplementarität. – Die Natur, als Zumutung?!

Gewichtige Änderungen brauchen ein hohes Maß an Empathie für das große Ganze. Und das gilt nicht nur bezüglich der Natur. Mit

---

2 Sehr gut wird dies durch die engagierten Bestrebungen der zivilgesellschaftlichen NGO „twogether.wien – Men4Women, Women4Man – HUMANS4HUMANS" befördert. Siehe: www.twogether.wien .

jeder Art von Ho-Ruck Aktionen, wird dem hohen Maß an Sensibilität nicht Rechnung getragen.

Unsere gegenwärtige Kultur aber scheint leider prädestiniert für solches Vorgehen. So ist es auch kein Zufall, dass als Wurzeln des Menschen-gemachten „globalen Klimawandels" – gleich wie auch des „sozialen Klimawandels" – egomane, selbstbezogene Tendenzen verantwortlich gemacht werden müssen. Und beide Arten von Klimawandel wachsen sich meines Erachtens gerade zu den größten Bedrohungen der Menschheitsgeschichte aus.

Um zu begreifen, wie komplex das Menschsein, mit all seinen scheinbar NUR vorteiligen oder scheinbar NUR nachteiligen Aspekten für jedes der beiden Geschlechter angelegt ist, möchte ich Sie zu dem folgenden Gedankengang einladen:

Was könnte der Sinn jener frühzeitlichen „Erfindung des Männlichen" *in* und *von der Natur* gewesen sein? Oder lassen Sie es mich anders formulieren: *Was hat sich die Natur bloß durch die Herausbildung der Zweigeschlechtlichkeit vorgenommen und uns heutigen Menschen zugemutet?* – Das Pendant zum neuen *„Männlichen",* das *„Weibliche",* gab es davor als solches ja auch noch nicht! Denn die zwei polaren und ergänzenden Komplementaritäten wurde als kreative Errungenschaften erstmalig geschaffen. Die neue Aufgabenteilung auf Basis der archaischen Veränderung in der Fortpflanzung hieß ab diesem Zeitpunkt: *Die Männchen (Männer) machen die Kinder, die Weibchen (Frauen) kriegen die Kinder.* Dieses „Machen" ist den Männern seither quasi, getriggert durch Hormone, „in-Fleisch-und-Blut-übergegangen". Dass es die Frauen sind, welche die „Kinder kriegen", war stets offensichtlich. Die Männerverantwortung beim „Kinder-machen", trat allerdings erst in der Neuzeit unserer Kultur ins wissenschaftliche Bewusstsein.

Vertraut man der Genialität der Natur oder auch nur ihrem Hang zur Erfolgspragmatik, so darf man behaupten, dass sich in der Natur, unter Inkaufnahme eines massiven Vererbungsrisikos, genetische Vielfalt offenbar als wertvoll bestätigt hat. Charakterdifferenzierung und Vielfalt hätten ansonsten nicht in diese Welt Einzug halten können. Wir wissen aus der Genforschung, dass erst dadurch die genetische Basis für Höherentwicklung, Differenzierung sowie für die natürliche Vielfalt der Individuen gelegt wurde. Etwas, was in seiner Bedeutung nicht hoch genug bewertet werden kann. Diese Entwicklung hat enorme Vorteile in der Evolution mit sich gebracht. Wäre es nicht so, hätte sie sich nicht durchsetzen können. – Insofern gilt es die heute viel diskutierte Mann-Frau-Komplementarität als Basis dieser Erfolgsgeschichte gesellschaftlich neu zu bewerten und die Folgen differenzierter zu interpretieren.

Durch die momentanen Entwicklungen in der Fortpflanzungsmedizin ist nicht absehbar, ob und wie lange die Männer für diese Aufgabe in Zukunft noch gebraucht werden. Ihre äonenalte Vorreiterschaft, *die Macher-Aufgabe* im Geschlechtervertrag zu erfüllen, beginnt ganz allgemein stark zu bröckeln. Eine nicht zu unterschätzende Veränderung, die für viele Männer, aber auch viele Frauen, schwer anzuerkennen, geschweige denn zu verändern ist, ohne ihres Lebenssinns und ihrer Zufriedenheit verlustig zu gehen.

Was die heutige Genforschung zeigt: Das genetische Risiko durch die von der Natur herbeigeführte Änderung liegt einseitig aufseiten der männlichen Individuen – auch wenn es bislang den sozialen Organismus IM GESAMTEN betraf, da es von beiden Geschlechtern getragen bzw. mit-getragen wurde. Dennoch: Das evolutive Entwicklungsrisiko muss körperlich-physiologisch primär vom genetisch männlichen Individuum verkraftet und bewältigt werden. Denn nur der Organismus eines (männlichen Tieres) / Mannes, verfügt nicht über zwei einander kompensierende X-Chromosomen: eines von der Mutter, eines vom Vater wie sie unsere Töchter haben. Söhne haben lediglich ein X-Chromosom (von der Mutter). Durch das andere, das Y-Chromosom (vom Vater), werden sie nichts anderes als – ein Mann. Sie haben somit keine Möglichkeit zur genetischen Kompensation eventuell mangelhafter Eigenschaften am vererbten X-Chromosom durch ein entsprechend zweites. [3] – Für den Aspekt „innerer Flexibilität" ist das nicht die beste Basis. Insofern hat jeder männliche Organismus durch den verminderten Gen-Pool, ein physiologisch-psychologisch klar höheres Lebensrisiko zu tragen.

---

3 Siehe Kap. 4: Kontrolle *versus* Intimität, Anm. 24.

Männer das gefährdete Ergebnis einer „Naturlaune"? Wohl kaum! Vielmehr wohl beide systemische Notnägel eines genialen Konzepts zur Individuation. *Frauen und Männer haben offenbar ganz unterschiedliche Vor- und Nachteile aus dieser Entwicklung gezogen, je nachdem wie man es betrachten und/oder bewerten will.*

Anyway: Es hat dieses Faktum für die Individuation in jedem Fall enorme evolutive Vorteile gebracht. Auf der Existenzebene des Einzelindividuums „Mann" aber stellt es für diesen eine enorme Gesundheits- und Existenzbelastung dar. Dies gilt vor allem in einer Kultur wie der unsrigen, die sich immer mehr zu einer Kultur von Einzelindividuen wandelt. In so einer Kultur hat dieses genetische Manko, für den aktuellen Mann, zusätzliche Konsequenzen.

Die Natur hat dieses einseitig gelagerte, genetische Risiko offenbar durch die Gabe zusätzlicher Körpergröße und Kraft kompensiert. „Er" scheint diesen evolutiven Vorteil gebraucht zu haben, um das sensible Systemgleichgewicht der beiden Geschlechter zu gewährleisten. Wir kennen dies als sekundäres Geschlechtsmerkmal („Geschlechtsdimorphismus"): Männer sind eben im Durchschnitt größer und kräftiger als Frauen, wenn auch nur physiologisch. So jedenfalls ist es der Natur gelungen, das genetische Manko und höhere Lebensrisiko männlicher Individuen auszugleichen. Das Leben konnte auf diese Weise seine Erfolgsstrategie „Individuation" nachhaltig etablieren und bis jetzt erhalten. Das Kräftegleichgewicht droht aber – wie auf anderen Ebenen auch – durch „menschengemachte Veränderungen" verloren zu gehen. [4] Die Natur mag nicht in menschlichem Sinn „bewusst" sein in ihren Errungenschaften. Sie hat bezüglich ihrer Funktionalität als hochkomplexes System rückgekoppelter Wirkungen jedoch „gelernt", hochsensibel MIT ihren und AUF ihre „Player" zu (re)agieren. Darüber bestehen wohl bei niemandem ernsthafte Zweifel.

In Zeiten wo die Fähigkeiten an sozialer Bindung und Einfühlung abnehmen, steigt Hand in Hand leider auch der emotionelle Mangel an Einsicht in etwas Fremdes, an Akzeptanz und Wertschätzung. Ein Organ für die Sensibilität gewachsener Systeme muss offenbar erst

---

4 Siehe selbes Kapitel, Anm. 15-18.

noch entwickelt werden, ansonsten unsere Menschheitskultur an den Folgen BEIDE Arten des Klimawandels großen Schaden nehmen oder gar hinweggefegt werden wird.

Hier zwischenzeitlich meine optimistische und frohe Botschaft für beide Geschlechter: *Die Natur ist keine „echte Zumutung"*, sondern kann zur *„genialen Zu-Mutung"* für beide Geschlechter werden! Wir können uns von ihr *zum-Mut* führen lassen, um neue Empathie-Organe zu entwickeln. Um uns ihrer Herausforderung zur einander ergänzenden Komplementarität der Geschlechter neu zu stellen.

Die Natur handelt nie gegen das Leben, weil sie das Leben selbst IST! – Es liegt an uns, ob wir begreifen, dass wir Menschen nur dann überleben werden, wenn wir als ihre „Player" mit den gestellten Aufgaben achtsam umgehen und sie verantwortungsvoll und geduldig zu wandeln bereit sind.

Sozialer Klimawandel. – *„An inconvenient truth"*

Die dem bisher geltenden Geschlechtervertrag zugrundeliegende „Macher"-Zuschreibung des Mannes, scheint jedenfalls weit mehr zu sein als eine rein kulturell-motivierte des einst vorherrschenden Patriarchats. Ihr Image hat viel mehr etwas urbildlich Archaisches. Sich davon als tragende Kultur von heute auf morgen zu verabschieden, nimmt den Charakter einer bewusst gesetzten Mutation an. Es scheint mir entscheidend, sich darüber zu verständigen, wie man(n) / frau überkommene „role-models" sorgsam wandeln kann, ohne eine zerstörte Männer-Generation zu hinterlassen UND eine gestresste Frauen-Generation. Es wäre meines Erachtens weise, das Maß menschlich-kultureller Freiheit NICHT DARAN zu messen, ob es gelingt der Natur ein Schnippchen zu schlagen, um dieses Leben hier auf der Erde endgültig – von ihr emanzipiert – selbst in Besitz zu nehmen. (Ich weiß, da werden mir einige „emanzipiert Selbstbewusste" vorwerfen, altmodisch zu sein.) Hier mein Hinweis aus der Ökologie-Bewegung: *Mit der Natur arbeiten, ist allemal besser als gegen sie.* – Die Einsicht darf heute wohl einleuchten, oder?!

Im Zusammenhang meiner beruflichen Arbeit wie auch in diesem Buchprojekt setze ich mich genau dafür ein, bevor die momentane

Ruhe vor dem Sturm in Empörung und gegenseitige Zerstörung umzuschlagen beginnt. Die Geschlechter-Thematik gärt unter der gesellschaftlichen Oberfläche und treibt auf eine zunehmende Radikalität mit enormen strukturellen Folgen zu. Verstehen und Verständnis ist das Einzige was mich zu diesem Diskurs motiviert. Denn: Hier ist m. E. ein essenzieller *Klimawandel im sozialen Gefüge* unserer Gesellschaft im Gange. Dass davon äußerlich betrachtet bislang scheinbar noch wenig zu bemerken ist, täuscht meines Erachtens keineswegs über die Brisanz hinweg. Wer offen zur Beobachtung sowie bereit für ganzheitliche Betrachtungsweisen ist, erkennt was sich in dieser Kultur gerade tut. Und so wird uns allen nichts anderes übrigbleiben, als uns Schritt für Schritt mit den zugrundeliegenden Mechanismen und Ursachen zu konfrontieren. In den letzten Jahren werden nämlich zunehmend unterschwellige Konflikt- und Bruchlinien sichtbar, die man davor wohl nicht für möglich gehalten hätte: unter anderem gerade auch in der Entwicklung und Bildung männlicher Jugendlicher. Es sind schleichende, leise Veränderungen, die ohne viel Aufhebens stattfinden. Keiner will sie bemerken und keiner wird sie später bemerkt haben wollen ... Wir kennen das alle nur zu gut.

Liebe Leserin, lieber Leser, wie interpretieren Sie, was sich laut OECD gerade bei männlichen Jugendlichen an Bildungseinbruch abspielt? Die Autorin Angelika Hager zitiert dies in ihrem gut recherchierten Buch „Kerls" [5]: *Laut einer OECD-Studie machen nur 42 Prozent der männlichen Teenager Schulabschlüsse.* Und das bei Schulpflicht in allen diesen Ländern.

Verantwortlich für diesen sozialen Klimawandel innerhalb der Gesellschaft und zwischen den Geschlechtern sind letztlich wir alle – Frauen wie Männer. Im Besonderen aber wohl all jene, denen die Fähigkeit zur Empathie abhanden gekommen ist und die nicht über den Tellerrand der eigenen Bewusstseinsblase hinausblicken können / wollen, um auch die Situation und Bedürfnisse jenseits davon gleichermaßen wahrzunehmen. Unter anderem stellen meines Erachtens die Sichtweisen eines heute ideologisierten Feminismus

---

5   A. Hager: „*Kerls*", Wien 2018, S. 18.

in der (europäischen) Gesellschaft einen solchen Tellerrand dar. Ja, es gibt zugegebener Weise auch Männer, die sich weigern, über ihren Tellerrand zu den Frauen hinzuschauen und deren Situation zu achten und zu beachten. Andererseits aber: Betrachten wir die vielfältigen Veränderungen zwischen den Geschlechtern. Betrachten wir, was sich alles in nur etwas mehr als *einer* Generation in der Gesellschaft gewandelt hat und in der gesellschaftlichen Wirklichkeit angekommen ist: Was haben Männer nicht alles an feministischen Forderungen und Änderungen mitgetragen und mit Verständnis begleitet. Es gibt höchst bemerkenswerte Erfolge. Es gibt aber auch erschreckend negative Folgen. Der *soziale Klimawandel* scheint voll im Gange: „menschengemacht". Daher: *Wie wollen wir ihn haben?*

Wenn Frauen und Familie früher – für alle Beteiligten – Garant gesellschaftlicher *„Entschleunigung"* waren, so konstatieren wir heute, dass auch die Frauen an die *„role-models"* einer männlich-dominierten Erwerbsarbeit herangeführt werden. Dies treibt die Expansion und Dynamik unserer Leistungsgesellschaft weiter voran. Das weibliche Korrektiv ist uns allen bereits heute zu einem hohen Grad abhandengekommen! – Ohne es zu dramatisieren: Das ist ein Hauptaspekt für den von mir beschriebenen, *sozialen Klimawandel*: Die Gesellschaft ist zu einer Beschleunigungsgesellschaft geworden. Nicht nur, aber AUCH deshalb, weil sie im Begriff ist, das *Weibliche* zu verlieren. [6]

Schon heute werden Forderungen umgesetzt, wird alles getan, die *„Nutzen-Optimierung-im-Sozial-und-Familienbereich"* zu bestärken. VOLLERWERBSARBEIT FÜR ALLE! – führt zu größtmöglicher Ökonomisierung aller Lebensbereiche. Solch eine Gesellschaft nimmt sich auch noch die letzte Chance zur Muße: Zeit mit unseren Kindern zu verbringen, um im gemeinsamen Spiel und Entspannen unser hochaktives Erwachsenen-Frontalhirn zu entlasten (Kinder als „Burn-out-Prävention" sozusagen). Stattdessen schicken wir sie in zunehmend unzumutbare Baby-Krippen- bzw. Hortbetreuung. [7]

---

6 Dies wir u. a. daran sichtbar, dass „Versorgungs-Aspekte" in unserer Gesellschaft immer besser funktionieren, „Fürsorglichkeit" allerdings immer mehr abnimmt.

7 U. a. infolge Überbelastung bei Fremdbetreuung, fehlen zu viele Mitarbeiter/innen und der Betreuungsalltag wird für alle Beteiligten unzumutbar. (Siehe z.B.: www. zeit.de/arbeit/2024-07/erzieherin-kita-beruf-kuendigung-neuanfang-erfolg.)

Ein essenzielles Problem zeigt sich meines Erachtens abseits lauter Diskussionen: **So ist es bereits durchaus verbreitet, dass Firmen für Karrierejobs nur noch Männer (oder Frauen) einstellen, die keine (kleinen) Kinder haben:** *Kommt zur „Vater-Morgana"* nun die „Mama-Morgana"? Entwickelt sich gar eine „Eltern-Morgana"? Für Babys und ihre Entwicklung der Bindungsfähigkeit in den ersten 3 Jahren droht ohne Kontinuität bezüglich einer echten Bezugsperson eine unwirkliche, soziale Wüste.

Einige bemerken den *sozialen Klimawandel* bereits am eigenen Leib, weil sie beginnen etwas für sie Wesentliches zu vermissen. Während viele Frauen immer noch zielstrebig auf diesen Zug der *„Vollerwerbsarbeit"* aufspringen, sind es eher Männer, die mittlerweile eine sachte Beklemmung verspüren, vielleicht noch ohne es (sich) einzugestehen. Bei ihnen kann man als „Aktivist" im Kampf gegen den *sozialen Klimawandel* daher vermutlich sogar leichter ansetzen. – Noch aber gibt es kaum Aktivisten gegen diese Art von Klimawandel.

„*Backlash?"* – Sehen wir es doch einmal ein wenig anders

Das soziale Leben wird heute mehr und mehr von der Prämisse *„Was nützt's mir?!"* **beherrscht. Frauen stehen Männern dabei um nichts nach. Galten „Nützlichkeits-Kriterien" bislang lediglich im Bereich von Arbeit und Produktion als berechtigt, so haben sie heute den Bereich von Beziehung, Freizeit und Sozialität vereinnahmt. Erwerbsarbeit und Partnerschaft, Familie und Freizeit durchdringen sich nun auch für Frauen in hohem Maß. Mit dem drohenden Verlust der Weiblichkeit in der Gesellschaft wird sich der Lebensdruck in Richtung Nützlichkeit und Gleichzeitigkeit allen Handelns weiter beschleunigen. Das alles meine ich, wenn ich von** *„sozialem Klimawandel"* **spreche.**

Es gibt ein Phänomen, welches man gemeinhin als *„Braindrain"* [8] bezeichnet. In diesem Zusammenhang verwende ich *Braindrain* im Sinne des Ausscheidens, eines Abwanderns der Top-Gebildeten aus dem Fortpflanzungsgeschehen bzw. der Nachkommenschaftspflege,

---

8 Unter „*Braindrain*" versteht man das Abwandern der Top-Gebildeten aus einer Region (Staat) und die damit verbundene Verarmung der Abwanderungszone.

nur um in der Volkswirtschaft eines *globalisierten Neoliberalismus* zu landen. Das Bildungsbürgertum, bzw. seine Frauen haben diesen Aufgabenbereich in hohem Maße verlassen. Für Deutschland gilt, was in der Dokumentation *„Das Jahrhundert der Frauen – Von der Wende bis heute"* im Text so analysiert wird: *„Akademikerinnen bekommen häufig gar keine Kinder."* [9] Für viele steht heute die Karriere an erster Stelle. Für mich als „Froschkönig" ist das nur zu verständlich. Es scheint mir jedoch fraglich, ob – ganzheitlich betrachtet – der *„Transformationsprozess ihres Weiblichen"* nicht leider auf die Weise auf der Strecke bleibt. Ob dies heutige Frauen WIRKLICH stärkt ... ?

Deutlich jedenfalls ist, dass das Weibliche mehr und mehr aus dieser Kultur verschwindet bzw. an den Rand gedrängt wird. Das *Weiblich-Feminine* und der *radikale Feminismus* haben real wenig Überschneidungen. Ja – sie vertragen sich im Grunde nicht.

Ich bin ein zutiefst neugieriger Mensch. Mich interessiert daher brennend, wie viele heutige Frauen mittlerweile die Tragik des neoliberalistisch verordneten Lebens im Inneren spüren sowie die Sehnsucht, ihr Frausein, ihre Beziehungsfähigkeit wiederzubeleben.

Man könnte vielleicht sagen, dass die Mühlen in Deutschlands südlichem Nachbarland – in Österreich – etwas langsamer mahlen und der *soziale Klimawandel,* sich im Vergleich zu den anderen Industrieländern der westlichen Gesellschaften, etwas verzögert zeigt. Teilweise stimmt das, denn noch haben wir in Österreich (da komme ich her) Gottseidank *keine „flächendeckende Versorgung mit Babykrippen".* Noch können wir politisch alternative Konzepte finden und umsetzen. *Noch können wir auf jene Fachleute hören, die deutlich warnende Worte finden, was mit dieser Gesellschaft geschieht, wenn unsere Kinder in diesen ersten prägenden Jahren nicht genug Bindungsfähigkeit erwerben können. In der sogenannten Bonding-Phase eines Babys gilt es vorrangig der Ausbildung dieser Bindungs- und Beziehungsfähigkeit den höchsten Stellenwert beizumessen!* [10]

---

9 *„Das Jahrhundert der Frauen – Von der Wende bis heute",* PHOENIX | programm. ARD.de, Filmdokumentation (Min. 39:20). Österreich hinkt hier ein wenig nach.
10 Bei den üblichen Betreuungsschlüssel von 1 : 8 und mehr schlagen Fachleute aus dem Bereich Kinderpsychiatrie aber auch Neurologen, Alarm. K.H. Brisch, in: *„Kindsein zwischen Traum und Trauma.",* ORF/OE1-*Von Tag zu Tag,* 17.2.2017.

Allerdings zeigen sich in Österreich bereits auffallend eindringlichere Symptome als in vielen vergleichbaren Staaten. Vor allem im Bildungswesen (für Jungen) und in der parallelen Herausbildung eines Matriarchats im Bereich der Lehrer/innen-Erwerbsarbeit sowie der Sozialarbeit, etc. In diesen speziellen Berufssparten finden sich kaum noch Männer. Die Entwicklungen sind hier deutlich fortgeschrittener und alarmierender als in Deutschland.

Doch nun weiter zum Kapitel-Thema „Backlash". *Was könnte jener immer wieder erlebten Ablehnung der Männer bezüglich des feministischen Anliegens ihrer „Wandlung in Richtung feministischer Mann" und der Veränderung der Gesellschaft hin zum „feministischen Gesellschaftskonsens" verdeckt zugrundeliegen?*

Dazu gesellt sich die Frage: *Welcher Mann will schon als „feministischer Mann" gesehen werden?* Und andererseits: **Nicht jeder wird ungewohnte Veränderungen und neue Entwicklungen sofort mitmachen. (Wie Frauen übrigens auch nicht.) Solange dies keine krassen Entgleisungen nach sich zieht, darf es in der Gesellschaft nicht dazu führen, immer in dieselbe Richtung Druck zu machen, bis alles und alle auf ein Kommando hören und funktionieren. Subkultur wird es auch in Zukunft auf unterschiedliche Weise und in jedweden Bereichen der Gesellschaft geben.** So gibt es eben auch heute, 70 Jahre nach dem Ende der nationalsozialistischen Herrschaft, noch Nazis und ihre „Ewiggestrigen-Ideologie" am Bildungsrand der Gesellschaft. Und auch wenn es ätzend ist, es wird sie vermutlich auch weiterhin geben.

Ich persönlich habe das für mich selbst unlängst so formuliert: *Es kann in Zukunft nicht darum gehen, einen für viele Betroffene abstrakt gewordenen Feminismus zu etablieren oder „feministische Männer" erziehen zu wollen und unter dieser Flagge zu segeln.*

Es gilt für alle veränderungsbereiten Männer ein Zeichen zu setzen, dass künftig auch sie gemeint sind, wenn von Gleichberechtigung gesprochen wird. Und es muss bald zur vermittelnden Einsicht kommen, dass man(n) / frau darum weiß, dass es speziell auch der Männerbereitschaft und IHRER Unterstützung im Veränderungsprozess bedurfte / bedarf. **Und um die Unterstützung ist in**

Wertschätzung, nicht in Ungeduld oder ständigem Vorwurf zu werben. Ansonsten wird Widerstand entstehen (müssen) – nicht gegen den Inhalt, sondern gegen Art und Weise, wie vorgegangen wird. Und „frau" wird sich vielleicht DOCH eingestehen müssen, dass sie es SELBST ist, welche solche als „Backlash" bezeichneten Entwicklungen bewirkt bzw. ungewollt befördert. *Alles Soziale ist eben systemisch.* – Wie heutzutage leicht einzusehen ist.

Das Problem bei Veränderungen ist, dass meist viel zu sehr auf die Veränderung *äußerer Formen* geschaut wird – ohne dass die Menschen darin unterstützt werden, sich selbst ein neues, starkes Fundament zu schaffen, um auf diese Weise den eigenen Weltbezug ändern zu können. Dafür braucht es ein engagiertes Verständnis für gesellschaftlich unterdrückte Bedürfnisse und einen sich daraus entwickelnden Bewusstseinswandel! – Sowie derartige Veränderungen konsequent im Bewusstsein zu halten.

Es geht somit um die zeitgenössische Anpassung BEIDER Geschlechterrollen an unser heutiges, verändertes Bewusstsein. *Denn Emanzipation kann keine Einbahnstraße sein!* Und das alles muss auch von Männerseite mitgestaltet werden dürfen. Wie aber kann man(n) / frau sich diese Verwirklichung auf sozial verträgliche Weise vorstellen, wenn die Einbindung von Männern in die öffentlich-politisch Arbeit, in jene heute allerorts eingesetzten *„Arbeitskreise für Gleichbehandlung und Diversität"*, bislang mit einer Männerquote „null" ausgestattet wird?! Und in Deutschland sieht es nur wenig anders aus: meilenweit entfernt jedenfalls von etwas wie „Gleichberechtigung" und „gleicher Repräsentanz"! Hier MUSS sich ehebaldig etwas bewegen, um die Männer mit ins Boot zu holen und in die Entwicklung eines neu zu gestaltenden Gesellschaftsbildes einzubinden. Feministische Kooption in solche Arbeitskreise, wie sie zurzeit Usus ist, wird den EIGENEN, eingemahnten Kriterien eben NICHT gerecht.

Ich persönlich erlebe, dass die wesentlichste Wirkung von dem, was in Kreisen des radikalen Feminismus heute als *„Backlash"* bezeichnet und erlebt wird, mittlerweile von Frauenseite selbst kommt. Viele Frauen bemerken heute zunehmend, dass es

ihnen, in Konsequenz des radikal-feministischen Frauenbildes, nicht wirklich besser geht. Um es etwas pointiert darzustellen: *Die eigenen Kinder großziehen ist alles in allem vermutlich naheliegender, befriedigender und vielleicht auch schöner als das für fremde Kinder zu leisten.* Sich um die eigene Familie und ihre Interessen zu sorgen, wichtiger als sich um fremde Interessen zu sorgen. Das Leben als emanzipierte Frau war schon 'mal leichter. Es könnte sein, dass politische Forderungen des politischen Feminismus, wie: *„Vollzeitarbeit für alle Frauen!"*, von Frauen doch nicht als *„das-Gelbe-vom-Ei"* angenommen werden wollen. Denn: Honigschlecken sieht eindeutig anders aus ...! Wir werden im Detail in einem späteren Kapitel genauer darauf hinschauen.

Das ist das Eine. Das Andere ist eine ganz andere Geschichte und die hat eher mit den Männern zu tun. – Bereit für ein Gedankenspiel?

Europäisieren und Feminisieren

Hier ein paar Fragen an den Idealisten in Ihnen, liebe Leserinnen und Leser. (Ich bin auch Idealist und kenne dieses Feld): *Sie finden Demokratie gut sowie Frauen- und Menschenrechte, ja? – Sie setzen auf die Kraft des Individuums, auf Selbstmanagement und Eigeninitiative, auf Schulbildung für alle und auf ein funktionierendes Gesundheitswesen sowie ein staatlich gesichertes Sozial- und Pensionssystem u.s.w.?* – Ok ich glaub ich hab's erraten: Sie sind aus ganzem Herzen und aus voller Überzeugung Europäer/in! Sie stehen für eine europäische Kultur und Zivilisation, etc.

Jetzt allerdings kommt eine neue Art Anliegen in Ihre Welt: Jetzt nämlich geht's darum, andere Menschen oder gar andere Kulturen zu überzeugen, genau das ebenfalls leben zu wollen. Einfach um gemeinsam in einer solchen Welt leben zu können. – Soweit so gut.

EUROPA! – Die gefühlte Begeisterung kenne ich und das eigene Engagement ebenfalls. Beide sind riesig.

Und genau an dieser Stelle scheiden sich nun die Geister. Den einen geht es darum, die anderen zu *„europäisieren"*, den anderen aber geht es um Kulturveränderung in Richtung Demokratie, Bildung, Menschen- und Frauenrechte, soziale Sicherheit durch funktionierende Pensions- und Gesundheitskassen u.s.w., u.s.w. Wer da meint aus Gründen eines Terminus technicus „Europäismus" auf die Flagge schreiben zu müssen, um „europäistische Volkschaften" in aller Welt heranzuziehen, der bräuchte sich über einen Backlash auf solchem Kolonisierungsfeld wahrlich nicht zu verwundern. Welches Volk würde sich heute (oder auch früher) schon gern „europäisieren" lassen? – Was wären die Gründe dafür, den Prozess gesellschaftlicher Erneuerung mit derart Muster-haftem Verhalten zu torpedieren, große Teile der interessierten Völker zu brüskieren und so Widerstand auszulösen?

„Europäismus" – gäbe es ein noch schlechteres „Überzeugungs-Konzept" für einen wichtigen Gesinnungs- und Wertewandel anderer Gesellschaften?! Was denken Sie liebe Leserin, lieber Leser, würde passieren, wenn wir auf Basis derart plumper europäischer Kolonisierungs-Allüren den Menschen in Entwicklungsländern unser Lebensmodell so verkaufen wollten, um diesem Planeten eine „europäistische Zukunft" zu ermöglichen?

Ja, so etwas gab's 'mal, aber HEUTE ... ?! – werden Sie vielleicht denken. HEUTE würde doch kein vernünftiger Mensch auf die Idee kommen, durchaus bedeutende und essenzielle Inhalte wie Demokratie und Rechtsstaatlichkeit, Menschenrechte, Gleichberechtigung der Geschlechter, etc. auf solche Weise – bereits im Vorfeld der Kampagne – derart sträflich selbst zu sabotieren. Mit dem beflissentlichen Argument: *Diese Inhalte kommen einfach aus der europäischen Bewegung und deshalb benennen wir das im Sinne eines etablierten „Terminus technicus" genau so!* – wird da wohl wenig Staat zu machen sein.

Sie ahnen bereits die Analogie: Man(n), die Männer, müssen sich von den aktuellen, feministischen Bestrebungen doch schlichtweg *kolonialisiert* vorkommen, Männerakzeptanz dafür zu generieren, „feministische Männer" für eine „feministische Zukunft" zu werden. Welcher Mann wird sich leichtfertig einem solche ideologischen Ansinnen zur Verfügung stellen (dürfen)?

Liebe Frauen, wie würdet es euch gehen, würden Männer sagen, ihr solltet euch für eine gedeihliche Zukunft *„maskulinisieren"*? (Etwas, das der heutige Feminismus als „role model" für moderne, starke Frauen in der Vollerwerbsarbeit propagiert bzw. vorgibt.)

Ich meine, es ist leicht zu beantworten, wie viele Männer sich als *„feministischer Mann"* fühlen wollen. Wenn ein Mann sich nicht als LGBTIQ-Person fühlt oder der *„Queer-Bewegung"* [11] angehört (und das sind wenige) wohl kaum einer! Männerwiderstand gegen Segnungen gegenseitiger Emanzipation wird durch Kampagnen wie *„feministische Zukunft/feministische Männer"* geradezu erzwungen.

„Menschen stolpern nicht über Berge, sondern über Maulwurfshügel." Eine Erkenntnis, über die bereits Konfuzius verfügte. Männern muss gestattet sein, die durchaus berechtigten Emanzipations-Inhalte auch unter Einbeziehung legitimer Männer-Gesichtspunkte umzusetzen, nicht nur von Männern vorgesetzten Feminismus-Standpunkten. **Soviel Feingefühl brachten sogar die Missionare christlicher Kirchen auf, um ihr Gedankengut in andere Kulturen zu implementieren. Muss man sich da nicht ernsthaft fragen, ob der Feminismus Männer WIRKLICH für die Erneuerung innerer Werte gewinnen will oder zwangsbeglücken?**

Eine Zukunft darf weder NUR weiblich noch NUR männlich sein, sondern menschlich. Sonst hätten wir nichts anderes als die Vorherrschaft mit entgegengesetzter Geschlechterdominanz. *Für adäquate Erneuerung und echte Gleichberechtigung braucht es BEIDE Qualitäten gleichermaßen!* **Das anzuerkennen wird die ethische Nagelprobe für den weltweiten Feminismus darstellen. Ansonsten hat er, ebenso wie frühere Erneuerungsbewegungen, seine Daseinsberechtigung auch schon wieder verspielt.**

Ich kenne für viele wichtige Entwicklung-Aspekte auch keine Patentrezepte, selbst wenn ich in meiner Arbeit wesentliche Gedanken zu einer Art Marshallplan gebündelt habe. [12] **Eines aber**

---

11 Queer steht heute sowohl für die gesamte Bewegung als auch für die einzelnen ihr angehörenden Personen: Ein Sammelbecken, in dem sich außer Schwulen, Lesben, Bisexuellen, Intersexuellen, Transgendern, Asexuellen auch heterosexuelle Menschen finden lassen, welche Polyamorie praktizieren finden lassen.

12 Weiterführende Inhalte und Lösungen in meinem 2. Band dieses Buchprojekts.

weiß ich mit Sicherheit: *Es wird nur mit der Bereitschaft gehen, bei zentralen Anliegen wieder mit den Männern gemeinsame Sache zu machen, sowie echte Wertschätzung für das Fremde, das andere im Mann-Sein aufzubringen.* Sonst wird die Frauenbewegung sich in ihren Interessen selbst nachhaltig schwächen. Frauenrechte UND Männerrechte, also echte Gleichberechtigung sind essenziell, um Männer nicht blinden Auges – oder gar vorsätzlich – rechten Strömungen in deren offene Arme zu treiben. Dort lebt etwas reaktionär Altes. Dort sind solche Themen nicht gut aufgehoben. Daher mein Anliegen: *„Feministische Bumerangs, NEIN DANKE!"* Weil derartige Bumerangs diese Gesellschaft gefährden.

Vollerwerbsarbeit für ALLE. – Wer WILL diese Ökonomisierung?!

Spüren Sie liebe Leserin, lieber Leser einfach mal hin ... Wir alle stehen mit unseren Bestrebungen um Gleichberechtigung der Geschlechter scheinbar vor der Wahl, entweder das (männliche) Wirtschaftssystem, den *„Moloch Neo-Liberalismus",* in die Schranken zu weisen und zu wandeln, oder das genuin *„Weibliche"* in der Gesellschaft zu eliminieren. Der Feminismus heutiger Prägung scheint das Diktat der Wirtschaft vornehmlich akzeptiert zu haben und meint dafür in Konsequenz das *„Weibliche"* in unserer Gesellschaft fallenlassen zu müssen. Bloß: Symptomträger einer einseitigen Entwicklung auf einem Feld werden stets seine schwächsten Glieder. In der Familie und Gesellschaft sind dies die Kinder. Und von denen scheinen heutzutage zunächst primär die Jungen betroffen. Sie werden durch die sowohl schleichenden als auch rasanten Veränderungen verstärkt in Mitleidenschaft gezogen. Worauf alle ernsthaften Statistiken bezüglich Verhaltensauffälligkeiten und ihre dramatisch sinkenden Bildungs-Chancen hinweisen. **In Deutschland steigen allerorts die Zahlen der Jungen ohne Abschlüsse und in Österreich ist sogar** *nur noch jeder dritte Maturant männlich* **sowie demnächst nur noch jeder vierte Studienabsolvent. (An der Uni Wien war das Verhältnis nur 12 Jahre zuvor noch ausgeglichen!** [13]**). Jungen werden zu Recht als „Verlierer im Bildungswesen" gesehen.**

---

13 https://personalwesen.univie.ac.at/fileadmin/user_upload/d_personalwesen/ Gleichstellung/Dokumente/Gender-im-Fokus-5_2015.pdf .

Die Folgen von Stress und Leidensdruck in der Erwerbsarbeit machen sich nunmehr auch für die Frauen und Mütter bemerkbar. Die Konkurrenz in einem liberalisierten Markt nimmt zu. Die Kinder tragen die Folgen unmittelbar aus. [14] Für Mädchen werden die Ökonomisierungs- und Vollerwerbsbestrebungen für alle wohl erst in späteren Generationen wirksam werden. Auch dafür gibt es bereits erforschte und durchaus plausible Gründe auf die ich im Verlauf dieses Buchprojekts noch zurückkommen werde.

Man könnte als Leser / Leserin meinen, hier mit einem expliziten Widerspruch konfrontiert zu werden: Denn einerseits wird von mir das *drohende Ende der Weiblichkeit* beschworen und andererseits weise ich auf das Entstehen neuer, von mir so titulierter, *Matriarchat ähnlicher Gesellschaftsbereiche in der Erwerbsarbeit* hin. Ein Widerspruch? Ja, in gewisser Weise scheint es so. Mit diesem Widerspruch heißt es im anstehenden Diskurs sachlich umzugehen.

Den Frauen wurde heute in unserer Kultur allerorts der berechtigte Zugang zur Erwerbsarbeit geöffnet, ein früher im Wesentlichen von den Männern beackertes und ihnen vorbehaltenes Feld. **Mit traditionellen Frauen-Werkzeugen aus dem einst matriarchalen Familienbereich und geschützten Heim allein, konnte natürlich „kein-Staat-gemacht-werden".** Frauen mussten daher ebenso rational entscheiden und handeln lernen, Führungsarbeit leisten, Teamfähigkeit beweisen, Besprechungen leiten, erfinderisch sein und vieles mehr an tradiert männlichem Verhalten einüben. Denn hier gibt es *äußere* Autoritäten, Behörden. Nichts geht primär *verdeckt und privat*. Teamarbeit und Konkurrenz gehen Hand-in-Hand.

---

14 Anlässlich der Veröffentlichung eines alarmierenden Berichts über psychische Erkrankungen von Kindern und Jugendlichen äußert sich der Vorstand der Liga für Kinder- und Jugendgesundheit, Kinderpsychiater Christian Kienbacher: *„Unseren Kindern geht es unerwartet schlecht. 25% unserer Minderjährigen entwickeln zumindest einmal in diesem Lebensalter eine psychische Erkrankung. Bei 10% ist es so massiv, dass unbedingt mit einer Diagnostik und Behandlung begonnen werden muss."* Im Beitrag geht es infolge jedoch nur um die politische Forderung bezüglich *„Therapie auf Krankenkasse".* Kein Wort über gesellschaftlich-strukturelle Hintergründe oder gar Vorschläge für essenzielle Prävention: Siehe dazu: C. Kienbacher, in: ORF/Ö1-*Journal um acht*, 10.10.2017, von A. Maiwald.

„Ich glaube wir leben in revolutionären Zeiten und revolutionäre Zeiten haben immer radikale Auswirkungen auf die Gesellschaft. Da gibt's natürlich wie bei jeder Revolution am Schluss Gewinner und Verlierer." [15] Das sagt der Komplexitätsforscher und „Wissenschaftler des Jahres (2017)", Stefan Thurner, im ORF-Interview. Darin macht er sich Gedanken über die besonderen Wirkmechanismen, Sensibilitäten und Verrücktheiten komplexer Systeme. Er sagt: *„Alles was lebt, ist ein komplexes System, jedes soziale System, ist ein komplexes System. Jedes Ökosystem, ist ein komplexes System. ... Komplexe Systeme bestehen immer aus vielen Bauteilen, die miteinander in Beziehung stehen, die miteinander in Wechselwirkung stehen. Also ein Bauteil, das können Menschen sein, eine Interaktion, Menschen, die miteinander kommunizieren."* [16] Thurner betont im Interview: *„Komplexe Systeme haben eine Funktion, sie müssen etwas erfüllen. Und wenn diese Dinge nicht mehr stattfinden, kollabiert das System."* [17] Der kundige Forscher klärt warnend die Zusammenhänge: *„Was sehr typisch ist, ist, dass Sie komplexe Systeme ein bisschen steuern können, Sie haben ein paar Räder, an denen Sie drehen können ... und zu einem gewissen Grad funktioniert diese Regulierung, so wie Sie wollen. Aber sehr oft gibt's einen Punkt in komplexen Systemen, wenn Sie den erreichen und weiterregulieren, ein bisschen mehr noch an Regulierung machen, tut das System was komplett anderes, als Sie erwarten. Das ist etwas, das kennen wir alle: Wir denken, wir haben's im Griff und gehen nur EINEN logischen Schritt weiter und dann fliegt uns das System um die Ohren. ... Also wenn ein komplexes System kollabiert, können Sie nicht einfach die Stellschrauben wieder ein bisschen zurück schrauben und es wird wieder ok oder es repariert sich wieder. Es ist dann in einem völlig anderen Zustand, in einer anderen Phase und da wieder zurückzukommen ist sehr oft einfach nicht mehr möglich."* [18]

Bezüglich der soziologischen Veränderungen, welche in unserer Kultur im Bereich der Geschlechterfunktionen von Mann und Frau stattfinden, will ich grob gesprochen drei charakteristische Aspekte

---

15 S. Thurner: *„Robust u. zerbrechlich ist unsere Welt"*, in ORF/Ö1-*Gedanken* (25.11.18).
16 Ebenda.
17 Ebenda.
18 Ebenda.

herausheben: Erstens weist der Prozess zur Zeit deutliche Verlierer sowie (nur scheinbare) Gewinner aus. Weiter beginnt das Männliche, gerade infolge des heutigen Feminismus, in unserer Kultur übermächtig zu werden und maßt sich an, mehr oder minder allein den Ton anzugeben. Und drittens sind Natur-gegebene Funktionen sowie das komplexe Zusammenspiel epigenetisch fundierter Geschlechterzusammenhänge gefährdet. Leidtragend sind unsere Nachkommen und der Zusammenhalt künftiger Generationen.

So jedenfalls wird aus den angestrebten Veränderungen in unserer Gesellschaft, das Weibliche sicherlich *nicht* gestärkt hervorgehen können und vermutlich *auch nicht* das Männliche. – Wo eine Seite der Medaille an essenzieller Substanz einbüßt, kann es letztlich auch der anderen nicht besser ergehen. Jedenfalls – nicht nachhaltig!

Narzissmus und Gesellschaft

Der Narzissmus in unserer Gesellschaft ist seit den 1980er Jahren stark im Ansteigen begriffen. Dies steht für Raphael Bonelli, Psychiater, Neurowissenschaftler und Professor an der Sigmund Freud Universität in Wien, außer Frage: *„Wir sehen, dass es jetzt ein Drittel mehr Narzissten gibt, als in der Population von früher. ... Wir haben heute schon über dieses Pendel gesprochen, das von der einen in die andere Richtung ausschlägt. ... Die Frage war ja: ‚Was macht das mit der Gesellschaft?‘ Mit der Gesellschaft macht das mehr Rücksichtslosigkeit. ... Je narzisstischer, desto weniger (soziale) Verantwortung. Die Politik ist da immer ein Spiegel der Gesellschaft. ... Wir erlauben das, glaube ich, weil wir mehr und mehr in diese Richtung kippen, in der Gesellschaft.“* [19]

Bonelli ist grundsätzlich der Auffassung, dass es etwa doppelt so viele narzisstische Männer wie Frauen gibt. Es wird aber an heutigen Phänomenen deutlich, dass es nicht nur die (männliche) Narzissmus-Symptomatik ist, die zunimmt. Sie zeigt lediglich bei Frauen andere Ausdrucksformen. Hierzu die Psychotherapeutin, Psychologin und Pädagogin Bärbel Wardetzki, Autorin des Buches: *„Weiblicher Narzissmus – Der Hunger nach Anerkennung.“* (2007) im

---

19 R. Bonelli: *„Wie viel Narzissmus verträgt unsere Gesellschaft?“*, in: ORF/Ö1-*Punkt eins*, 10.5.2017, von E. Scharang.

Interview: *„Der weibliche Narzissmus ist eher in der Minderwertigkeit verhaftete. Menschen mit der weiblich-narzisstischen Form ..., die spüren ihre Insuffizienz eher und bauen sich darauf ihre Grandiosität auf. ... Frauen, die weibliche Führungskräfte sind, haben die Fähigkeit, ein Klima zu schaffen, wo unterschiedliche Meinungen gewürdigt werden und nicht gleich in Kampf ausarten. ... Wenn sie wirklich so einen weiblichen Narzissmus besitzen, dann scheuen sie sich davor, in diese Position zu gehen, sie sind dann lieber in der zweiten Reihe. Und man hat auch festgestellt, wenn sie in die erste Reihe gehen, dann versuchen sie das männliche Modell zu imitieren und dann ist eigentlich die individuelle weibliche Kraft nicht mehr so spürbar."* [20]

Die weibliche Form des Narzissmus wird als sogenannt „komplementärer Narzissmus" bezeichnet. Bärbel Wardetzki führt weiter aus: *„Das Spannende da dran ist, dass wir das auch in der Politik finden: Die eine Partei, die Grandiosen, leben das Ideal selbst. Und dazu gehört immer das, was man ‚Komplementär-Narzisst' nennt. Und der Komplementär-Narzisst ist die Partei, die eher die Minderwertigkeitsgefühle lebt. Zusammen passt das hervorragend. ... Das hab ich mal übertragen auf Männer und Frauen, weil ich in der Therapie erlebt habe, dass da ein Unterschied ist und die Frauen ... die Entwertung im kollektiven Unbewussten haben."* [21]

Was für weiblichen Narzissmus ebenso gilt wie für die männliche Form, ist die Abwertung anderer, wenn auch verdeckter und weniger explizit. Beiden gemeinsam ist weiter der Mangel an Beziehungsfähigkeit auf Augenhöhe. Die Redakteurin beendete die Interviewsendung mit dem Psychiater Bonelli mit dessen – aus seinem Buch zitierten – Worten: *„Sich vom Narzissmus befreien, das heißt, sich für Beziehung mit anderen auf Augenhöhe und für das Gute und Schöne auf dieser Welt öffnen. Mit dieser optimistischen Sicht auf unser Menschsein, verabschiede ich mich heute von Ihnen."* [22] – Genau das aber gilt für beide Geschlechter.

---

20 B. Wardetzki, in „*Narzissmus und Macht in Politik und Gesellschaft*", ORF/Ö1-*Im Zeit-Raum*, 9.10.2017, von J. Kaup / R. Weichinger.

21 Ebenda.

22 R. Bonelli: „*Männlicher Narzissmus: Das Drama der Liebe, die um sich selbst kreist*", in: „*Wie viel Narzissmus verträgt unsere Gesellschaft?*", ORF/Ö1-*Punkt eins*, 10.5.17.

In dem Maß, wie „Männlichkeit" in unserer Gesellschaft zunimmt, auch durch die Interpretation dessen, was heute unter dem *„sozialen-Geschlecht"* (Gender) verstanden wird, treten diese bisher eher männlich intendierten Phänomene des Narzissmus – wie leider auch andere Phänomene – bei Frauen ebenfalls stärker zutage. **Wir werden uns im Laufe dieses Buches daher damit auseinandersetzen, was beide Geschlechter zu einer zukünftig realen Gleichberechtigung auf Augenhöhe neu befähigen kann.**

„Queer-Feminismus". – Gesellschaftliche Dominanzbereitschaft

Hier ein weiteres Gedankenspiel: Stellen Sie sich vor, es gäbe bundesweite Wahlen ohne Sperrminorität von 4%, und eine hochaktive politische Kleinpartei unter 0,3% stellt allen Ernstes den „Anspruch auf Kanzlerschaft" (Deutungshoheit der Verhältnisse). Sie würde „erhöhten Förderbedarf" beantragen – um die Ungerechtigkeit ihrer wenigen Mitglieder auszugleichen und allen Ernstes darauf bestehen, einen neuen Gesellschaftsvertrag zu schreiben, wo in jedem Satz ein Hinweis auf die gesellschaftliche Anerkennung ihrer Minderheit zum Ausdruck kommen müsse. – Wie würden Sie das finden?

Bereits im Juni 2017(!) hörte ich auf einer Tagung (Vernetzungstreffen für Sozialarbeiter/innen) ein prophetisches Statement aus kompetentem Mund. Die Feministin Mart Busche von der Alice Salomon Hochschule Berlin sprach in ihrem Workshop *„Mädchen*- und Jungen*arbeit im Dialog"* [23] anstehende Veränderungen in der Gesellschaft an, wo sich ihrer Auffassung und ihren Bestrebungen nach, bisherige Selbstverständlichkeiten bald verändern werden: *„Wir werden nicht mehr davon ausgehen können, dass Frauen eine Klitoris haben und ein Mann einen Penis. Da wird sich vieles ändern."* [24] Vielleicht wird diese Zeit wirklich kommen (?). Ich habe

---

23 Das Symbol „*" (sprich: *„Sternchen"*) kommt aus dem Queer-Feminismus und seiner Forderung nach *„political correctness"*, um hinzuweisen, dass sich auch Menschen gemeint fühlen dürfen, die dies zwar vom biologischen Geschlecht nicht sind, die sich aber selbst so definieren wollen. Mittlerweile gibt es bereits politische Gegenbewegungen, um diese formale Setzung wieder zu verdrängen.

24 M. Busche auf der Fachtagung: *„1. Österreichisches Vernetzungstreffen in der geschlechtergerechten Bildungs- und Jugendarbeit"*, Salzburg 26./27.6.2017.

weder vor zu provozieren noch zu polarisieren. Ich stehe klar zum Schutz von Minderheiten und deren Anerkennung, aber so ein Zukunftsszenario befürworte ich nicht – ja, WILL ich nicht. Dort will ich nicht hin. **Es braucht meines Erachtens nicht die Sorge, Minderheiten könnten ansonsten nicht Gehör finden. Mitgefühl, Respekt und Achtsamkeit für Minderheiten sind auch ganz anders möglich und zu gewährleisten.**

Die Basis-Sozialarbeit mit männlichen Jugendlichen, war über ein Jahrzehnt mein tägliches Brot. Sie setzt ebenfalls daran an, das eigene Selbst-Verständnis freizulegen. Im Gegensatz dazu aber gilt es hier den Jungs wieder Klarheit zu ermöglichen, um neues Vertrauen in alltäglich Normatives zu finden (etwas wie Bildung, Gesundheit, Fröhlichkeit, Leichtigkeit, Commitment und Verantwortung für sich und andere). Denn: Es gibt eine stets wachsende Zahl solcher Jungen als „Sozial-Emigranten". – Jungen, die aus der gesellschaftlichen Sozialgestalt emigrieren. Die Folge: Immigration ins *Gamer-Leben* oder in Drogen. Für sie kann aber durch *empathisches Bestärken des Normativen* ein Anschluss an die Gesellschaft wiederentwickelt werden. Solche Art von Basissozialarbeit geht mit jener der „*Queer*"-Bewegung nur teilweise parallele Wege. Denn: Geschlechter-Fluidität als stets gehyptes Thema scheint mir für viele der heute verunsicherten Jugendlichen zu wenig Halt zu geben! Vor allem im Bereich der Sozialarbeit, da, wo diese Klarheit nicht mehr in sich selbst verankert ist. In unserer Zeit wo alle Werte sich zunehmend abnutzen, sind Struktur & Klarheit überlebensnotwendig. Daher muss bezüglich berechtigter Interessen einer kleinen Minderheit beachtet werden, welch fordernde Dimensionen sie andererseits für die Gestaltung der Gesamtkultur einzunehmen.

Es gibt eine Norm in jeder Gesellschaft und es darf meines Erachtens auch eine Norm in jeder Gesellschaft geben, die sich dafür auch nicht zu schämen braucht. Nicht jeder muss / will sich dieser „*erfinde Dich jeden Tag neu*"-Ideologie der *Queer*-Bewegung unterordnen.

Als Froschkönig war und bin ich sein David Bowie-Fan und seine LP „*Ziggy Stardust*" war meine *allererste-LP-ever*, die ich kaufte.

Aber: *Nicht jeder ist im Stande sich wie Bowie im Leben ständig neu zu erfinden, weder sexuell noch beruflich!* – Ich selbst habe durchaus Erfahrungen im „Neuerfinden" (wenn auch nicht im sexuellen Bereich) gesammelt. Aber genau das wurde auf diesem „*Vernetzungs-Treffen für Sozialarbeiter/innen*" mehrfach als Zukunftsideal betont. Unwidersprochen: „*Du wirst Deine Geschlechteridentität einfach in Zukunft stets von Neuem erfinden. Nichts daran ist fix!*"

Wer diesem Treffen der Sozialarbeiter/innen beigewohnt hat, weiß: Mittlerweile hält eine engagierte, radikal-feministische Minderheit die Zügel einer Gender-Entwicklung fest in Händen, wie auch immer die Mehrheit sich diesbezüglich stellt und fühlt. Und, wer will heute schon als rückständige(r) oder antiquierte(r) Spaßverderber/in dastehen?! – Der Gruppendruck ist immens (sogar bei dieser Vielfalt an geladenen Sozialarbeiter/innen und Coaches) und für Youngsters noch bedeutend mehr, als für unsereins. Also spielen fast alle (ab und an auch etwas befangen) bei diesem Spiel mit. Als ob das die beiden einzigen Alternativen wären.

Es war eine sehr friedliche und kooperative Tagung. Dennoch: Wenn man(n)/frau solches erlebt, wundert es nicht, dass Menschen Sorge haben, dass ihre geschätzte Demokratie vermehrt zu einer „*Femokratie*" werden könnte. (Ein Wort, das ich auf dieser Tagung erstmals hörte [25] – aus feministischem Mund: unter dem Aspekt: „*Backlash der Männer*"). Die Irritationen nehmen deutlich zu.

Welche Sprachverwirrung von babylonischem Ausmaß ist da am Werk? Die Mehrheit, so scheint es mir, weiß nicht darum und die, „welche darum wissen, schauen zu oder weg. Ich werde mich im Buch dennoch nicht weiter mit diesen „*queeren*" Entwicklungen beschäftigen, sondern mit den Phänomenen eines allgegenwärtigen, feministischen Status quo, der sich am männlich Dominanten als Eigenbedürfnis bedient – um sich bei Männern darüber zu empören.

Feministische Soziolog(inn)en wie Dr.[in] Franziska Schutzbach, Uni-Lektorin u.a. in Basel, proklamieren schon die Veränderung in ein „post-naturalistisches Szenario: „*Jene, die diffamieren, haben*

---

25 Femokratie ist die Wortschöpfung aus Feminismus & Kratía (griech.: Herrschaft).

durchaus verstanden, was Gender impliziert: ein postnaturalistisches Verständnis von Geschlecht. Gender verunsichert, denn er hinterfragt das Apriori einer gegebenen Essenz der Geschlechterunterschiede." [26]

Der US-Philosoph Ken Wilber schreibt mit Bezugnahme auf die Psychoanalyse nach Jung und Freud: *„Diese Veränderung ist in Wirklichkeit eine Verdrängung, eine Entfremdung, eine Verneinung unseres gemeinsamen Erbes unserer Austauschbeziehung mit allem Lebendigen. – Und genau das ist das Wesen der Neurose."* [27]

Der radikalisierte Feminismus scheint vergessen zu haben, dass die Natur – und unser Körper IST Natur! – nicht zuletzt auch das tragende Fundament aller Kultur darstellt. – Es könnte leicht sein, dass unsere Neurosen künftig ungeahnte Ausmaße annehmen, wenn unsere menschlich unterschiedliche Natur sich weder IN UNS noch IN UNSERER KULTUR mehr wird abbilden dürfen ... CRAZY!

Meines Erachtens haben wir nur noch ein kurzes Zeit-Fenster, unsere Geschlechtlichkeit und ihre intrinsisch erlebbaren, psychisch-seelischen Eigenschaften „weiblich / männlich" wieder neu zu begreifen und unabhängig jeder Tradition neu zu fundieren! – Spätestens in Zeiten eines künftigen Transhumanismus wird beides ansonsten einfach „Schnee-von-gestern" gewesen sein. – Eine wache und fundiert erlebbare-Auseinandersetzung mit „Weiblichkeit" scheint mir da ein – wenn nicht DER – entscheidende Schlüssel.

Frosch und Prinzessin. – Märchen *versus* aufgeklärte Sozialität

Christine Bauer-Jelinek, Wirtschaftscoach, Psychotherapeutin sowie Uni-Lektorin beschreibt in einem ihrer Bücher zum Thema, die realen Folgen von „scheinbarer-Augenhöhe" in einer Firma: *„Auch Mitarbeiter geben sich selbstbewusst: Sie kommunizieren mit dem Boss auf Augenhöhe – zumindest glauben sie das solange, bis sie die Kündigung bekommen."* [28] Wie verschleiert Zeitgenoss(inn)en die hierarchische Grundstruktur in heutigen Partnerschaften und in

---

26 F. Schutzbach: „*Der Heidi-Komplex*".

27 K. Wilber: „*Eros, Kosmos, Logos*", Frankfurt / Main 1996, S. 295.

28 C. Bauer-Jelinek: „*Die geheimen Spielregeln der Macht – und die Illusionen der Gutmenschen*", Salzburg 2007, S. 136, S. 141.

der Gesellschaft ist, kann einerseits jeder selbst daran ermessen, wie groß seine / ihre Skepsis beim Lesen der vorangestellten „Schweder-Zitate" – *„Frauen sind die Chefinnen in der Firma Beziehung"* und: *„Männer sind Konstruktionen im Dienste der Frauen"* – gewesen ist.

Andererseits sind die heutigen Scheidungsraten und das Verhältnis der von Frauen oder Männern eingereichten Scheidungen [29] ein sehr sprechender Spiegel. *„Spieglein, Spieglein, an der Wand ..."*

Männer outen sich heute kaum, wie es in ihnen wirklich aussieht. Was wir hören, ist meist nicht viel mehr als *„passt schon."* Es ist daher anzunehmen, dass Leserinnen die wahre (Innen)Welt der Männer und ihre Sicht auf „die Welt" – IHRE Welt – kaum kennen. Die dringende Aufgabe sehe ich somit darin, Einblicke und Bilder zu skizzieren, wie sie von Männerseite selten zu Gehör kommen.

Ich bin als Autor ein Subjekt und daher muss der Inhalt dieses Buches ebenfalls subjektiv sein. Dies aber teile ich mit Ihnen, liebe Leserin, lieber Leser so ehrlich wie möglich. Anliegen ist es nicht, eine abstrakte Objektivität abzubilden, sondern eine unbekannte Seite auszuleuchten: Jene der Männer. Einfach weil DARÜBER so selten berichtet wird. So gibt es hier eben auch einiges zu hören, was wohl öfters nicht so gut „mundet". Weder Frauen noch Männern.

Was in dieses Buch Eingang findet, erhebt denn auch keinen Anspruch auf Vollständigkeit. Mir konnte nur zugänglich werden, was sich zu mir Zugang verschafft hat, weil ich eben der bin, der ich als Mensch bin. Es sind persönlich motivierte Teile eines Puzzles, zu dem andere, an anderer Stelle, andere Steine ergänzen mögen.

Mein momentaner Eindruck als Bild: Die eine Hälfte des gesellschaftlich motivierten Geschlechter-Puzzles zeigt heute ein bereits durchaus gediehenes Bild. Darauf wurde viel Fleiß und Einsatz aufgewandt. Auch wenn mir vieles nicht stimmig zusammengefügt erscheint. – Die andere Hälfte aber ist kaum

---

29 *„Die Scheidungsrate lag in Österreich 1955 bei 15%, hatte ihren Spitzenwert 2007 bei fast 50% und liegt heute bei knapp über 41%."* Aus: https://de.statista.com/ statistik/daten/studie/285271/umfrage/entwicklung-der-scheidungsrate-in-oesterreich/. – Früher waren es fast ausschließlich Männer, welche Scheidungen einreichten, was aber nur zu einem Bruchteil heutiger Scheidungen führte.

begonnen und es ist im Grunde keinerlei Bild zu erkennen. Was sollen jene (die Frauen) davon halten, denen jegliche Kenntnis der anderen Hälfte mangelt? Auch ihr gesamtes Bild wird so auf lange Sicht betrachtet nicht richtig und ganz werden können.

Darum aber muss es gehen! – *Danke ihr Frauen, dass ihr bereits so ehrgeizig und tüchtig gewesen seid. Und verzeiht, dass ihr auf unserer Seite fast nur das „noch-nicht-Existente" erkennen könnt.* – Ja, da sind Formen zu sehen, aber da passt bislang noch sehr wenig zusammen ... Was für ein Bild darf / wird DAS sein?!

Wir Männer verstecken weit mehr an essentiellen Puzzlesteinen unter unserer seelischen Tarnkappe, als wir bereit sind rauszurücken. Wir sind diesbezüglich leider weder fleißig gewesen noch mutig. SORRY dafür! – Ein Stein wird meist erst dann gelegt, wenn wir genau wissen, dass, und wo er passt. – Wenn ihr versteht. Keiner von uns will sich da eine Blöße geben. Denn dabei ist es wie bei unserem Geschlecht: alles wird dann gleich so unglaublich sichtbar: *Jede eigene Bestrebung, jede sexuelle Erregung, jede verletzliche Segnung.* – So etwas könnt ihr nicht verstehen (glauben wir), weil bei euch alles so verborgen ist, so verdeckt und gut geschützt – körperlich, wie seelisch. Da habt ihr's so viel leichter die-Hüllen-fallen-zu-lassen. Stehen wir mit unserem Körper oder unserer Seele nackt da – dann, ja DANN sieht jede(r) alles. Männliche Scham ist so GANZ anders. Männer meinen, so übermäßig viel verlieren zu können. Deshalb geht da wohl nichts weiter.

Nun: Ich beginne mal ... *„Wir sind Männer."* – – *„Ok, klar DAS wisst ihr, klar."* – *„Wir sind Männer."* – – *„Ja, genau, ich wiederhole mich, weil es wichtig ist."* – *„Hmm? Das WISSEN wir doch, dass ihr Männer seid.",* werdet ihr sagen. Genau. Das aber ist ja das Problem: Ihr wisst eben nicht. Ihr wisst nicht, weil wir zu feige sind, zu sagen, wer wir wirklich sind. Und andere von uns, wissen es gleichfalls nicht. Ihr könnt zu wenig von unserer Seele sehen. Ihr spürt auch zu wenig in unsere Verborgenheit, weil unsere äußere Erscheinung und unser Gehabe so auffällig sind. Wir sind eine Art *„Punks aus Verletzlichkeit"* und wollen dennoch gesehen und geliebt werden. Versteht man das? – Im Reich der Märchen war das die Gestalt des „*Frosches*", in die der junge König verbannt war. Jede dieser *Frosch-Gestalten* und *Punks* hofft, dass sie NICHT nach ihrer Erscheinung betrachtet und behandelt werde. Hoffnungen zählen selten. Ich kenne folgenden Satz: „... *Erfüllung manchem Wunsche leihen, dem Hoffnung schon die Schwingen lähmte.*" [30] Ja, aber genau darum geht es jetzt endlich!

Der erste Schritt, ihr Männer: Mut! – Mut, die Prinzessinnen-Versprechungen einzufordern. Momentan vor allem jene der Gleichberechtigung. [31] Wagt euch, ins Reich eurer Prinzessin einzutreten! Stellt euch. *Besteht reinen Herzens auf der Einhaltung dieser Zusagen, damit ihr es nicht selbst seid, durch die sie zu leeren Versprechungen verkommen!* Könige tun das – mit all der Selbst-Verständlichkeit ihres mutig-königlichen Herzens, trotz äußerlicher „*Punk-Erscheinung*" oder auch „*märchenhaft verwunschener Froschigkeit*".

„*Ein mitfühlendes Volk hat mehr Chancen zu überleben, als ein rein egoistisches.*" Ich habe den Satz einmal im Radio gehört. Stimmt das nach wie vor? Ist der Geschlechter-Dialog in Grimms Märchen nicht eventuell bedeutend näher an der Realität dran?! – Im „*Froschkönig*" jedenfalls gilt etwas entgegengesetzt anderes!

Mitgefühl sowie Respekt und Anerkennung von Männern gegenüber Frauen hat sich heute in gesellschaftsrelevanter Dimension etabliert. Wo aber bleibt ein adäquates, gesellschafts-politisch wirksames Mitgefühl heutiger Frauen gegenüber der Lebensrealität von Männern? Wo finden Männer diesen Respekt, diese Anerkennung von Frauen?

Vielleicht denken einige Leserinnen und Leser jetzt: *Die haben sich das eben noch nicht verdient!* – Tja, interessanter Standpunkt, der da eventuell zu diesem Urteil führt. Und wahrscheinlich durchaus typisch für das allgegenwärtige Credo unserer Leistungsgesellschaft: *Verdien' Du Dir das erst mal!* – Dennoch: Es gibt sie wohl, diese Frauen. Aber sie stehen – wie die meisten

---

30 R. Steiner: „*Anthroposophischer Seelenkalender*", Dornach 1912, Spruch 28.
31 Seit drei Jahren (2021), plakatieren die Volkshochschulen in Wien folgenden Satz: „*Gleichberechtigung. – Und was, wenn Frauen mehr können?*".

Männer auch – unter einem immens hohen gesellschaftlichen Druck, geboren aus feministischem Schulterschluss und seiner Wir-zuerst-Ideologie, wie wir sie heute zumeist nur von politisch rechten Gruppierungen kennen, bzw. jenem allgegenwärtigen *„Keine Macht den Fröschen!"*

Dem „Gleichberechtigungs-Idealisten" in mir platzt in seinem späten Lebensabschnitt offenbar doch noch der gesellschaftspolitische Kragen! Soviel Ignoranz gegenüber den *„ach so bösen Männern"* auf der einen Seite, soviel Selbstherrlichkeit bzw. Selbstfraulichkeit im Umgang mit der heutigen, männlichen Verunsicherung und ihrem doofen, männlich noblen Schweigen – besser: ihrer Unfähigkeit zu reden auf der anderen. – *Aber DANN irgendwann DOCH explodieren, liebe Männer ...!?*

Diese Gesellschaft, in welcher der geforderte Identitäten-Wandel derart forciert betrieben wird – nicht primär nur *gegen Männer,* sondern auch *gegen Weiblichkeit* – läuft längst aus dem Ruder. Die Sorge ist groß, dass Kräfte auf den Plan gezwungen werden, denen wieder nichts anderes einfällt, als alte reaktionäre Machtstrukturen zu beschwören und diese auch zu re-aktivieren.

Univ.-Prof. Walter Hollstein, Professor emeritus am Institut für Geschlechter- und Generationenforschung an der Uni Bremen sowie Gutachter des Europarates für Männer- und Geschlechterfragen führt aus: *„Generell wird man bemerken müssen, dass es seit geraumer Zeit an Empathie für das männliche Geschlecht fehlt. Jungen und Männer haben, wohlgemerkt für ihre geschlechtsspezifischen Anliegen, keine Advokaten. Das gilt auch für das, was sich als Männerforschung etikettiert; letztere hat sich von Anfang an explizit als feministisch oder zumindest pro-feministisch verstanden. Entsprechend argumentiert sie nicht nur häufig an den pragmatischen Bedürfnissen der Männer vorbei, sondern nimmt auch deren vielfache Bedürftigkeit nicht wahr. Dieser Mangel befördert den Anti-Feminismus, der in den vergangenen Jahren stark aufgekommen ist."* [32] – Wollen wir das? Ich als Mann meine entschieden: NEIN! Bloß, wo bleiben die positiven Komplizen

---

32 http://m.bpb.de/apuz/144849/vom-singular-zum-plural-maennlichkeit-im-wandel .

und Komplizinnen, um gesellschaftspolitisch das Ruder doch noch herumzureißen?! [33] Ich schlage nicht zuletzt daher allen positiven Kräften im Bereich der Frauenbewegung einen einschneidenden Gesinnungswandel vor sowie die Kooperation mit der Mehrheit jener durchaus wandlungswilligen Männer. Nur so kann, wie mir scheint, ein Geschlechterkampf verhindert werden und die aktuelle Feminismus-Bewegung nicht das bereits Erreichte grob gefährden. [34]

Die neuen, nunmehr weiblichen Ton-Angeberinnen (nennen wir sie hier einfach mal „geschönt": moderne Prinzessinnen) und ihre Art von Machtverhalten – zeigen sie ein positiveres, anderes Gehabe als ihre männlichen Vorläufer? Meines Erachtens spielen sie ihre wirtschaftlich-dominierte Rolle auch nicht anders als die Männer, oft sogar noch strikter.

Heute hat der Neoliberalismus der Wirtschaft das Sagen und unter denen, welche mitspielen, werden auch fleißig die „Pfründe" geteilt. Frauen haben sich die kleinkarierte und machtbewusst aufgeplusterte Art der „Männlichkeit" nun auch auf IHRE Gender-Fahnen gemalt. Es ist m. E. das gleiche Machismo-Gehabe, um sich selbst und der Gesellschaft zu beweisen, dass *„wir es genauso gut können wie die Männer!"* Ja, das können sie! – Wem aber soll diese reaktionäre Reaktion mit umgekehrten Geschlechter-Vorzeichen denn dienen, wenn es um die Frage sozialer Gleichberechtigung gehen soll?! **(*Halt, halt, halt, Kurt! Das war doch schon den Brüdern Grimm klar: Allen Froschkönigen und ihrer Erlösung!*) – Ok. Dennoch:** *Wo sind die neuen weiblichen Werte? Wo ist ihre erneuernde, weibliche Wirkung für gesellschaftliche Entwicklung?* Sie wurde m. E. einem karrieristischen Einfluss- und Machtstreben in den Rachen geworfen. Und so entpuppen sich die neuen Machthaberinnen vom selben Geist getrieben und zumeist um nichts freier als die alten. [35]

---

33 Mittlerweile habe ich einige solche Ausnahme-Vertreterinnen kennengelernt. WOW! – Es gibt WIRKLICH ein paar wenige solcher Frauen. Gott-sei-Dank.

34 Die gegenwärtigen Entwicklungen überholen bereits das von mir Geschriebene: *„Radikalisierte junge Männer, die Frauen hassen: Die britische Regierung sieht darin eine wachsende Gefahr für die Gesellschaft."* (20.8.2024: www.zeit.de/politik/ausland/2024-08/grossbritannien-frauenhass-andrew-tate).

35 Beispiele der jüngeren Zeit sind die erste Präsidentin Südkoreas, Park Geun-hye:

Während meiner Arbeit am Buch, hörte ich in memoriam Daliah Lavi, ihren Song *„Karriere".* Im Refrain geht's um eine Männertragik: *„Karriere, so heißt der Weg zum Ziel. Karriere ist ein Gesellschaftsspiel. Karriere, das Wort hat falschen Klang. Karriere heißt manchmal Untergang."* [36] Heute teilen Männer dieses innere Gedrängt-Fühlen mit vielen Frauen, die ebenfalls alles tun, um auf den Karriere-Zug aufzuspringen, wissend, dass er nur den wenigsten Platz bieten kann.

Das Weibliche zu retten, wird heute mehr oder minder ungeniert zur Männersache erklärt?! Dass wir Männer uns weiterentwickeln müssen und endlich auch reden – das sollten wir spätestens jetzt erkannt haben! *Gelernt* aber haben wir Männer es noch keineswegs. Ja, wir dürfen dieses *Weibliche* in uns entwickeln. Es schlummert in uns einen mehr als nur *„1000-jährigen-Schlaf".*

Sehen wir es doch einmal so: *Die westlichen Männer erleben gerade ihren „gesellschaftspolitischen / kulturellen Froschkönig".* **Ja, wir haben als selbstbewusste, stets hilfsbereite *„Froschkönige"* mitgespielt, haben *„goldene Kugeln"* aus dem Brunnen geholt und *„heiße Kastanien"* – oder auch Kartoffeln – aus dem Feuer. Und Männer haben Entdeckungen gemacht und Erfindungen. Sie haben Kunststückchen aufgeführt. – Männer waren für alle Arten von Ressourcen zuständig wie auch für die Politik und Kunst. Es gibt eben materielle (mater: Frau [37]) und geistige Ebenen (mens:**

„Das Urteil: 24 Jahre Haft und 13,8 Mio Euro Strafe. Der Preis für ein Netz aus Machtmissbrauch, Korruption und Bestechung.", in: ORF/Ö1-Mittagsjournal, 6.4.2018. Ähnlich in Bangladesch. Regierungschefin, Scheich Hasina wurde auf Grund massiver Korruption aus dem Land gejagt und der Friedensnobelpreisträger Muhammad Yunis übernahm interimistisch die Regierungsgeschäfte in diesem Land (6.8.2024).

36 Aus: http://www.songtexte.com/songtext/daliah-lavi/karriere-bc8c9e2.html .

37 F. Kluge: *„Etymologisches Wörterbuch",* Berlin 1989, S. 466. Die Literatur-Nobelpreisträgerin Elfriede Jelinek hat diesen Aspekt *„materiellen Zusammenhangs"* in *„Die Liebhaberinnen",* charakterisiert: *„Brigitte muss schauen, dass sie einen Mann bekommt. Sie muss schauen, dass sie Kinder bekommt. Sie muss schauen, dass sie schöne Möbel bekommt. Dann muss sie schauen, dass sie nicht mehr arbeiten gehen muss. Dann muss sie vorher noch schauen, dass das Auto ausbezahlt ist. Dann muss sie schauen, dass sie sich jedes Jahr einen schönen Urlaub leisten können. Dann muss sie allerdings schauen, dass sie nicht durch die Finger schauen muss."*

Mensch [38]). Zum Verzweifeln, wenn man diese unterschiedlichen Ebenen und ihre andersartigen Anliegen nicht durchschauen kann. Immer auf den Geist zu setzen, lässt / ließ Männer – wie auch mich – lange Zeit zu Knechten *„im Dienste der Frauen"* mutieren – statt unseren verborgenen „inneren König" leben zu können. Aber: Es hat uns offenbar nichts gebracht. Halt! – Doch: *Wenn wir nicht daran verzweifelt sind, dann leben wir auch heute noch und sind daran vielleicht sogar gewachsen. Innerlich (?)* Für ihre Prinzessinnen aber sind die meisten von uns offenbar nicht viel mehr als diese *„Frösche"* geblieben und zahlen meist obendrein noch gern die Rechnung.

Und, ist so ein Märchenfrosch wirklich so schlimm? – Für die äußere Ebene der Lebenserfahrung, wohl ja! Gut, er war ein König. Und Könige machen eben immer ein bisschen viel *„Qua, qua!"* – Andererseits: Das tun und können Prinzessinnen oder Königinnen doch gleich gerne und zumindest gleich gut! Aber: *Frosch-ist-Frosch* und *Prinzessin-ist-Prinzessin.* – Und?! Alle leichtfertigen Versprechungen unserer Prinzessinnen und Königinnen im Gegenzug für unsere Hilfe bezüglich materieller Bedürfnisse? – Vergessen! *Arme Schweine! Arme Frösche! Keine wirkliche Rede von Gleichberechtigung.* Ja, offiziell durften wir an der Seite unserer Prinzessinnen speisen und den Vorzug genießen, im Bettchen mit ihr – oft auch gepaart mit ihrem Widerwillen, Sex zu haben. Solange bis es jeweils reichte, sie unsereins an die Wand warfen, oder – raus aus der Beziehung.

Heureka Männer, hier ist sie, die „Frohe-Botschaft-des-Froschkönig-Evangeliums": *Wir sind offensichtlich „Auserwählte der Geschichte";* Auserwählte auf diesem geschichtsträchtigen Planeten! Wir westlichen Männer haben diesen Punkt der Geschichte erreicht! PUHH! Wir werden gerade an die Wand geworfen.

Das speziell Katastrophale: *das WEIBLICHE leider zeitgleich mit uns Männern auch!* Und wie in diesem archaischen Mythos, ist es das Prinzessinnen-Bewusstsein, König-hin-König-her, welches

---

38 F. Kluge: *„Etymologisches Wörterbuch"*, Berlin 1989, S. 473.

solches zuwege bringt. Mitgefühl ...? Skrupel ...? Commitment ...? - Gibt's wirklich keinen zeitgemäßeren Umgang bezüglich der Not-wendung solcher Wandlung?

Ken Wilber *„Nur die Vernunft kann das Mythische von seiner konkreten Wörtlichkeit ‚erlösen'. ... Wollten wir dieses niedrigere Weltbild aktivieren, wäre das ein krasser Fall von Regression."* [39]

Ja, dieses unfassbare Männer-Dasein! - Hier geht's entweder zum Wahnsinn oder zur Erleuchtung / Erlösung. ... Nicht alle von uns sind ja vermutlich auserwählt (?) Eine weitere bittere Wahrheit. Aber dann im nächsten Leben - vielleicht ja als Frau wiedergeboren. (BITTE, bitte in UNSERER Kultur! Schließlich haben wir ja auch in DIESER Kultur so ausdauernd mitgespielt!

Wie immer in Zeitlupe, können wir in unserer geschichtlichen Dimension in aller Muße die Details jenes ungewollten, männlich-froschköniglichen Abflugs - auch schon vor dem Aufprall - erkennen und gerade studieren: Das schiefe Unterkiefer von der mindestens seelischen - „Watschn" (Ohrfeige), die unseren offenen Mund verzerrt, die Flüssigkeitstropfen, die es uns aus den weit aufgerissenen, ungläubigen Augen treibt. Der fassungslose Blick, die körperliche Starre und Angst, die uns gerade gehörig die Sprache verschlägt und - verstummen lässt. Ja, wir Männer HABEN AUCH Angst vor dem Aufprall! Und wir tun alles Mögliche (meist Sinnlose), zur Vermeidung. Schmerzhaft wird es wohl allemal - auch seelisch. Sinnlos, das vertuschen zu wollen (Das kann doch jeder Mann verstehen - vielleicht auch manche Frau?). Es ist eben doch heftig, von der Geliebten an die Wand geworfen zu werden.

Wie wird der Aufprall werden?! Was werden wir erleben? Werden unserer Prinzessin dann *„die Augen aufgehen"*? Im Gegensatz zum Prinzessinnen-Bewusstsein ahnen wir wohl: Das ist zwar unser Ende - aber wie jedes Ende, m ö g l i c h e r w e i s e auch unser strahlender Neubeginn auf menschlicher Ebene. Wir, im Flug, geohrfeigt, ungläubig, verwirrt. Unerkannt und ungeliebt eben. *„Und wenn sie nicht gestorben sind, leben sie noch heute."*

---

39 K. Wilber: *„Eros, Kosmos, Logos"*, Frankfurt / Main 1996, S. 296.

So satirsch die obige Darstellung eventuell anmutet, sie hat vermutlich mehr mit der Realität zu tun, als manchem lieb sein will. Ich selbst kann durchaus demütig von mir sagen, diese Transformations-Phase und einige seiner „Back-Flashs" bereits erlebt und durchlebt zu haben. Dies ermöglichte mir, mich als „wahrer König" zu erkennen – und anzuerkennen.

Auch als dieser wahre König mache ich immer wieder mal, in guter alter Manier, mein „Qua-Qua", wenn auch auf höherem Niveau. Interessant Amigos ist es allemal, die „Zeichen der Zeit" zu orten, das Große Ganze aus dieser Perspektive zu betrachten, das Leben meiner eigenen Kinder, meine Königin sowie die feministischen Prinzessinnen / Königinnen und all die goldenen Bälle. – Nice!

Andererseits: Kann dem (Frosch-)Mann wirklich nicht anders geholfen werden, als derart sagenhaft unfair mit seiner Ungestalt umzugehen wie bei den Grimms? Das wäre echt grimmig! Kann ihm wirklich nichts Besseres passieren als auf derart brutal-emotionale Weise wieder erlöst zu werden, um seine (Märchenprinz-)Gestalt wiederzuerlangen? Oder aber ist doch eher Mitgefühl angesagt und Fairness gegenüber diesen *„von-wem-immer-Verwunschenen"* Männern in unserer Gesellschaft – mit jenen laut Barbara Schweders matriarchaler Sicht *„Konstruktionen im Dienste der Frauen"* [40]? In meinen Augen ist das, wenn schon keine „Ver-Hexung", so doch eine „Ver-Hetzung", für die Mitläufer(innen)schaft.

Wer in der Gesellschaft könnte Interesse an einer derartigen Verzauberung des Mannes (dieses einstmals angesehenen *„Geschöpfs im Dienste des Lebens"* – ein anderes Zitat [41]) haben ...?

Froschkönige aller Welt, vereinigt euch! Die Großwetterlage ist günstig – und die Sterne leuchten hell und klar. ☺

---

40 Zitat von B. Schweder: *„Wie Frauen Männer gegen ihren Willen."* 2003, S. 223.

41 *„Die Frau ist das Leben, und der Mann ist der Diener des Lebens."* J. Campbell und B. Moyers, in: *„The Power of Myth",* New York 1988.

Fragen zur Plausibilität angeführter Aspekte in diesem Kapitel:

1.) Ich wünsche mir ebenfalls die Stärkung des *Weiblichen* – als ausgleichendes, qualitatives Korrektiv im Zwischenmenschlichen. Weiter anerkenne ich die angeführten Argumente bezüglich des im Buch so benannten *„sozialen Klimawandels"*. Aufgrund der genannten Hinweise teile ich die Sorge, dass das *Weibliche* in unserer westlichen Kultur im Begriff ist, verloren zu gehen.

O	O	O	O	O
sehr	überwiegend	durchschnittlich	wenig	gar nicht

2.) Dass der Feminismus das *„Feminine"* ablehnt und zurückdrängt, scheint mir real. Auch dass die Welt der Weiblichkeit und jene der Männer radikale Veränderung erfahren, ist wahr. Ich kann verstehen, dass Männer mit dem Slogan *„Die Zukunft ist weiblich!"* oder auch mit der Zuschreibung eines *„Feminismus für alle!"* nicht übereinstimmen, auch wenn dies möglicherweise von einigen Vertreterinnen des Feminismus nur „gut gemeint" war / ist.

O	O	O	O	O
sehr	überwiegend	durchschnittlich	wenig	gar nicht

3.) Vor die Wahl gestellt, auf den märchenhaften Männer-Erlösungsmythos des *„Froschkönig-Evangeliums"* zu vertrauen versus einer aufgeklärten Form zwischenmenschlicher Sozialität und Gleichberechtigung, entscheide ich mich eindeutig für die zweite Variante. Auch wenn ich weiß, dass das zunächst schmerzlich werden kann.

O	O	O	O	O
sehr	überwiegend	durchschnittlich	wenig	gar nicht

Punkte: sehr = 5; überwiegend = 4; durchschnittlich = 3; wenig = 2; gar nicht = 1

Ihre persönliche Auswertung / durchschnittlicher Punktewert:

Kapitel 4:
Kontrolle *versus* Intimität

Der Froschkönig (Fortsetzung 4)

„Der Frosch, als er die Zusage erhalten hatte, tauchte seinen Kopf unter, sank hinab und über ein Weilchen kam er wieder herauf gerudert, hatte die Kugel im Maul und warf sie ins Gras. Die Königstochter war voll Freude, als sie ihr schönes Spielwerk wieder erblickte, hob es auf und sprang damit fort. ‚Warte, warte,' rief der Frosch, ‚nimm mich mit, ich kann nicht so laufen wie du.' Aber was half ihm, dass er ihr sein Quak Quak so laut nachschrie als er konnte! Sie hörte nicht darauf, eilte nach Haus"[1] (Fortsetzung folgt)

Männer im Dienst fürs Leben. – Wie macht man sie sich zu eigen?

Die Professorin für Rechtsphilosophie und Legal Gender Studies sowie Vorständin des Instituts für Rechtsphilosophie an der Uni Wien, Elisabeth Holzleithner, schreibt, zum Thema *„Kontrolle behalten"* – anhand des Motiv-Konflikts der Protagonistin „Mrs. Robinson" – im Film *„Die Reifeprüfung"*: *„Dieser Wunsch, die Kontrolle zu behalten, hat sich von vorne herein gespießt mit einer echten Intimität. Ich denke, dass sie sich Benjamin ausgesucht hat, weil er ihr so formbar erschien, weil sie sich wohl erwartet hat, dass es ihr gelingen würde, die Kontrolle zu behalten."*[2] Spiegelt sich dieses Bedürfnis, die Kontrolle zu behalten, wie im Film angesprochen, vielleicht auch in der feministischen Idee, dass Frauen *„die Chefinnen in der Firma Beziehung"*[3] seien? Und: Hat das Bedürfnis die Kontrolle zu behalten gar mit der vom Feminismus lancierten Idealvorstellung des *„feministischen Mannes"* in einer ideologisch gedachten *„feministischen Gesellschaft"* zu tun? – Ja, stellt dies vielleicht nichts

---

1 Aus: *„Der Froschkönig"* (auch: *„Der eiserne Heinrich"*), Märchen der Gebrüder Grimm. Online: www.internet-maerchen.de/maerchen/froschkoenig.htm .

2 E. Holzleithner, Interview in: *„Die Reifeprüfung"*; ORF/Ö1-*Radiokolleg*, 1.3.2017, von: S. Nikolay.

3 B. Schweder: *„Frauen fühlen anders. Männer auch"*, Wien 2012, S. 83 sowie B. Schweder / S. Riedl: *„Wie Frauen Männer gegen ihren Willen glücklich machen."* Wien 2003, S. 15, S. 13.

anderes dar als den Versuch, in einer Gesellschaft der Zukunft im Bereich Beziehung Kontrolle zu gewährleisten? Welches wesentlichen Stellenwerts aber wird die reale Intimität in der Partnerschaft, bei solcher Inkaufnahme des Verlusts an Hingabe beraubt – anstatt Gleichberechtigung, Vertrauen und Commitment zwischen den Geschlechtern als Chance zu ermöglichen?

Was Männer von einer auf diese Weise apostrophierten Daseinsberechtigung ihres Geschlechts (*Konstrukt im Dienste der Frauen*) inklusive Kontrolle, halten, ist teilweise nur schwer zu sagen. Sie leiden darunter und leben doch danach. *Warum?*

Vieles spricht meiner Ansicht nach dafür, dass Männer von der Natur ebenso als Gebende gedacht sind, wie Frauen auch – nur ganz anders: Frauen dazu, dem Leben und dem Überleben existenziell zu dienen, indem sie Kinder gebären können und erziehen: *Männer, indem sie Schutz und Ressourcen in einer Art Vater-Hülle – als Väter – zur Verfügung stellen. Human Resources (ein grässliches Wort, aber sehr anschaulich, daher verwende ich es hier) ihre Erziehung und Pflege auf der einen Seite und alltägliche Ressourcen und Schutz auf der anderen.* Um das zu erfüllen wurde gestorben, gekämpft und gedient.

Beide Geschlechter **sind als Gebende, als *das Leben Hingebende,*** über Jahrmillionen innerlich geprägt, epigenetisch und somit auch gesellschaftlich, und leben nach einer sehr ähnlichen Überzeugung – wenn auch mit gravierenden Unterschieden, wie ich meine. In jedem Fall scheiden sich die Wertschätzungsgeister, ob man(n) / frau als *dienende Person* gemeint ist, oder als *dienendes Konstrukt* gesehen wird, wie dies von der zitierten Soziologin Schweder dargestellt wurde. So wird Würde abgespochen immerhin „*Person*" zu sein. So etwas aber spürt man sowohl als Frau wie auch als Mann. Vor allem, wenn man(n) sich vom Gegenüber kontrolliert fühlt und für alles und jedes Rechenschaft abzugeben hat. Wirkliche Intimität ist so, auf *beiden* Seiten der Geschlechter, nicht möglich. **Sollten Sie die Loriot-Satire „*Ich will nur sitzen*" noch nicht kennen (auf Youtube!), wäre das HIER wohl ein passender Anlass dazu.** ☺

Öffnen können sich Menschen nur, wenn sie erleben, dass SIE es sind, die gemeint sind. Nicht primär ihre Funktion als Mutter oder Vater, nicht ihr Geld, nicht ihr „Ja-Sagen". Das gilt natürlich für beide Geschlechter und somit auch für Männer. *Sex ist nicht Intimität!* (Die meisten) Frauen wissen darum. Und auch Männer werden Intimität als etwas zutiefst Seelisches begreifen lernen dürfen. – Es geht heute somit auf beiden Geschlechterseiten sowohl um *Selbstcommitment* als auch um Bereitschaft zu echtem Commitment *zur Person* visavis.

Irgendwann braucht es dieses JA zur eigenen Person sowohl *beim* Mann – wie auch zur fremden Person: *zum* Mann. Steve Biddulph schreibt: „*Tatsächlich geschieht mit vielen Männern nach der Heirat etwas Fürchterliches. In einem Interview beschrieb mir eine sensible, geistig wache und verheiratete Frau die Männer in ihrer Nachbarschaft so: ,Sie sind alle so passiv. Offenbar hassen sie ihre Frauen, diese Typen wirken irgendwie scheintot.' ... Ehefrauen, die mit mir allein über ihre Männer sprechen, geben häufig Kommentare von sich wie: ,Er benimmt sich wie ein Säugling.' ,Er ist so abhängig von mir, dass es mir schon Angst macht.' ,Er macht nichts mehr für sich selbst.' ,Er ist ständig nur zu Hause und steht im Weg herum. Ich wünschte, er hätte ein paar mehr Freunde.' Viele dieser Ehemänner fragen ihre Frauen um Erlaubnis, wenn sie alleine etwas unternehmen möchten. Spricht man mit ihnen über die positiven Aspekte ihrer Ehe, sagen sie häufig Dinge wie: ,Ich kann auch öfter mal was allein unternehmen, ohne dass sie mir ständig im Nacken sitzt, wie das bei vielen anderen Ehefrauen der Fall ist, die ich kenne.' Im Grunde weisen solche Männer ihrer Frau die Rolle einer Erlaubnis-Erteilerin, also der Mutter zu.* [4]

Wo Männer nicht in dieses depressive Verhalten rutschen, mimen viele von ihnen aus Sorge vor der Dominanz ihrer Frauen etwas, was ich als „*vorgebliche (Schein-)Autonomie*" bezeichnen würde oder verfallen in eine *zur Schau gestellte Dominanz*.

Stellen wir uns nochmals der Frage: *Wieso diese Hierarchie-Sicht nunmehr von Frauenseite formulieren, so wie die Soziologin*

---

4 S. Biddulph: „*Männer auf der Suche – Sieben Schritte zur Befreiung*", München 2001, S. 114f.

Schweder, zu einer Zeit, in der zumindest äußerlich betrachtet, stets „Augenhöhe-und-Gleichberechtigung" als gesellschaftspolitische Stoßrichtung und entwicklungsimmanente Notwendigkeit von Gender-, Feminismus- und Emanzipationsbewegung eingefordert werden? Das zuvor Zitierte macht doch auch in höchstem Maß angreifbar bezüglich der Glaubwürdigkeit und Seriosität, wirklich für Gleichberechtigung BEIDER Geschlechter in der Gesellschaft einzutreten und nicht für ein Strategie-Programm der „Pseudo-Gleichberechtigung" unter dem Diktat von Frauen.

Ist das Gesagte also purer Revanchismus, eine sogenannte Retourkutsche, etwas mit Vorbedacht verletzend Gemeintes, eine Bosheit – oder doch „nur" eine soziologisch tiefsitzende, weibliche Überzeugung? *Ja, es könnte sich dabei eventuell um die „Ur-Mutter" aller Überzeugungen weiblicher Matriarchate handeln, den geschlechtstypischen Mythos sozusagen sowie das ideologische Fundament.* – Jede(r) kann sich vermutlich das dementsprechend männliche Pendant dazu ausmalen. Es ist jene Überzeugung, welche die patriarchalen Strukturen erschaffen hat: *Männer sind größer und stärker, daher sind SIE die Chefs und Frauen nur biologische Konstruktionen im Dienst von Männern.*

Soweit also die vermutliche Kehrseite, sozusagen der Mythos und „Großvater" aller Überzeugungen männlicher Patriarchats-Ansprüche. – Hier meine Frage an Sie liebe Leserinnen: *Liebe Frauen, wie geht es Ihnen mit dieser Männersicht-Kehrseite der Medaille?* – *Spüren Sie mal hin* ... Dann spüren Sie vermutlich gerade und ahnen, wie es den Männern mit eben der Kehrseite dieser Kehrseite geht: nämlich genauso mies! Mythen zu ändern ist anspruchsvoll. Fairerweise gehören BEIDE gewandelt.

Das Dilemma im radikalen Feminismus: *Erfolg versus Einsamkeit*

Mir wurde einmal – von einem Mann – eine lebensentscheidende Sache klar gemacht. Er sagte mir damals: *„Kurt, Du kannst Dich entscheiden, entweder Du willst Recht haben, oder Du willst glücklich sein. Beides geht nicht."* – Wenn Gegnerschaft, Konkurrenz sowie Selbstbehauptung dominieren, dann ist das, was im Feld dieser Gegnerschaft strömt, angespannt und ohne Hingabe. Liebe kann zwischen Partnern nicht *sein*, nicht strömen. Nicht zwischen Mann und Frau / Frau und Mann (und, so vermute ich: auch nicht zwischen Mann und Mann / Frau und Frau). Im Reich der Konkurrenz gilt im besten Fall Respekt und „Achtung", und das darf man(n) / frau, durchaus im wörtlichen Sinn nehmen: *„Achtung. – Gib acht!"* In einem Klima des ständigen „Auf-der-Hut-Seins" wird keine(r) sich WIRKICH hingeben können. Nähe wird vermieden. Da herrscht / frauscht im besten Fall ein etablierter Waffenstillstand im latenten Kampf um bessere Positionen.

Jeder Mann weiß um die Köstlichkeit zu „geben", zu schenken: seinen ganzen Einsatz, seine ganze Liebe, letztlich sich selbst. – Und wohl auch manche Frau, hat schon die Köstlichkeit der „Hingabe" erfahren oder kennt zumindest die Sehnsucht, sich hinzugeben, ganze in Liebe aufzugehen. Im Weg steht immer die Angst: *„Angst gegen Liebe"* heißt das Schisma [5]. Angst gegen Nähe, gegen Hingabe. Angst gegen Gemeinsamkeit, gegen „Zusammengehören". Die Angst sich zu verlieren. Menschen, die in sich ruhen, kennen solche Angst nicht. Viele von uns aber ruhen nicht in sich selbst. Dies weiterzuentwickeln, dabei können Mann und Frau wieder beginnen einander zu unterstützen, zu bereichern, liebend „zugehörig zu sein".

Wenn dieses *„Ich gehöre zu Dir / Du gehörst zu mir* geklärt ist, dann kann die Liebe das Sagen haben. Wo allerdings jeder nur auf sein / ihr Recht schaut, ist der Blick nicht frei, auf einander zu schauen. Es gilt, eine für jedes Paar „gemeinsame Geschichte" zu schreiben! Eine vom radikalen Feminismus gezeichnete Geschichte wird aber per se keine gemeinsame sein, ebenso wenig wie eine vom Matriarchat, Patriarchat oder auch vom Maskulinismus geschriebene.

Wer das nicht verstehen will, hat etwas anderes vor als eine Liebesbeziehung zu führen. So jemand wird vielleicht erfolgreich sein und gewinnen, letztlich aber wird er / sie vereinsamen. Männer, so meine ich, kennen das schon. Frauen sind gerade drauf und dran auch das von den Männern zu übernehmen. Oder lassen Sie es mich neutraler schreiben: das ebenfalls *vom Leben zu lernen*.

---

5 Siehe: https://de.wikipedia.org/wiki/Schisma .

Wem es ums *Recht haben* geht, der wird nicht groß glücklich sein können. Und da liegt auch das Dilemma, das der heutige Feminismus, wohl aber auch bereits die *übergriffige Besserwisserin* [6] selbst, für Frauen bietet. Dasselbe gilt vice versa, nur sind es auf dieser Seite der Machismo und der *übergriffige Gewalttäter.* Worum es heute geht, das ist die Bereitschaft zur freien „Zugehörigkeit", ohne gegenseitige Abhängigkeiten und Nöte. – Commitment *über* die reine „Aufzuchtsituation" hinaus. Sonst degradieren Frauen und Männer einander auf *„Zeugungsfähige"* – versus *„Gebärfähig-Erziehende".* Und das war's dann. Erst JENSEITS davon aber liegt „gemeinsam", sind *„Geben"* oder *„Hin-Geben"* ein Leichtes.

Entscheiden. – Oder: (dem Leben) Sinn geben

Frühere Generationen von Müttern erlebten ihre Kinder wohl als das Sinnstiftendste und Wichtigste in ihrem Leben. Dies wurde hormonell durch Dopamin- und Oxytocin-Ausschüttung in Folge vieler Stillphasen bewirkt, im Endeffekt jedenfalls aus psychischen Gründen sowie in Ermangelung anderer als jener versorgenden und erzieherischen Aufgaben. Das hat sich durch die Ausbildungssituation der Frauen in dieser Kultur entschieden geändert. Sie werden es sich selbst danken, sicher aber werden es ihnen auch die erwachsenen Kinder danken, denn Bemuttern aus anderweitigem, eigenem Sinn-Mangel, stellt eben doch einen steten Übergriff dar.

Im Gegenzug sahen frühere Generationen von Männern es als das Sinnstiftendste und Wichtigste im Leben an, für ihren Clan, ihre Familie, ihre Frauen zu sorgen. Auch dies wurde wohl hormonell unterstützt, jedenfalls aber aus psychischen Gründen heraus gewollt. So zeigt sich in dokumentierten Interviews aus dem Bereich soziologischer Forschung bezüglich Männern und Frauen in langjährigen Beziehungen, Charakteristisches zum Thema. Auf die Frage, *was ihnen das Wichtigste im Leben sei,* fiel heutigen Frauen im Interview ganz vieles und Unterschiedliches ein, was sie engagiert erzählten. Von Männern

---

6 Inwiefern dies evolutiv durchaus auch wichtig ist und wie es sich sozial integer weiterentwickeln kann: Kap. 5 Alte Machtverhältnisse und ihre Überwindung.

aber hörte man meist das bekannte Stereotyp: *„Sie, meine Frau."* Und das selbst in Partnerschaften, in denen man sich kaum noch etwas zu sagen hatte. Barabara Schweder unterstreicht diese Beobachtung: *„Doch dann bei dem Wichtigsten in seinem Leben stand doch etwas. Es war nur ein Wort: sie."* [7] Diese Hoffnung stirbt für Männer offenbar zuletzt. Auch ich kenne das aus meinen früheren Lebenszusammenhängen.

Hier etwas, was eine „ungeniert Bescheid-wissende Frau" – eine Prostituierte – erzählt: *„Das ist eine tiefe, archetypische Sehnsucht im Mann. Die Männer könnte nichts glücklicher machen, als wenn ich eine halbe Stunde wirklich durch sie leuchte ..."* [8] Wie viele Männer aber erleben so etwas hingebungsvoll Schönes bei, an und von ihrer Liebsten? – Ja, ich erlebe so etwas Schönes mittlerweile in meinem Leben, aber ich bin dafür wohl kaum repräsentativ. Und so frage ich Sie an dieser Stelle wieder, liebe Leserin, lieber Leser: *Wie fühlt sich diese männliche Sehnsucht für Sie an? Können Sie diese nicht als interpretierte Forderung, sondern als freudige Hinwendung fühlen? – Wie viel Schönes kann dann für beide Seiten darin liegen? – „Love is the answer"* sang John Lennon in einem Song. [9] Er hat Recht.

Das eben beschriebene Phänomen könnte darauf zurückzuführen sein, dass Männer tiefer in ihrem Leib stecken, ihn mehr durchdringen, physiologisch irdischer sind und sich damit von der großen Einheit des Lebens abgetrennter fühlen, isolierter, mehr bei sich. Dieses stärkere Gefühl ein In-Dividuum zu sein, nicht mehr wirklich mit allem anderen verbunden zu sein, kann eine gefühlt stärkere Not(wendigkeit) bis Abhängigkeit erzeugen, ALLES zu unternehmen, um irgendwie DOCH auch dazuzugehören. Das Leuchten in den Augen seiner Frau kann einem Mann davon erzählen, dass er doch dazu gehört.

Dies zumindest ist meine Idee dazu und sie hat neben eigenen persönlichen Erlebnissen natürlich auch noch andere Gründe.

---

7   B. Schweder / S. Riedl: *„Wie Frauen Männer gegen ihren Willen ..."*, 2003, S. 17.
8   T. Bäuerlein: *„Wir verschießen ständig Potenzial"*. Aus: https://krautreporter. de/71--wir-verschiessen-standig-potenzial; 4.11.2014.
9   J. Lennon, Zitat aus dem Song *„Mind Games"* (1973).

So hatte ich einmal ein sehr beeindruckendes, verstörendes, aber auch erhellendes Erlebnis mit einer Frau, das ich hier teilen will: Sie hatte mir schon früher mal – vor dem Erlebnis, das ich hier schildern werde – erzählt, dass sie immer wieder einmal *„aus-ihrem-Körper-gehe"*. Sie sei dann nicht mehr imstande ihn zu ergreifen, sondern wäre in gewisser Weise wie gelähmt. Man müsse dann ihre Arme nehmen und sie überkreuz aufeinanderschlagen, das helfe. Einige Monate später – es ging ihr gerade besonders gut, wir waren zwar kein Paar, aber irgendwie doch zusammen – standen wir mitten auf einem Platz in Hannover. Wir standen uns gegenüber. Sie sah mich an, während ihre Stimme beim Reden immer höher, höher und höher wurde, bis nichts mehr aus ihrem Mund kam. Ihre Augen hatten sich geweitet und ihre Stimme war plötzlich unhörbar geworden, während sich ihre Lippen noch weiterbewegten. So stand sie da, mir gegenüber und mit starren Augen. Ich nahm entschlossen ihre Arme, kreuzte sie und schlug sie kräftig auf einander. Innerhalb weniger Augenblicke kam die Stimme wieder zurück, zunächst ganz hoch und sehr leise, dann immer tiefer, fester und klarer.

Was mir dieses Erlebnis verdeutlichte? Da (fast) alle Männer tiefere Stimmen haben, könnte das ein Hinweis darauf sein, dass sich an ihrer geschlechtsspezifischen Eigenschaft der tieferen Stimme auch eine physiologisch-seelische Entsprechung und Konstitution ablesen lässt. Männer sind mehr im Körper verankert – mit allen Vor- und Nachteilen.

Ein Krankheitsphänomen, welches in diese Richtung zielt: das signifikant größere Auftreten von „Autismus"[10], diese seelische Isoliertheit; sie tritt bei Männern weit häufiger auf als bei Frauen. Dieses „tief-inkarniert-Sein" ist ein eventuell naturgewollter, entwicklungsgeschichtlich-evolutiver Vorteil, aber sicherlich auch ein individuell betrachteter Nachteil für uns Männer: *Es*

---

[10] *„Ihren Ansatz nennen die Wissenschaftler aus Cambridge ,extreme male brain'- Theorie. – Autisten sind gewissermaßen besonders männlich. Die These könne auch erklären, warum weibliche Autisten viel seltener seien, so die Forscher."* (http:// www.spiegel.de/wissenschaft/mensch/geschlechtsunterschiede-forscher-halten-autismus-fuer-extreme-form-von-maennlichkeit-a-383240.html).

ist das höhere Maß an Eigenständigkeit im Positiven versus das größere Bedürfnis um Zugehörigkeit zur Gemeinschaft sowie die Bereitschaft dafür (fast) alles einzusetzen und zu geben. [11] Für Frauen birgt dies einen naturgewollten, entwicklungsgeschichtlich-evolutiven Vorteil, aber ebenso auch eine zwischenmenschliche Herausforderung: Die individuelle Schwelle, sich absichtsvoll, aktiv mit der *„eigenartigen-Welt-des-Partners"* zu verbinden, war bislang ungleich größer als aufseiten der Männer.

Damit ist nicht die Mutterliebe zu eigenen Kinder gemeint (*„Die Kinder, das bin ich!"* [12]), oder die Liebe zu Anverwandten – sondern alles *jenseits* davon. Dies deshalb, weil sie aus ihrer Art natürlicher Egozentrik viel mehr so empfindet: *Zugehörigkeit? Ok ...??? Ich GEHÖRE doch allemal dazu!* Natur-bedingte, durch Hormone bestimmte weibliche Zugehörigkeit da zu sein (für das Ihre, die Ihren), die gibt es natürlich sehr wohl. – Ein kulturbestimmter, *individualistischer* Schritt darüber hinaus – vielleicht ist es heute bald so weit ... Er steht meiner Auffassung nach jedenfalls an. Aus keinem anderen Grund als aus der Liebe und Notwendigkeit einer zukünftigen Beziehungsgestaltung heraus. Einer Gestaltung, die heute einer naturgegebenen Existentialität und Selbstverständlichkeit entwachsen ist.

Mittlerweile wurde ich als Mann gwiefter und fragte stets vorne weg, als es mir um Paarbeziehung und Partnerschaftlichkeit geht: *„Möchtest Du DEIN Leben mit mir teilen, oder DAS Leben?"* Eine, wie ich finde, sehr spannende Frage, die vieles bereits im Vorfeld klärt, so die Bereitschaft zur Ehrlichkeit gegeben ist.

Es heißt, Frauen hätten die Möglichkeit, Männer zu *„besseren Menschen"* zu machen und ihre Spiritualität zu fördern. Das kann (nur) sein, wenn diese Frauen zu ihrer Liebe, Achtsamkeit und Wertschätzung Zugang finden. Sie können ihre Männer nämlich ebenso zu *verbitterten Kasperln* machen, wenn das nicht der Fall ist.

Doch auch Zweiteres geht nur, wenn Männer dabei „mitspielen". – Ich weiß darum, dass Männer durch ihr Bedürfnis

---

11 P. Allen / S. Harmon: *„Kein Mann für eine Nacht"*, S. 136f.
12 Das sagte die Mutter meiner Kinder im Scheidungs-Zusammenhang zu mir.

dazuzugehören leider sehr leicht in solch einen Notwendigkeits-Strudel geraten können. Männer werden / fühlen sich erst durch die Liebe einer Frau ganz. Das wissen Männer. Für dieses Erleben von Ganzheit öffnen sie sich mit ihrer Tiefe und werden – wenn es gelingt – gefühlvoll, verletzlich und vertraulich. Ich habe beides erlebt, denn: **Mein Wachsen / mein Leben sucht solche Ganzheit, solches „Zueinanderstehen" mit meiner Frau. Dafür gebe ich mich auf meine Weise hin – mit dem Risiko „übrigzubleiben".**

Und viele „bleiben übrig". Wie bitter, wenn Hirn und Herz (vieler) Frauen zwar theoretisch den Weg *„vom Ich zum Du zum Wir"* kennen, im Alltag einer echten Partnerschaft jedoch nicht wirklich wagen, die Kurve zur Gemeinsamkeit zu nehmen ...

Aber auch Männer können Frauen zu *„besseren Menschen"* machen, wenn sie bereit sind, sich zu ihrer Klarheit, Präsenz und echten Größe zu bekennen.

Bemuttern und Recht-haben

Das folgende Zitat stammt von Judith Rakers, langjährige „Tagesthemen"-Fernsehsprecherin der ARD. Ihre Ehe mit Andreas Pfaff, wurde nunmehr geschieden. Noch vor wenigen Jahren sprach sie in einem Artikel der „Bunten" über die Hintergründe ihres Eheglücks mit ihrem Mann: *„Ich gebe ihm das Gefühl, dass er das möchte, was ich will. Das ist die Magie, die jede Frau im täglichen Leben anwendet."* [13]

Das ist es, was man(n) / frau als „Erziehen" bezeichnet. Erziehen gepaart mit einer durchaus „erziehungsbegabten Strategie", um Widerstände beim Gegenüber möglichst zu vermeiden. Einige Frauen sind sich ihrer Strategie also vollbewusst und setzen sie auch so ein. Andererseits: Könnte es DENNOCH sein, dass die meisten Frauen nichts von ihren steten Um-Erziehungsprozessen an ihren Männern bemerken können, bemerken wollen? In jedem Fall braucht es nicht verwundern, wenn sich viele Männer irgendwann – trotz aller Liebe – unfrei und bevormundet bis bemuttert vorkommen.

---

13 J. Rakers zitiert in: *„Ehe-Aus!"*, von Bea Swietczak / Stephanie Göttmann: in: ‚Bunte Illustrierte, 43/2017, S. 30f.

Männer spüren das irgendwann und durchschauen, mehr – oder minder bewusst –, was da abläuft. Spätestens dann gibt es Widerstand, zumindest den Versuch dazu. Einmal erkannt wird es dann wohl für Männer und Frauen eng. Für Frauen, weil es nun nicht mehr nur einseitig *ihre* Lebensentscheidungen sind, die das gemeinsame Leben bestimmen. **Und für ihre Männer, weil sie nun beginnen (müssten), gegenüber ihren Frauen auf ihrem Anteil an Mitentscheidung zu bestehen oder mit ihnen um die Erfüllung gegenseitiger Bedürfnisse zu streiten oder zu konkurrieren. Wo dies nicht gelingt – und viele Männer können und wollen das nicht, weil sie meinen, dabei nur verlieren zu können [14] –, macht sich Desillusion und Depression breit. Oder sie brechen aus der Beziehung aus und suchen anderswo *„Gefolgsleute im Dienste des Lebens"* zu sein – männlich *„Gebende"*, was wohl zu Verletzungen bei ihren Frauen führt.**

Hier muss von den Akteuren ein neues Bewusstseinswerkzeug entwickelt werden. – *Liebe bedeutet eben, einen Raum zu schaffen, wo Veränderung stattfinden kann.* Gelingt dies nicht, so meint dies heutzutage in den überwiegenden Fällen: sich mit der drohenden Scheidung anfreunden.

Die bekannte amerikanische Psychotherapeutin und Buchautorin Dr.[in] Patricia Allen schriebt in diesem Zusammenhang: *„Durchaus gesund ist es, wenn eine Mutter ihre Kinder mehr als sich selbst liebt, solange sie noch klein sind. Wenn die Kinder älter werden, tut sie dann jedoch gut daran, wenn sie sich allmählich wieder auf ihre Selbstbezogenheit besinnt. Wenn Sie an Ihre Kindheit zurückdenken und Ihre Mutter die Gebende, Beschützende und diejenige war, die ihre Familie verwöhnte, so sehen Sie eine Person, die vergaß, zu ihrem Frausein zurückzukehren, nachdem sie ihre Babys großgezogen hatte. Bemuttern ist eine tödliche Krankheit, wenn damit auch vor kerngesunden Personen nicht Halt gemacht wird, die über Fünf sind und selbst zurecht kommen. Frauen, die ihre Ehemänner bemuttern, vertreiben ihre Männer entweder schließlich, oder sie unterjochen sie*

---

14 Männer haben in der Evolution nicht gelernt mit Frauen zu konkurrieren, sondern lediglich mit anderen Männern. Das schafft für sie heute krasse Folgen!

in eine Abhängigkeit, so dass sie am Ende nicht mehr alleine zurecht kommen." [15]

Bevormundung mag in der Liebe zu eigenen Kindern seine Berechtigung haben, aber weder für erwachsene Frauen gegenüber ihren Männern noch umgekehrt, wie es dann versuchsweise im dekadenten Patriarchat gehandhabt wurde. (*In der klassischen Form des Patriarchats haben Männer jedenfalls mit Männern um die Vorherrschaft konkurriert und nicht mit Frauen.*)

Als die Frauen noch wenig anderes gelernt hatten –, um sich zu erkennen und zu beweisen – als Erziehen, wird es wohl das gesamte Umfeld schwer gehabt haben, auch die Männer. (**Vielleicht gehen arabische Männer ja auch deshalb rituell vorne weg, einfach um klarzustellen, dass SIE sich selbst jedenfalls nicht zur Schar der zu Erziehenden zählen lassen wollen.**)

Sie kennen den Spruch: „*Männer wollen immer nur das Eine!*" Ganz abgesehen davon, dass ich jedenfalls das von mir so nicht kenne, stimmt es sicher, dass Männer „das EINE" wollen. Und je mehr ein Mann noch diese Stimme seines Naturerbes in sich vernimmt, um so mehr wollen sie „das Eine".

Für das „*Gene-Streuen*" waren Männer von der Natur gedacht, damit Fortpflanzungs-Vielfalt möglich wurde. Kein Grund also für Verachtung. Jeder Mann steht in seiner diesbezüglichen Entwicklung anderswo. Entsprechend wie Frauen bezüglich *ihres* Natur-Erbes *Mutterschaft* jede woanders steht. Einige wollen auch heute noch viele Kinder, andere nur noch bescheidene zwei – oder gar keine.

Vor vielen Jahren, als immerhin 40-Jährigen, überraschte mich einstmals der Bekannte meiner Freundin nach einer unter uns allen im privaten Bereich ausgetragenen Diskussion mit seiner Freundin – er hatte nachgegeben –, mit den gespielt trotzigen Worten: „*Du weißt ja, Frauen wollen immer nur das EINE.*" – „*Was ‚DAS EINE'?*" fragte ich überrascht, ob der Wendung des Geschehens. – „*Naja, uns Männer erziehen!*" antwortete er augenzwinkernd. ☺ Und DAS ist wohl ebenso die Stimme IHRES *weiblichen* Natur-Erbes, die sie

---

15 P. Allen / S. Harmon: „*Kein Mann für eine Nacht.*" Hamburg 1994, S. 62f.

in sich vernehmen. Denn für die Frauen ging es schon immer und zeitlebens darum, sich jene Art von männlicher Unterstützung zu schaffen, dass sich ihnen das Gefühl von geschützter Mutterschaft eröffnet. *Ein Aspekt – zwei unterschiedliche geschlechtertypische Aufgaben und Bedürfnisse.* **(Wir werden wie gesagt im nächsten Kapitel nochmals darauf zurückzukommen.)**

Solange beide Geschlechter bereit sind, sich an die wesentlichen, vereinbarten Grundregeln innerhalb einer Beziehung zu halten – und die schließen die Freiwilligkeit und Freiheit des / der Anderen ein –, meine ich, dass alles das auch in Ordnung ist. Wir sind eben alle, selbst heute noch, AUCH *Naturwesen.* Selbst wenn einzelne von uns meinen, dass sie selbst nur noch *Kulturwesen* wären – also freie Wesen, emanzipiert von den eigenen Hormonen und dem uns triebhaft dominierenden Willen. Ich jedoch glaube, dass ein „Ja" zu diesem Naturwesen-Teil und -Erbe uns mehr zur Freiheit befähigt, als jegliches Bestreben diesbezüglich etwas abzuspalten.

... doch das ist 'ne andere Geschichte und wird woanders erzählt.

Emanzipation war notwendig!

Achtsamkeit und Wertschätzung könnten sich doch noch als wesentlich herausstellen, wenn die Natur schon etwas wie „Diener" herausgebildet haben sollte. Sonst könnte es irgendwann ein echtes Zerwürfnis der Geschlechter und ein neuerliches „Patriarchat" geben. Zum Nachteil beider. Und alle werden entsetzt darüber sein.

Nun, ich finde es natürlich erfreulich, dass dieselbe Barbara Schweder, nur neun Jahre nach ihrem bereits zitierten Buch und nach ihrer Scheidung sowie geprägt durch persönliche Erlebnisse mit den eigenen Kindern (Sohn Tommy und Tochter Isabella, über die sie sich 2012 freizügig in ihrem Buch „Frauen fühlen anders. Männer auch", äußert) bezüglich geschlechtstypischer Umgangsweisen zu einer neuen, bedeutend wertschätzenderen Sichtweise bezüglich der Männer fand und zu auffallend respektvollerer Art, zu formulieren.

Ich halte es wie bereits oben angedeutet für denkbar und gut möglich, dass sich das Patriarchat als systemische Männerreaktion aus keinen anderen Gründen etablierte, als den von Barbara Schweder und Sabine Riedl formulierten Haltungen (*„Männer sind Konstruktionen im Dienste der Frauen. ... Frauen sind die Chefinnen in der Firma Beziehung und Männer sind die Angestellten.“* [16]). Nicht dass ich glaube, dass Frauen ihren Männern vor einigen tausenden von Jahren das so ungeschminkt hingeknallt hätten – so wird ein derartig emotional erlebtes Lebensgefühl eben heutzutage *intellektuell* formuliert. **Aber: Welches körperlich stärkere, größere Wesen war / ist schon bereit, so viel an damit Hand in Hand gehender Respektlosigkeit, Entwertung und Infragestellung der eigenen Position – reaktionslos – hinzunehmen?**

Könnte es sein, dass dieses als „Gewaltherrschaft“ geschmähte Patriarchat sich in den damaligen Stämmen und Clans lediglich dafür etablierte, wieder Klarheit entsprechend dem von der Natur vorgelebten Naturrecht des Stärkeren zwischen den Geschlechtern herzustellen, damit existenzielle Lebensanforderungen an Männer, Frauen und Kinder weiter bewältigbar blieben? Plausibel und vom Standpunkt der Erhaltung des Lebens naheliegend wäre es allemal.

Das „Patriarchat“, ein Dilemma, unter dem die Männer mit Sicherheit auch litten. – Welcher Mann will denn mit einer Frau zusammen sein, mit der es nicht möglich ist, auch *gemeinsam* Entscheidungen zu treffen sowie gegenseitige Achtung und Respekt zu finden?! – Ich wage zu sagen: Kaum einer!

Es gibt Matriarchatsforscherinnen, die sogar die Meinung vertreten (und damit liegen sie auf einer Wellenlänge mit den Ideen von Schweder und Riedl [17]), dass es letzthin gar kein Patriarchat gäbe / gegeben habe, sondern nur die Phase eines *„verschütteten Matriarchats“*. [18]

Vielleicht denken einige, dass ich diese Thematik so darstelle, um die „Schuld“ des Patriarchats von den Schultern zeitgenössischer Männer zu nehmen. – Ich glaube aber nicht an das Konzept von

---

16 B. Schweder / S. Riedl: *„Wie Frauen Männer gegen ihren Willen ...“*, S. 223, S. 15.

17 *„Die Jahrtausende der Männerherrschaft haben nämlich die wirklichen Machtverhältnisse nur verschleiert. ... Frauen halten eine Macht in Händen, die lange in Vergessenheit geraten war.“* Schweder / Riedl: *„Wie Frauen Männer“*, S. 225.

18 H. Göttner-Abendroth: *„Gesellschaft in Balance: Gender Gleichheit Konsens Kultur in matrilinearen, matrifokalen und matriarchalen Gesellschaften“*, Winzer 2006.

Schuld, ich denke systemisch. – Fehler ja, Verantwortung, ja. Aber nicht Schuld. Allerdings will /muss ich zugeben: Ich habe wirklich das Gefühl, dass Männer sich irgendwie für diese **letztlich dekadent gewordene** Machtkonstruktion ihrer Vorfahren – wenn schon nicht schuldig – so doch im Gewissen belastet fühlen und nicht gar so wohl in ihrer Haut. Die wunderbaren Seiten ihres Mann-Seins, ihrer Bereitschaft dem Leben mit ihrem Leben und Einsatz zu dienen, verblassen angesichts der Kritik und Entwertung, mit welcher radikale Teile des Feminismus heute die Gender-Diskussion anfachen. Ich glaube, es ist dies mit ein Grund dafür, warum die meisten Männer heute derart verdutzt zusehen und sich von der Frauenbewegung so ungeniert *den Kopf waschen lassen.* [19]

Deshalb: Männer müssen / dürfen lernen, wieder ihren Mund aufzumachen um für sich einzustehen! Dafür bieten heutige Frauen das BESTE VORBILD für Männer. Inhaltlich aber werden Männer NEUES bedeutend entschiedener zu formulieren haben!

Sehen wir es doch einfach so: Die Veränderungen waren überfällig. DANKE IHR FRAUEN, DASS IHR DAFÜR DIE INITIATIVE ÜBERNOMMEN HABT! Männer erscheinen halt (trotz ihres Frosch-Seins) manchmal wie männliche Löwen: „großkopfert" (großköpfig), träge und faul, wenn es um Veränderung ihres komfortablen Liegeplatzes geht. Sie können es aber auch anders – wie ich meine. ☺ Die Historikerin an der Uni Münster, Dr.[in] Julia Paulus ruft am Ende der Filmdokumentation „Das Jahrhundert der Frauen" den Zuseher/innen zu:

---

19 Hier noch ein passendes Zitat aus der Feder einer Frau: *„Und weil die ‚Neuen Männer' mit ihren Strategien nicht erfolgreich waren, weder sexuell noch finanziell, scheinen sie resigniert zu haben. Sie sind inzwischen offensichtlich auch selbst von ihrer Schuld überzeugt und scheinen bereit zu sein, für alles Übel, das sie angeblich im Laufe der Geschichte angerichtet haben, ihre gerechte Strafe in sozialer und emotionaler Isolationshaft zu verbüßen. Doch dass die Männer sich aus so vielen Bereichen der Gesellschaft bereits zurückgezogen haben, dringt noch gar nicht in das allgemeine Bewusstsein vor. Die Frauen starren wie das Kaninchen vor der Schlange auf die wenigen Männer, die noch an der Spitze ihren Platz behaupten und es angeblich auf ihre Benachteiligung angelegt haben."* C. Bauer-Jelinek: *„Der falsche Feind. Schuld sind nicht die Männer."*, Salzburg 2012, S. 73.

„Ich warte auf die Revolution der Männer!" [20] – DANKE , ich auch. Momentan jedoch zielen die Entwicklungen noch nicht so recht in diese Richtung. – Es wird an uns sein, den Startschuss zu geben.

Zur Erheiterung dieses ernsten Themas eine Frage aus dem Themenprogramm des österreichischen Kabarettisten Wolfgang Fifi Pissecker, dem Geburtstagsfest-Kabarett *„Fifi Fifty"*: *„Stimmt es, dass 95% der Frauen Phantasien mit zwei Männern haben??!? – Nämlich, dass der eine kocht und der andere putzt?"* [21]

Viel weniger lustig klingt es, wenn ganz Ähnliches aus dem Mund eines verzweifelt schluchzenden und zu „lebenslänglich" Verurteiltem kommt: *„Ich habe geputzt, gekocht, mich um den Kleinen gekümmert. Aber sie wollte immer mehr."* [22] Für viele ist so ein Mann vermutlich ein „Monster", für andere ein verlässlicher Kollege und Polizist. Ich kenne derartige Ohnmachts-Situationen auch. Ohne zu dramatisieren: Ich war damals bei der Trennung von meiner Familie sehr nahe am Selbstmord. Mord wäre mir nicht in den Sinn gekommen. Ich stieg letztlich Gottseidank ohne einem von beiden aus diesem, meinen Desaster aus. But: REAL HARD STUFF!

Gewalt, Mord oder auch Selbstmord von Männern stellen eine ernste Thematik dar. Gewalt ist aber leider meist die traurige Folge extremer Hilflosigkeit und krasser Ohnmachtsgefühle.

Männer-Ohnmacht

Auch Männer, gerade Männer und Jungen, können mit schwierigen Lebenssituationen erwiesenermaßen schlechter umgehen als die meisten Frauen, Gender-Mainstreaming hin oder her. *„Da muss man(n) doch nur ..."*, oder *„Da kann man(n) eben nicht gleich ..."* – die schrammen am Problem doch nicht mal den Lack ab!

Ich habe bis heute den Eindruck, dass „Selbstmord" von Männern für zu viele in unserer Gesellschaft (jene, die nichts mit genau diesem

---

20 J. Paulus in *„Das Jahrhundert der Frauen – Von der Wende bis heute"*, PHOENIX | programm.ARD.de, Filmdokumentation (8.3.2017) – am Ende (Teil 3: 14:50).

21 Aus: http://www.pissecker.com/fifi-fifty.html .

22 W. Höllrigl: *„Ich frage mich selbst jeden Tag, wieso?"*, Tageszeitung *„Heute"*, 7.7.2017.

konkreten Mann zu tun haben) sogar eine einigermaßen akzeptable „Problemlösung" darzustellen scheint. Hauptsache keine Gewalt gegen andere! – Vor allem nicht gegen Frauen! Wie sonst kann man als Gesellschaft akzeptieren, dass die Selbstmordrate, die Rate an Drogentoten, etc. von (jungen) Männern derart eklatant über jener der Frauen liegt. [23] (Und da sind die Toten durch Raserei auf der Straße, die statistisch als „Unfall" gezählt werden sowie jene durch den „Goldenen Schuss", noch gar nicht mitberechnet). *Und diese vier- bis fünffache Selbstmordrate von Männern gegenüber Frauen ist ja nur die Spitze des Eisbergs der Ausweglosigkeit.*

Stellen Sie sich nur einmal hypothetisch vor, es wäre andersrum: **Welche Wogen an empörter politischer Wucht würden im Land damit einhergehen?! Aber offenbar herrscht / frauscht in unserer Gesellschaft die Idee, Männer seien an ihren Überforderungen und an ihrer Hilflosigkeit nur selbst Schuld. Wie ist das möglich?**

Nicht auszudenken für mich und meine Biographie, wenn ich damals nicht der gewesen wäre, der ich ja bereits damals war: nämlich ein durch und durch friedfertiger Mensch mit einem hohen Potenzial an Toleranz, Selbstwert und Mitgefühl, mit einer sinnerfüllenden Arbeit und zwei Kindern, die ich liebte. Mit einem großen Herzen. Über all das aber verfügen leider nicht alle Männer. **Da ist vieles längst verschüttgegangen oder vernagelt.** Männer suchen wohl eher die klaren Verhältnisse, sind für „schnelle Lösungen" leichter zu haben. Unsicherheit, Verharren in Enge und Ungenügen – irgendwann ist ihnen das dann nicht mehr möglich.

„Genau Kurt, DAS ist dann der Zeitpunkt, so ein Exemplar an die Wand zu werfen, damit ein Märchenprinz und Königssohn daraus wird!" – ACH KOMM, HÖR MIR BLOSS AUF DAMIT …!

Was machen, wenn das *„Halt-Finden-in-einer-Partnerschaft"* für viele Männer schlichtweg überlebensnotwendig scheint? Ihre Ahnung darum, ihr instinktives Wissen darum, lässt viele Männer auch noch in partnerschaftlich derart unsteten Zeiten die Bereitschaft aufbringen, mitzuspielen, sich mit einer scheinbaren „Eselsgeduld" ausgestattet für fremde Zwecke einspannen und

---

23 Etwa 80+% aller Selbstmorde in Deutschland und Österreich begehen Männer.

manipulieren zu lassen, den netten Kumpel abzugeben – ohne zu bemerken, wie „froschig" (IGITT!) gerade das auf Frauenseite erlebt wird.

Während ich in Gesprächen und Begegnungen mit Frauen oft gehört habe, dass sie Angst haben, sich in einer Paarbeziehung SELBST zu verlieren, bzw. sich darin (auch als Mutter) selbst zu eliminieren, weiß ich von Männern um deren Hauptsorge. Nämlich: ihre Paar-Beziehung zu verlieren, indem sie daraus (durchaus auch als engagierte Väter) *eliminiert werden.*

Das macht Männer unglaublich erpressbar und die meisten bemerken es viel zu spät, wenn sie längst ihre königliche Würde verloren haben und im Ringen um den (inneren) Halt sogar nicht davor zurückschreckten, sich zum Knecht machen zu lassen – *für letztlich nichts und wieder nichts.* Ein wahrer „Teufelskreis", denn: *Wer kann schon einen Knecht (oder auch eine Magd) lieben?* WAS FÜR EINE GRENZENLOSE ÜBERFORDERUNG! – Und: Ich weiß wovon ich spreche. Diese Lebenserfahrung dient mir heute in den Männer-Coachings. Ich hab es selbst erfahren. Ich weiß darum Bescheid. Ich kann es mitfühlen.

Wenn Männer jedenfalls diesen Punkt in ihren Partnerschaften erreicht haben und ihn bemerken – und auch kein Ausweichen mehr möglich ist –, bricht eine mühsam zusammengereimte (Innen-) Welt zusammen. Gewalt, Mord oder Selbstmord, Depression und Lethargie sind dann nicht weit.

Ich selbst habe nach meinem „*Wurf an die froschkönigliche Wand*", zehn Jahre alleine gewohnt und davon sieben Jahre keine Partnerschaft geführt. Wer mich heute erlebt, wird sich soviel an Einzelgängertum bis Eremitendasein meinerseits kaum vorstellen können. Aber: Soviel Zurückgezogenheit brauchte es offenbar bei einem Menschen wie mir dennoch. Andere werden vielleicht nie wieder den nötigen Mut aufbringen, sich einzulassen. Das „*an-die-Wand-Geworfen-Werden*" ist ja nur das eine. Wie damit umgehen, das andere. Es wird von mir an dieser Stelle jedenfalls nicht angesprochen, um etwas wie „Rührseligkeit" zu wecken oder ein Problem zu „ent-schulden". Das braucht es nicht. Was es aber auf beiden Seiten braucht ist: Mitgefühl. Mitgefühl und Commitment im eigenen Tun – bezüglich sich selbst UND bezüglich der anderen. (Früher hätte man wohl von verinnerlichter „Verantwortungsethik" gesprochen.) Und: *Es braucht das Mitgefühl derer, die glauben es gehe nur um IHR Leben statt um DAS Leben.*

Ein *Prinzessinnen-* oder gar *Chefinnen-Bewusstsein* wird dazu allerdings wohl wenig vorbereitet sein …

Jungen-Handicaps. – Mehr erzieherische Gewalt, weniger Trost

Der als pädagogischer Impulsgeber bekannte Gehirnforscher Gerald Hüther wird in seinem Buch „*Männer. Das schwache Geschlecht und sein Gehirn*" diesbezüglich sehr deutlich: „*Wenn wir nach den genetischen Besonderheiten suchen, mit denen sich die Vertreter des männlichen Geschlechts nach der Befruchtung auf den Weg machen, so reicht es nicht, darauf hinzuweisen, dass sie ein Y-Chromosom haben, das den weiblichen Embryonen fehlt. Ihnen fehlt eben dafür auch ein zweites X-Chromosom, das die weiblichen Embryonen wiederum haben. Da auf dem X-Chromosom sehr viele Gene lokalisiert sind, die von Anfang an in allen embryonalen Zellen gebraucht werden und es für nicht ganz so optimal funktionierende Gene auf diesen Chromosomen keinen Ersatz auf einem zweiten X-Chromosom gibt, sind die männlichen Embryonen von Anfang an und im Einzelfall auch mit einem unterschiedlich stark ausgeprägten Handicap unterwegs. … Wie wichtig diese Auswahlmöglichkeit tatsächlich ist, wird schon dadurch offensichtlich, dass es beim Menschen keine einzige Chromosomenanomalie gibt, bei der eines der 22 somatischen Chromosomen nur in einfacher, nicht in doppelter Ausführung vorliegt. Die Reise der Embryonen, die sich aus irgendeinem Grund nur mit einer Einfach- und nicht mit einer üblichen Doppelausstattung eines jeden Chromosoms in ihrem Zellkern auf den Weg machen müssen, endet durchweg tödlich. Einzige Ausnahme sind diejenigen, die nur ein X-Chromosom und an Stelle des zweiten X-Chromosoms ein Y-Chromosom mit einer nur sehr geringen Zahl von Genen besitzen: Jungen. … Aber der Umstand, dass ihnen gewissermaßen ein ,Ersatzrad' für ihr einzelnes X-Chromosom fehlt, macht sie eben auch anfälliger, vulnerabler, empfindlicher. … Sie sind somit von Anfang an das in Bezug auf ihre biologische Konsti-*

tution schwächere Geschlecht." [24]

Jungen sind – nicht nur in unserem Kulturkreis – weit häufiger Opfer erzieherischer Gewalt (nicht sexueller Übergriffe) und werden später getröstet als Mädchen. Etwas, was in der zeitgenössisch soziologischen Forschung als gesichert gilt. Die Psychologin und Coach, Marion Lemper-Pychlau berichtet aus einschlägigen Studien: *„Kleine Jungen erhalten weniger körperliche Zuwendung und werden nicht so schnell getröstet wie kleine Mädchen.*" [25]

Sind dies wirklich primär Folgen traditioneller Erziehung wie: *„Jungen weinen nicht!*", *„Ein Indianer kennt keinen Schmerz"*? Oder hat dies nicht vielleicht bedeutend mehr mit der häufig erlebten und größeren Überforderung bei der Jungen-Erziehung zu tun?! Forschungsdaten in unterschiedlichen Kulturen zeigen diesbezüglich eindeutige Ergebnisse. Auch da: *„Jungen werden als Säuglinge weniger getröstet, später häufiger als Mädchen bestraft.*" [26] Alle solche Statistiken sind neueren Datums.

Die Juristin, Univ.-Prof. Kristina-Maria Kanz an der Uni Münster, Lehrstuhl für Kriminologie, schreibt über die Ergebnisse einer Längsschnittstudie *„Delinquenz im Jugendalter"*: *„Ein deutlich geschlechtsspezifischer Unterschied zeigt sich in der gewaltsamen Erziehung und dort insbesondere bei den hoch violenten Erziehungsmethoden (‚Prügel / Zusammenschlagen', ‚Würgen', ‚Körperverletzung mit der Waffe' oder ‚mit Faust Schlagen / Treten'). Diese wurden von Jungen doppelt bis dreimal so häufig erlebt wie von Mädchen."* [27]

Ein Bild jenseits tradierter Tabus zeichnet die erste Langzeitstudie zum *„Gewalthandeln und Gewalterleben von Männern und Frauen"*, einer vom Deutschen Bundesministerium für Familie, Senioren,

---

24 G. Hüther: *„Männer. Das schwache Geschlecht ..."*, Göttingen 2009, S. 72, S. 94ff.

25 M. Lemper-Pychlau: *„Eltern zwischen Liebe und Autorität"*, München 2008, S. 39.

26 http://studienseminar.rlp.de/fileadmin/user_upload/studienseminar.rlp.de/gs-sim/service_download/BS_Themenskript_Jungenpaedagogik.pdf, S. 1, Vgl. auch: K, Hartmut (2008), *„Entwicklungspsychologische Aspekte der Erziehung und Bildung von Jungen"*, in: *„Handbuch Jungen-Pädagogik"* (p. 49-62), Basel, S. 50f.

27 K.-M. Kanz: *„Delinquenz im Jugendalter – Erkenntnisse einer Münsteraner Längsschnittstudie"* (K. Boers / J. Reinecke, Hrsg.), Münster 2007, S. 282.

Frauen und Jugend durchgeführten Studie: Es ist ein signifikant klares Ergebnis von „Gewalt in der Familie": *„Im Umkreis der Töchter gibt es am wenigsten Gewalt. Zwischen Frauen und Männern ist nur wenig Unterschied. Es fällt auf, dass es bei den Frauen am meisten Gewalt gegen Söhne gibt."* [28] Weiter gilt: *„Die Datenanalyse bringt einen engen Zusammenhang zwischen glücklicher Kindheit und Gewalt ans Licht. Je unglücklicher die Kindheit erlebt wurde, desto eher erleiden heute Befragte vielfältige Gewalt und geben diese an andere weiter."* [29] Peter Döge, Vorstand am *„Instituts für anwendungs- orientierte Innovations- und Zukunftsforschung"* (IAIZ) in Kassel: *„80% der Täter waren vorher selbst Opfer. Auch das ist bei Männern und Frauen in ähnlichem Maße der Fall."* [30]

Bemerke: 91% der österreichischen Bevölkerung in Gefängnissen sind Männer. [31] Und in anderen Staaten sieht es gleich aus. Sie kennen wohl das bekannte Zitat: *„Wer Gewalt sät, wird Gewalt ernten."* ...? Könnte es sich im Gegensatz zu den von Feminismusseite vertretenen patriarchalen Begründungen bezüglich der *„abhärtenden bis rigiden Art"* normativer Erziehung von Jungen, um nichts weiter handeln als um Folgen von *Überforderung*: mütterliche und teilweise wohl auch väterliche? – Auf *„männliche Härte und Widerstandskraft"* vorbereitende *Nichtzuwendung*, gut verpackt und verborgen hinter ablenkenden Erklärungen sowie eine interessante Kreation, um das Reflektieren eigener erwachsener Unzulänglichkeiten zuzudecken und Überforderungen zu kompensieren? Wer sich bereit findet, DARÜBER einmal unbefangen nachzudenken, der / die könnte dieser Überlegung – zumindest als ernsthafte Denkmöglichkeit – eine gewisse Plausibilität zuerkennen.

Wir werden uns mit der Fragestellung gleich näher befassen,

---

28 R. Volz / P.M. Zulehner: *„Männer in Bewegung"*, 2009. S. 199-201. Aus: https:// www.bmfsfj.de/resource/blob/94250/432c5ee6fad9208628ba6b9bd3301a9f/ maenner-in-bewegung-data.pdf. (206-207).

29 ebenda: S. 207.

30 P. Döge: *„Väter – nur Täter?"*. Aus: https://www.vaeter-zeit.de/vaeter-maenner/ maennergewalt-gewalt-gegen-jungen.php.

31 https://www.justiz.gv.at/web2013/home/strafvollzug/statistik/verteilung-des- insassenstandes~2c94848542ec49810144457e2e6f3de9.de.html (2020).

denn möglicherweise wird hier aus immer den gleichen Gründen seit Äonen abgehärtet und Jungensensibilität heruntergefahren. Die Folgen betreffen letztlich alle – und keinesfalls nur uns Männer. Jedes der Geschlechter – ja, jede(r) Einzelne! – möge sich diesbezüglich selbst hinterfragen.

Hier geht es keinesfalls um Schuldzuweisung, sehr wohl aber um das Erkennen von Eigenverantwortlichkeit.

Resilienz [32] – Immunsystem der Seele

„*Boys don't cry!*" [33] – Stimmt nicht, sagen Experten! Sie weinen mehr, sie sind verletzlicher, zartbesaiteter; sie kommen schneller aus der Fassung und: sie fordern mehr. Etwas, das entsprechende Forschungen nachweisen, wie wir gleich zitieren werden.

Der Lebensschmerz vieler Männer ergibt sich aus genau dieser geschlechtstypischen Diskrepanz: ein physisch stark erscheinender Körper, gepaart mit einer wenig resistenten Psyche: Ein signifikantes Phänomen, das von Fachleuten als Mangel seelischer Widerstandskraft von Männern beschrieben wird. Als: geschlechtstypisch geringer ausgebildete „*Resilienz*". Solche Unterschiede zwischen den Geschlechtern bezüglich ihrer Resilienz existieren bereits bei Neugeborenen, wie Katherine Weinberg durch ihre einschlägigen Experimente („*Baby-Stress-Tests*") zeigen konnte.

Die am renommierten Harvard-Kinderspital forschende Ärztin, bekannt für ihre Verhaltens-Studien, forderte in ihrem Experiment Mütter zu Beginn auf, ihren Babys für 15 Sekunden den Rücken zuzukehren, sich anschließend umzudrehen und „*ihr Baby mit dem gleichgültigsten Gesicht anzusehen, ohne jede Veränderung der Mimik oder sichtbare Zuwendung. Dies sollte ganze zwei Minuten durchgehalten*

---

32 „*Resilienz (von lateinisch resilire: ‚zurückspringen', ‚abprallen') oder psychische Widerstandsfähigkeit ist die Fähigkeit, Krisen zu bewältigen und sie durch Rückgriff auf persönliche und sozial vermittelte Ressourcen als Anlass für Entwicklungen zu nutzen. Mit Resilienz verwandt sind Entstehung von Gesundheit (Salutogenese), Widerstandsfähigkeit (Hardiness), Bewältigungsstrategie (Coping) und Selbsterhaltung (Autopoiesis). Das Gegenteil von Resilienz ist Verwundbarkeit (Vulnerabilität).*" Aus: https://de.wikipedia.org/wiki/Resilienz_(Psychologie) .

33 J. Urwin: „*Boys don't cry. – Identität, Gefühl und Männlichkeit*", Hamburg 2017.

werden. ... Als unerwartet spektakulär entpuppte sich der Geschlechts-unterschied in der Reaktion der ganz kleinen Erdenbürger. ... Mädchen hatten wie es schien, ein viel größeres Repertoire an Handlungen parat, mit denen sie sich selbst beruhigen konnten. ... Ganz anders die kleinen Jungen. Sie gerieten viel schneller aus der Fassung, weinten, quengelten und wanden sich in ihren Sitzchen. ... Die Ergebnisse der Weinberg-Studie belegen nur noch einmal, was in zahlreichen Studien an älteren Kindern bereits nachgewiesen worden war: Jungen werden von emotionalem Stress eher aus der Bahn geworfen als Mädchen. Sie leiden wahrnehmbarer bei Scheidung der Eltern oder Tod eines Elternteils. ... Katherine Weinberg: ‚Jungen sind von Beginn an die fordernderen Partner.'" [34]

Die Forschungen zeigen, dass solch explizites „Zartbesaitet-Sein" schnell überfordert, dass aus purem Selbstschutz oftmals keine andere Lösung gewählt wird, als genau jene altbekannte, die schwierigen, kleinen männlichen Wesen auf etwas gänzlich anderes umzukonditionieren: auf Emotionen abspaltende Wesen.

Das „*BOY, DON'T YOU CRY!!!*" im mütterlich-elterlichen Bewusstsein ist da emotional wohl nicht fern. Geht's beim Klassiker „*Bub zum Mann Erziehen*", vorrangig gar nur darum, sich als Eltern leichter gegen Aufmerksamkeit-einfordernde, „schlimme Jungs" zu behaupten ...? Solche Art von Erziehung senkt zwar die Anforderungen an elterliche Akzeptanz und schont gewissermaßen die Geduld der Erwachsenen. *Was sie aber unter dem Strich wohl auch bewirkt, ist ein latentes Übergewicht geschlechtsspezifischer Traumata aufseiten der Jungen und künftigen Männer. Dass frühkindliche Traumata zu ADHS-ähnlichem Verhalten führen, könnte ein signifikanter Hinweis sein*, da bei Jungen viermal so oft ADHS (Aufmerksamkeitsdefizit-/Hyperaktivitätsstörung) diagnostiziert wird wie bei gleichaltrigen Mädchen. Solche Diagnosen werden vonseiten erfahrener Trauma-Therapeut(inn)en als Fehldiagnose gesehen.

Die Klinische- und Gesundheitspsychologin sowie Trauma-

---

34 M.K. Weinberg / E.Z. Tronick et al., 1999: „*Genderdifferences in emotional and self regulation during early infancy.*", in: Development Psychology Vol. 35, No.1, S. 175-188.); zitiert in: B. Schweder: „*Frauen fühlen anders. Männer auch.*" S. 104f.

Forscherin, Nicole Mochart: *„Traumata und ADHS treten in ihrer jeweiligen Symptomatik häufig so ähnlich auf, dass diesbezügliche Diagnosen leider oft erwiesenermaßen falsch sind."* [35] Was häufig als ADHS diagnostiziert würde, sei oftmals ein verdecktes Trauma, das aber eine gänzlich andere Behandlung erfordere. Spannend. Aber eben auch ein immanentes Jungen-Männer-Dilemma: Mochart: *„Durch traumatische Ereignisse wie Hilflosigkeit gegenüber Gewalt jeglicher Art, wird die Verdrahtung zum sogenannten Broca-Zentrum* [36] *weiter geschwächt. Ebenso wird das so genannte ‚Corpus Callosum', der neuronale (Verbindungs-)Balken zwischen beiden Gehirnhälften, schlechter ausgebildet bzw. weiter geschwächt."* [37]

Ein männliches Gehirn, dessen Verbindung beider Gehirnhälften grundsätzlich dünner ausgebildet ist als bei einem weiblichen, ähnelt geschlechtsspezifisch somit der Symptomatik nach Traumata, die das „Corpus Callosum", neurophysiologisch belegt, ebenfalls verdünnen. Kommt im Fall von Jungen beides zusammen, kann das bekannte Männerdefizite wie schlechtere Koordinationsfähigkeit der Gehirnhälften, deutlich verzögerte Sprachentwicklung bei Jungen und auch die Tendenz und wissenschaftliche belegte, reduzierte Sprachverarbeitung emotionaler Erlebnisse, etc. begründen.

Wir sehen: Entscheidend wird sein – parallel zur stattfindenden Mädchenförderung – zukünftig auch (wieder) Jungen zu stärken.

Jungen sind offenbar anders (ebenso wie Mädchen). Vonseiten der „Gender-Studies" wollen derartige Ideen gern als „überholt" abgetan werden. *Warum darf derart Offensichtliches heute von niemand mehr gesagt werden, ohne von feministischer Seite dafür abgekanzelt zu werden? Es gilt dieses Faktum endlich wieder anzuerkennen. Dafür aber leistet ein Feminismus heutiger Prägung keinen konstruktiven Beitrag.*

Wenn man(n) / frau Jungen anders sein ließe, wenn man sie darin

---

35 N. Mochart, im Seminar: *„Physiologie des Psychotraumas"*, (Graz, 16.2.2018).

36 *„Das Broca-Areal oder Broca-Zentrum ... ist eine Region der Großhirnrinde und wird zusammen mit dem Wernicke-Areal als eine der beiden Hauptkomponenten des Sprachzentrums angesehen."* Aus: https://de.wikipedia.org/wiki/Broca-Areal .

37 M. Lemper-Pychlau: *„Eltern zwischen Liebe und Autorität"*, München 2008, S. 39.

unterstützen würde, statt sie „brav-zu-bügeln", dann wäre vieles den Gegebenheiten angepasst, und Jungenbewusstsein müsste nicht „gewissenhaft" gemäß unserer Anforderungen verhärtet werden.

Hier braucht es unter anderem VERPFLICHTENDE Eltern-Kompetenztrainings! – Durch das Familienministerium geförderte derartige Kurse („Elternführerschein") gibt es heute bereits. [38]

Fragen zur Plausibilität angeführter Aspekte in diesem Kapitel:

1.) Ich erachte das Kontrollbedürfnis, egal von welcher Geschlechter-Seite, als kontraproduktiv für partnerschaftliche Entwicklung.

   O   O   O   O   O

sehr   überwiegend   durchschnittlich   wenig   gar nicht

2.) Ich anerkenne die mögliche Realität einer latenten Überzeugung im Frauen-Bewusstsein bezüglich der Berechtigung von Dominanz über Männer.

   O   O   O   O   O

sehr   überwiegend   durchschnittlich   wenig   gar nicht

3.) Ich halte es für plausibel, dass Männer bereits als Jungen und auch Babys mehr Gewalt erfahren als Mädchen – *später getröstet* und *früher bestraft* werden. Nicht primär um sie „männlich" zu erziehen, sondern vorrangig, um als Eltern leichter zu bestehen.

   O   O   O   O   O

sehr   überwiegend   durchschnittlich   wenig   gar nicht

Punkte: sehr = 5; überwiegend = 4; durchschnittlich = 3; wenig = 2; gar nicht = 1

Ihre persönliche Auswertung / durchschnittlicher Punktewert:

---

38 Z.B.: *„Elternwerkstatt"* – tätig in vielen Städten Deutschlands und Österreichs.

Kapitel 5:
Alte Machtverhältnisse und ihre Überwindung

Der Froschkönig (Fortsetzung 5)

„Am anderen Tage, als sie mit dem König und allen Hofleuten sich zu Tafel gesetzt hatte und von ihrem goldenen Tellerlein aß, da kam, plitsch platsch, etwas die Marmortreppe herauf gekrochen, und als es oben angelangt war, klopfte es an der Tür und rief ‚Königstochter, jüngste, mach mir auf.' Sie lief und wollte sehen wer draußen wäre. Als sie aber aufmachte, so saß der Frosch davor. Da warf sie die Tür hastig zu, setzte sich wieder an den Tisch, und war ihr ganz Angst." [1]
(Fortsetzung folgt)

„Sich-selbst-benachteiligen". Oder: Veränderungen aus Fairness

Stellen Sie, liebe Leserin, lieber Leser, sich folgendes Szenario vor: *Die Industriestaaten treffen aus verschiedensten, akuten Gründen (politische Aufstände, Hungersnöte, Flüchtlingsströme, aber auch die öffentliche Meinung in den eigenen Ländern, NGOs, etc.) die ambitionierte, politische Entscheidung, die Entwicklungsländer, die wirtschaftlich betrachtet Sklavenstaaten heutiger Industrienationen, in gesunder Weise aus ihrer existenziellen Abhängigkeit zu entlassen und sie in ihrer Eigenständigkeit zu unterstützen, sodass ihr Einkommen und ihre Wirtschaft in gleicher Weise wie in der „Ersten Welt" prosperieren.* Kann das überhaupt irgendwer hier wollen? Aber nicht nur in idealistischen Sonntagsreden, sondern in Taten!

Was meinen Sie?! – Ist das bei den Egoismen, die heute herrschen, überhaupt realistisch? Und wie lange könnte so ein Prozess der wirtschaftlichen und sozialen Emanzipation wohl dauern? – Wird es nicht viel zu viele geben, die protestierend davor warnen, sich nicht selbst von den eigenen Ressourcen und Rechten abzuschneiden? Ja, dass die Idealismen dieser *„Gleiches-Recht-für-alle"*-Bewegung, letztlich *„allen Wohlstand zerstören"*

---

1   Aus: *„Der Froschkönig"* (auch: *„Der eiserne Heinrich"*), Märchen der Gebrüder Grimm. Online: www.internet-maerchen.de/maerchen/froschkoenig.htm .

würden, *„alles bisherig Erreichte gefährdet"* sei und überhaupt: *„diese Staaten doch gar nicht reif und fähig wären"* – weder um mit den neuen sozialen Veränderungen zurecht zu kommen, noch mit dem neuen Reichtum und der Macht umzugehen?!? Die große Sorge könnte sein, Sie (und Ihre „Erste Welt") würden sich eine Situation herbeischaffen, in der bereits DAVOR klar sei, WER letztlich zu den „Systemverlieren" zählen würde.

Geben Sie sich, liebe Leserin, lieber Leser, doch einfach kurz Rechenschaft: Würden SIE SELBST diesen Prozess mit allen Konsequenzen unterstützen wollen? – Und lesen Sie bitte erst dann weiter, wenn Sie die gestellten Fragen – OB ÜBERHAUPT realistisch? und wenn ja: WIE LANGE DAS WOHL DAUERN würde?! – zuvor für sich beantwortet haben.

(Nehmen Sie sich eine Pause, um dies ernsthaft zu überlegen)

Wenn Sie sich in der kurzen Reflexion zu dem obigen Szenario eher ambivalent oder ablehnend erlebt haben, können Sie vielleicht begreifen, wie außergewöhnlich und in keiner Weise selbstverständlich die gesellschaftliche Wandlung Richtung Frauen-Emanzipation in der westlichen Welt – IN DERART KURZER ZEIT! – vonstatten ging. Und, seien wir ehrlich: Alles DAS, diesen Willen zur dramatischen Veränderung aufgebracht zu haben – ist der politischen Fairness einflussreicher Männer des 20. Jahrhunderts zu danken! Ohne ihren Willen und ohne ihre Bereitschaft und Entschlossenheit – auch auf die mögliche Gefahr hin, sich selbst zu künftigen Systemverlierern zählen zu müssen – wäre nichts möglich gewesen. *Die Männer halfen zwar mit, die Frauen zu befreien, aber sie vergaßen darüber, sich selbst zu befreien.* UND HEUTE? – Bitter, mancherorts zu hören, dass sich *„kaum etwas geändert hätte in den letzten 40 Jahren, bis auf die Durchsetzung des Binnen-I."* – Wie ist das möglich?!

Was soll man(n) sich als Mann da bloß denken? Ich meine: Der Blick des radikalen Feminismus, bzw. seine ideologisierte Sicht auf die reale Welt der Veränderungen, ist einfach vom Opferbewusstsein verhangen und getrübt: Eingegraben in die eigene Identität, bildet sich in so einem Bewusstsein nichts Reales mehr ab. – So dominiert ein strategisch-feministisches Kalkül.

Staunen wir einfach auch einmal über so viel männliche Friedfertigkeit anlässlich derart rigoroser, umwälzender Änderungen. Nichts daran ist letztlich selbstverständlich! – Wovon wir uns jederzeit leicht, im Blick auf den Rest dieser Welt, überzeugen können.

Im grundsätzlich interessanten, pro-feministischen Buch von Jack Urwin „*Boys don't cry*" zeigt sich, wie die kontroversesten „Tatsachen" alle in einem einzigen Atemzug genannt werden, wenn Argumente es brauchen. Urwin betont im Text: „*Tatsache ist, dass der größte Teil der westlichen Gesellschaft immer noch die Kleinfamilie favorisiert, der ein Mann als Haupternährer vorsteht, während von der Frau erwartet wird, die Mutterschaft über alles zu stellen.*" [2] Was hier als „Tatsachen" zu einer Pauschalargumentation vermischt wird, kann wohl jeder unbefangene Zeitzeuge leicht bemerken. Auch ich glaube ja durchaus, dass „*der größte Teil der westlichen Gesellschaft immer noch die Kleinfamilie favorisiert*", und das hat wohl seine Gründe. Allerdings glaube ich, dass eine überwiegende Zahl der Menschen keineswegs für den Mann den längst illusionären „*familiären Vorstandsposten*" beanspruchen würde (vielleicht noch den des „*Haupternährers*"). Und dass auch keineswegs mehr „*von der Frau erwartet wird, die Mutterschaft über alles zu stellen.*" Da hat sich längst Entscheidendes gewandelt!

Lassen Sie uns an dieser Stelle wieder 'mal Zeit nehmen zum Schmunzeln – oder auch nur gequält Lächeln. Mulla Nasrudin, wie er leibt und lebt: „*Wie alt bist du jetzt, Mulla? – 60 Jahre. – Aber als ich Dich zuletzt vor zwei Jahren fragte, sagtest Du das auch schon! – Stimmt, sagte Nasrudin, ich stehe immer zu dem, was ich sage.*" [3]

---

2 J. Urwin: „*Boys don't cry. – Identität, Gefühl und Männlichkeit*", Hamburg 2017, S. 29.

3 „*Ein Mann, ein Wort*", aus: R. Fischer: „*Also sprach Mulla Nasrudin*", München 1993, S. 182.

Damals – und unser urteilender Blick aus dem „Heute"

Das Patriarchat könnte in seiner – zumindest hier im Westen gesell-schaftlich überholten Form – also nichts anderes gewesen sein, als der fragwürdig-mutige Versuch, alte Naturgesetze und Strukturen zu erhalten, einfach um den gemeinsamen Fortbestand zu sichern und nicht zu gefährden. Dazumal stand das Wohl der Sippe im Vordergrund, war der Individualismus – dieses seelische Werkzeug der Neuzeit – wohl nicht mal in Ansätzen entwickelt. „Patriarchat" könnte als Schutz geeignet erschienen sein, um die Gemeinschaft vor innerem Chaos und bezüglich der für den Menschen gefährlichen Umwelt zu sichern. Die Stärkeren wählten diese Lösung, inklusive der (wohl unbewussten) Bereitschaft, von viel, viel späteren Genera-tionen dafür für „schuldig" erklärt zu werden. Gottseidank wurde, seit die Psychologie die systemischen Hintergründe und Zusammen-hänge jeglicher sozialen Prozesse zu verdeutlichen weiß, aber auch „Schuld" als religiös veraltetes Konzept entlarvt.

So wie die Natur auch noch heute nicht, hatte dazumal irgendein Mensch, irgendwelche Interessen als Einzelindividuum vorrangig im Bewusstsein – außer eben jene der Natur selbst. Das Leben war viel zu existenziell. Das Überleben der Stämme und Clane war wesentlich und wurde gesichert. Wo die Interessen eines Einzelin-dividuums hochgehalten und über die Interessen anderer gestellt wurden, da war es aus Gründen der Identifikation und Repräsentanz (König / Königin) ihrer Einzelmitglieder mit der Gesamtgruppe.

Das hat sich heute nachhaltig geändert – sowohl in der Männer- als auch in der Frauenwelt. Wer dazumal bessere, erfolgreichere Konzepte gehabt hätte, der / die *„werfe den ersten Stein!"*

Aus *heutiger* Sicht und dem heute herrschenden (ge-gendert: frauschenden) Bewusstsein, kommen damalige Entwicklungen in den höchst fragwürdigen Ruf einer Männer-Bedrohung und werden einseitig negativ bewertet. Fakt ist: Der Zusammenhalt gegen innere und äußere Bedrohungen wurde dazumal mittels patriarchaler, parallel dazu aber auch matriarchaler Strukturen gewährleistet. Vergangene Machthaber wie der Wegbereiter der griechischen Demokratie Themistokles, kannten die existenten

matriarchalen **Strukturen und anerkannten sie als durchaus gängige Realität und ausgleichende Praxis.** [4]

Zu entsprechenden Fehlurteilen, infolge ähnlich methodischen Irrtümern, kamen koloniale Eroberer sowie frühe Ethnologen, als sie alte Stammeskulturen durch die Brille eigener Kultur und Ideologie bewerteten. Es muss aber für jegliche Kultur ihr jeweils immanent eigener Lebensgesichtspunkt und ihre eigene Sozialsicht angewandt werden, will man nicht in diskriminierende Fehleinschätzungen verfallen. – Ebensolches gilt für den modernen Blick auf frühere Gesellschaftsmodelle in unserer Kultur! Für Änderungen DIESER Sichtweise steht leider ideologisch Unbeugsames bewertend im Weg.

Bewusstseins-Netze

So geht es meiner Ansicht nach heute darum, die rechten Konzepte und Werkzeuge zu finden und die Fähigkeiten zu entwickeln, um nicht am individuellen Konzept der Vereinzelung – als menschheitliche Gesamtheit – zu scheitern. Wir werden zu lernen haben, in sozial verträglicher Art und Weise mit der realen Lebenswirklichkeit beider Geschlechter umzugehen.

Die beste Regel ist wohl die von freier Vereinbarung zwischen allen Beteiligten! Von Gott oder der Natur gegebene Regeln wie größere Mannes-Kraft oder klassisches Frauen-Sagen desavouieren sich im Sozialen beide gleichermaßen. *Der Machthaber und die Besserwisserin im Widerstreit – diese Gegnerschaft hat unsere menschheitliche Vergangenheit erschaffen und bestimmt – alle Patriarchate und ebenso alle Matriarchate.* **Dass heutige Männer bezüglich der Existenz des einstigen Patriarchats weit weniger stolz sind, als Vertreter/innen der Feminismusbewegung mit ihrer großteils zur Glorifizierung neigenden Beurteilung von Matriarchaten, muss wohl mit der bekannten Verklärung ferner Vergangenheit zu tun haben. Alles ideologische Interpretation. – So wird es zwischen den Geschlechtern künftig nicht mehr gehen.**

BEIDE genannten Muster bzw. sozialen „Spielregeln" haben uns als Menschheit lange begleitet und in letzter Konsequenz

---

4 Themistokles (528 – 462 v. Chr.): *„Ich regiere über die Athener, mein Weib regiert über mich."*. Aus: https://www.zitate7.de/autor/Xenophon/ .

und jüngster Vergangenheit ein maßloses Dilemma heraufbe-
schworen. Und was für alle Dilemmata gilt, muss wohl auch hier
anerkannt werden, wie es u.a. bereits von Albert Einstein erkannt
und formuliert wurde: *„Probleme kann man niemals mit derselben
Denkweise lösen, durch die sie entstanden sind."*

Für wen die Annahme berechtigt scheint, dass sowohl alle
unsere Ideen von gestern wie auch unsere Gedanken von heute –
im Sinne von „In-*forma*-tionen" – die *Formen und Realitäten von
morgen* sind, für den liegt wohl auch auf der Hand, wo die Lösung
aller menschlichen Dilemmata liegt: *Was glauben Frauen über
Männer bzw. Männer über Frauen? Welche „Bewusstseins-
Netze" werfen sie (unbewusst) aus, um die Sicht ihres jeweiligen
Weltbilds bestätigt zu bekommen – und im Teller eigener trüber
Vorurteile zu fischen.* Dass es genau so läuft und funktioniert, wie
sich Zukunft (und Gegenwart) gestaltet, bekommen wir – etwas
eigenverantwortliche Weltoffenheit vorausgesetzt – stets von
Neuem in den verschiedensten Bereichen menschlicher Kultur
(Wissenschaft, Politik, Kunst, Religion, aber auch auf privater
Ebene in Beziehung, Familie und Beruf) signifikant vor Augen
geführt. [5] Was es dringend braucht: *Unsere Mindsets zu ändern!*

Es gilt somit, die persönliche Bereitschaft aufzubringen, über
den jeweilig persönlichen Tellerrand zu blicken, um heilsamere
Überzeugungs-Netze einzusetzen. Künftig wird es entscheidend
sein, vermehrt mit einem Netz zu fischen wie: *Die Liebe zwischen
Männern und Frauen ist eine unerschöpfliche Kraft und Freude!* – Aber:
Ihrem Wohlwollen, liebe Leserin, lieber Leser sowie Ihrer Phantasie
sind auch diesbezüglich keine Grenzen gesetzt. Formulieren Sie Ihr
eigenes Netz, indem Sie sich fragen, was Ihr Fang FÜR SIE SELBST
sein will. Und dann erwerben Sie sich die Bewusstseinskraft, mit
diesem Netz ein kompetenter Fischer, eine kompetente Fischerin zu
werden. [6] – **Die Wirklichkeit enthält alles!**

---

5 Dieser systemische Ansatz geht davon aus, dass solche „In-*forma*-tionen im
Bewusstsein sind, die über Resonanz wie „Netze" wirken. Sie bestimmen, welche
„Wahrnehmungen" / „Erfahrungen" wir im Leben machen.

6 Solche Kompetenz ist – so man(n) / frau das will (so weiß Froschkönig aus
EIGENER Erfahrung) im Setting gut geführter Coachings leicht zu erwerben.

Zwei natürliche Ordnungen. – Beide müssen Federn lassen!
Die kommenden Abschnitte zu lesen, kann vor allem für Frauen eine ziemliche Herausforderung bedeuten. Doch führt an dieser Auseinandersetzung kein heilsamer Weg vorbei. Was uns als Menschen heute kulturell herausfordert, sind jene zwei Machtstrukturen, mit der beide Geschlechter von der Natur unterschiedlich begabt wurden und die über Jahrmillionen die soziale Ordnung bestimmten. Das erste ist jenes Natur-Gesetz, das die Natur für alles Leben auf unserem kleinen blauen Planeten etablierte: *Die-Macht-des-Stärkeren/Größeren-über-den-Schwächeren/Kleineren.*

Bekannt ist, dass Charles Darwin mit seinem *„survival of the fittest"* die „Angepasstesten" meinte. Das trifft von seiner Betrachtung zunächst bezüglich des Ausleseaspekts der Arten zu. Dennoch ist nicht zu leugnen, dass auf dem Feld „physischer Kraft" in der Natur die *stärkere* Kreatur, Macht über die *schwächere* hat. Allerdings gilt in der Natur ebenso ein zweites, mehr innerlich angreifendes Wirkprinzip, dem sich der / die Stärkere letztlich beugen wird müssen: Gewieft ausgestattete Organismen üben ihre Macht auch über starke Organismen aus und haben diese Macht auch ganz real. Es widerspricht dem anderen Prinzip nicht, sondern zeigt nur eine innere, ausgleichende Seite .(**Könnte sein: damit *„keine Bäume in den Himmel wachsen".*) Es ist dies eine mehr verdeckte, innere Wirksamkeit der Natur. Beispiele sind Viren, Bakterien und Organismen, die über „giftige Substanzen" verfügen. Sie können „gewaltige Wirkungen" (oft über einen Stachel) ungehindert auf einer inneren Ebene der Verwundbarkeit entfalten, wo äußere Kraftaspekte ohne Gegenwehr bleiben und ihnen keine Macht und Bedeutung gegeben ist.

Im Bereich einer einzelnen Tierart mag das Unterschiedliches für das Männliche und Weibliche bedeuten, denn nicht immer ist ja das Männchen größer und stärker; bei gewissen Tierarten ist es das (größere) Weibchen, das erwiesenermaßen das Männchen dominiert und beherrscht und – wie wir wissen – nach der Zeugung des Öfteren sogar auch auffrisst (z.B.: bei Spinnen, Gottesanbeterinnen und anderen Insekten). Bei den höher

entwickelten Tieren, von den Reptilien und Vögeln aufwärts, also auch bei Wirbeltieren, Säugetieren und den Primaten (sowie beim Menschen), hat die Natur aber ausschließlich dem Männchen (Mann) die körperliche Dominanz geschenkt. Diese naturgegebene Basis zählt auch heute zwischen den Geschlechtern wie soziologische Untersuchungen zeigen – wenngleich mit deutlich modifizierter Akzeptanz: *„Frauen wollen dominante Männer, das ist im Prinzip richtig. Das haben Hunderte, um nicht zu sagen Tausende Studien zweifelsfrei ergeben. Aber, und das ist der springende Punkt: Frauen wollen keinen Mann, der SIE dominiert, sondern einen, der andere Männer dominiert. Sie finden Männer attraktiv, die sich in der verwirrenden Welt der männlichen Hierarchien und Machtspielchen zurecht finden. ... Frauen wollen nicht in erster Linie einen Mann mit Macht. Sie wollen Macht mit oder ohne Mann."* [7]

Viele Menschen profitieren gerne vom Einfluss und der Macht anderer. *Machthaber(innen) sind daher interessant und auch heute noch als Partner sexuell attraktiv!* Dies gilt weniger für heterosexuelle Männer, aber umso mehr für Frauen – ob hetero oder lesbisch. Denn Frauen sind größtenteils auch heute noch auf der Suche nach einer attraktiven, sogenannten „guten Partie". Keine Frage: Dadurch sind auf beiden Geschlechter-Seiten Enttäuschungen vorprogrammiert. Denn welcher Mann / welche Frau will LETZTLICH primär für *„Ressourcen"* (auch *„human-resources"*) geliebt werden und somit aus keinem individuell andern Grund, als selbst ein paar Vorteile fremder Macht zu erhaschen?! Dennoch läuft dies in unserer Gesellschaft immer noch so. Hier scheint nach wie vor *„Ansehen versus Aussehen"* zu gelten.

In diesem Zusammenhang lässt sich ein interessanter Blick auf Entstehung und Motivation früherer Stammesfehden und Kriege werfen. Solange Frauen immer noch so wählen, wird von Männern ein derartiges Verhalten wohl kaum fallengelassen werden können. Welche Bedeutung haben derartig evolutive Entwicklungen zwischen den Geschlechtern auch heute noch?

---

7 B. Schweder / S. Riedl: *„Wie Frauen Männer gegen ihren Willen glücklich machen",* Wien 2003, S. 73, S. 114.

Z.B. für die Ausübung männlicher Gewalt unter Männern in Kriegen, männlichem Rivalentum und Konkurrenzdenken sowie wirtschaftlich orientiertem Narzissmus etc? **Aber auch in pseudo-moralischen Belangen gilt Entsprechendes.**

Nicht wenige feministische Frauen argumentieren und beklagen heute, den von Männerseite vorgeblich erwarteten Frauen-Spagat zwischen „Hure und Heiliger (Mutterrolle)" leisten zu müssen. Diese Vorstellung sei unerfüllbar, beklagen sie. – Was man wohl auch nachvollziehen kann. Aber wollen das „DIE Männer" *wirklich* von ihren Frauen? – Ich glaube das ehrlicherweise gar nicht! Obwohl es wohl auch solche Männer geben wird. Was sie aber garantiert erleben wollen, ist eine selbstverständlich gelebte Sexualität in der Partnerschaft. Und was sie noch wollen (es aber meist nicht bekennen und somit in die Heimlichkeit abdriften lassen), ist die Anerkennung ihres *„männlich-biologischen Erbes"*, statt „großer Szenen", oder gar „Rauswurf". [8] Die Psychologin und Machtexpertin Bauer-Jelinek konstatiert: *„Obwohl ursprünglich beide Geschlechter gleichermaßen ihre Sexualität befreien wollten, stiegen in weiterer Folge die Frauen dabei besser aus: Weibliche Sexualität wäre lustig, leicht und spielerisch – selbst wenn die Romane weiblicher Autorinnen immer pornographischer werden wie ‚Feuchtgebiete' oder die Sado-maso-Fantasien ‚Shades of Grey' ... Männer haben mit ihrer Sexualität nichts mehr zu melden. Sie wird als schmutzig, aggressiv, gefährlich, repressiv und tendenziell pervers dargestellt. Öffentlich akzeptiert, bunt und leichtfüßig hat sie nur in der homosexuellen Variante überlebt."* [siehe 9*]

Des weiteren fühlen sich viele heutige Männer übergangen, ja verschaukelt und von gesellschaftlich verbreiteten Vorstellungen

---

8 So gilt heute als gesichert, dass beide Geschlechter ihr geschlechtstypisches, biologischen Erbe – auch als Menschen – weiterhin mit sich tragen: *Bei Frauen war und ist das in der Natur – hormonell angelegt – alles, was zu „Gebären und Mutterschaft" führt; bei Männern das „Streuen ihrer Gene", um eine gesunde Diversität des Genpools zu befördern. Solche Natur-Anlagen brauchen uns als Gesellschaft NICHT WIRKLICH zu beschämen.*

9* C. Bauer-Jelinek: *„Der falsche Feind. Schuld sind nicht die Männer.",* Salzburg 2012, S. 71. – Humor zum Thema von Loriot: *„28 Shades of Grey"* (auf Youtube).

sowie den durchaus *realen Ansprüchen* ihrer Frauen überfordert: männliche Dominanz (starker Mann) und Fürsorglichkeit (Vaterrolle) und das beides gleichermaßen, zu bieten. Solch ein Spagat wird in unserer Kultur heutzutage ja ganz explizit von den Männern erwartet. Ich glaube es gibt diesbezüglich keinerlei Diskussion, dass diese Erwartungshaltung dem gegenwärtigen Zeitgeist entspricht und gesellschaftlich erwünscht bis eingefordert ist. Dies auch dann, wenn manche Frau bereits realisiert hat, dass solche zeitgeistige Forderungen an den Mann – und sollte er sie auch noch erfüllen – keineswegs förderlich sind für ihr weibliches Selbstwertgefühl und Selbstbewusstsein! Ja, dass solches Wünschen eben auch seinen Preis hat, wie übrigens alles, was man so wollen will: „*Frauen sind offensichtlich ambivalent hinsichtlich der idealen Charaktereigenschaften ihres Traummannes. So soll – vor allem der Langzeitpartner – freundlich und sanftmütig, gefühlsbetont und einfühlsam, aber gleichzeitig draufgängerisch, energisch und voller Durchsetzungsvermögen sein.*" [10]

Im Folgenden soll ein Beitrag einer jungen Frau stellvertretend für einige der gesendeten Aussagen in der TV-Doku „*Der Sex der Männer*", angeführt werden. Die Frage im Interview lautet: „*Welcher Typ ist begehrt, Macho oder Softie?*" – Sie: „*Also ich glaube, die Frauen wünschen sich ein einfühlsames Alpha-Männchen. Können sie natürlich nicht haben. Aber ich mag beides sehr gern. Es gibt Orte, da mag ich meinen Mann sehr, sehr dominant und im Alltag dann doch so (Lachen, Lachen, Lachen), so – so – wie Du – bist (Lachen, Lachen, Lachen).*" – Er, daneben stehend: „*Ja, also anscheinend krieg ich die Symbiose ganz gut hin.*" [11] – Jetzt mal ehrlich – erkennen Sie sich wieder? ... Wie so oft, taugt für eine solch eigenwillige Thematik am besten das Kabarett. siehe 12*

Maja Storch, wissenschaftliche Leiterin des Instituts für Selbstmanagement und Motivation (ISMZ), an der Uni Zürich, sieht es aus ihrer Erfahrung als Psychologin so: „*Wir haben aus dem wilden*

---

10 B. Schweder: „*Frauen fühlen anders. Männer auch.*" Wien 2012, S. 147.
11 B. Hain: „*Der Sex der Männer*", in ORF-III-*Themenmontag*, 12.3.2018 (Min.16:38).
12* F. Schroeder: „*Männer müssen es spüren*". https://youtu.be/RpAPDu99dQo .

Wolf einen Schoßhund gemacht und der Schoßhund war uns lästig." [13] Ich selbst habe Ähnliches aus dem Mund einer Expartnerin gehört, die zu Beginn unserer Beziehung über den Vater ihrer Kinder zu mir sagte: *„Ich will einen Mann an meiner Seite haben, eine Diva hatte ich schon.*" Sie konnte ihre Rolle allerdings auch diesmal nicht lassen, nämlich der „Mann" in unserer Beziehung zu sein.

Es gibt jedoch noch ein weiteres hierarchisch-komplementäres Ordnungsprinzip, das sich in der Natur – wohl ebenso mit evolutiven Vorteilen verbunden – etabliert hat. Jenseits der angesprochenen, rein körperlichen Dominanz von Männern über Frauen, stellen heutige Wissenschaften fest, wovon Männer wohl seit Ewigkeiten ein Lied singen können: nämlich eine *genetisch-neurologisch* fundierte und somit auch *psychologisch-soziologische Dominanz* der Frauen über die Männer – mit all ihren subtilen Folgen. Bei vielen Frauen scheint dies durch ihre Lebensverhältnisse, bezüglich Nachkommenschaft und Kindererziehung derart verinnerlicht und immanent, dass diese Dominanz für sie „transparent", also gänzlich unbewusst, geworden ist. Und dennoch wirkt sie und prägt mit subtiler Macht das Zwischenmenschliche der Geschlechter.

Das folgende Zitat der Soziologin Schweder haben Sie, liebe Leserin, lieber Leser, bereits in verknappter Form kennengelernt: *„Die Geschichte zeigt, wie sehr Frauen es in der Hand haben, Männer in ihrer Rolle zu bestärken oder sie zu verunsichern. ... Die Arbeitswelt wird zum Übungsfeld für die moderne Partnerschaft. Die Jahrtausende der Männerherrschaft haben nämlich die wirklichen Machtverhältnisse nur verschleiert. ... Frauen halten eine Macht in Händen, die lange in Vergessenheit geraten war."* [14]

Liest man das Buch der Soziologin, so zieht sich als Konsequenz ihrer Forschungen der Frauen-Führungsanspruch in Gesellschaft und Partnerschaft als das *„fähigere, dominierende Geschlecht"* wie ein roter Faden durch die Argumentation. Und auch wenn man(n) /

---

13 M. Storch: *„Sind Sie eine starke Frau?"* (http://majastorch.de/download/starkefrau.pdf).
14 B. Schweder / S. Riedl: *„Wie Frauen Männer gegen ihren Willen ..."*, 2003, S. 225.

frau die Anliegen aus der Perspektive des Gender-Mainstreamings betrachtet, zeigt sich kein Funke von Bewusstheit bezüglich der Notwendigkeit eines *„Dominanz-Abgleichs"* oder gar der Anflug einer Bereitschaft dazu. – DIES wird noch entfacht werden dürfen bzw. wachsen müssen. Was allerdings hoffen lässt, ist die Einsicht soziologischer Forscherinnen, wie wir dies im obigen Zitat lesen konnten, dass *„die Geschichte zeigt, wie sehr Frauen es in der Hand haben, Männer in ihrer Rolle zu bestärken oder sie zu verunsichern."*

Analysiert man die momentane Situation des westlichen Mannes, so hat bislang eindeutig eine zunehmende „Verunsicherung" das Sagen. Es verwundert daher, wenn man die Soziologin der Humboldt Universität Berlin, Dr.[in] Hildegard-Maria Nickel, in der Filmdokumentation *„Das Jahrhundert der Frauen – Von der Wende bis heute"* mit folgenden Worten sagen hört: *„Wie sind Männer davon zu überzeugen, dass sie selbst auch dazu profitieren von der Gleichberechtigung, von der Emanzipation von Frauen? Das bewegt sich offensichtlich sehr, sehr schwerfällig und ist eine zentrale Baustelle."* [15]

Da hat sie natürlich Recht damit: Natürlich können Männer von der Emanzipation der Frauen profitieren. Andererseits: Wir können an dieser Äußerung auch erkennen und begreifen, wie wenig bewusst vielen Feminismus-Vertreter(inne)n das von Männerseite als inakzeptabel bis demütigend erlebte weibliche Dominanzgehabe („Chefinnen-Bewusstsein") nach wie vor ist.

Fassen wir zusammen: Die Natur hat beiden Geschlechtern auf unterschiedliche Weise Vorteile eingeräumt. Die westlichen Männer haben in den letzten Generationen das Ihre getan, ihre Vormacht-stellung loszulassen. – Jetzt wird es an den Vertreterinnen aufseiten der Frauen liegen, Bereitschaft und Unterstützung zu beweisen, damit die Karten, jenseits der beiden genannten Natur-Aspekte, neu gemischt werden können. *Es braucht einen klar gesetzten Riegel, auf Basis von Selbstreflexion und Selbstkontrolle. Ansonsten die errungenen Entwicklungen auch schnell wieder verlorengehen könnten!*

---

15 H. Nickel in *„Das Jahrhundert der Frauen – Von der Wende bis heute"*, PHOENIX | programm.ARD.de, Filmdokumentation (8.3.2017), Min. 40:41 (Teil 3: 11:50).

Macht ohne Missbrauch. Geschlechtertypische Überzeugungen

Dass sich Männer in westlichen Gesellschaftssystemen in der jüngsten Vergangenheit vom dekadenten Patriarchat zugunsten einer künftigen Partnerschaftlichkeit verabschieden, kam letztlich einer politisch-soziologischen Selbstentmachtung der Männer gleich – war KEINESWEGS SELBSTVERSTÄNDLICH! Betrachten wir auch das einmal, anerkennend und ganz bewusst als eine wesentliche männliche Kulturtat. Es ist dies möglicherweise der erste Schritt zur Wandlung.

Der in meinen Augen ebenso wichtige zweite Schritt – vonseiten der Frauen – steht jedoch aus. Natürlich kann man einwenden, dass dieser erste Schritt (jener der Männer) viel zu spät und erst auf intensives Drängen der Frauenbewegung zustande kam. **Beide Argumente sind berechtigt und haben etwas für sich.** Wer wollte da wohl widersprechen?! Dennoch: Neben dem Engagement der Emanzipations-Bewegung für soziale und politische Gleichberechtigung stand dafür eben auch ein offensichtlich bei beiden Geschlechtern bereits entwickeltes Rechts-, Demokratie- und Fairness-Gefühl Pate, welches sich im Lauf der letzten Jahrhunderte, beginnend mit den Anfängen der Demokratie in Griechenland und weiterführend in unserer Kultur – unter männlicher Ägide – politisch etabliert hat.

Für die von Mann und Frau angestrebte Kooperation und Gleichberechtigung in der menschlichen Gesellschaft muss daher gelten, dass weder Männer infolge ihres körperlichen Vorteils die Frauen entmachten und entwürdigen, noch dass Frauen nunmehr die Männer durch aktuelle Berufs-Mechanismen aus den gesellschaftlich einflussreichsten Berufs-Bereichen verdrängen: dem Erziehungswesen, dem Sozialbereich, dem Gender-, Rechts- und Gesundheitsbereich, etc., sodass sich dort nunmehr neuartige und erweiterte (Berufs-)Matriarchate etabliert haben bzw. etablieren.

Ob Frauen sich in Zukunft gleichermaßen bereitfinden, auch ihre subtil sozio-psychologische Vormachtstellung gegenüber Männern loszulassen, davon wird eine nachhaltige Änderung zugunsten beider Geschlechter abhängen. Erst so wird eine reale Chance etabliert werden können, dass Frauen und Männer sich in Zukunft wirklich gleichgestellt, auf Augenhöhe – und gleichberechtigt – begegnen können. **Doch davon ist der kultur-politische Wille ganz offenbar noch weit entfernt.** Und: *„Von selbst g'schicht gar nix!"* (Wienerisch für: *„Nichts geschieht von alleine!"*) Natürlich lassen sich für diese Idee auch formvollendetere Formulierungen finden.

Wer entscheidet? – Reale Machtsituationen in Partnerschaften

Es ist abzuwarten, ob Frauen sich bereitfinden, nachzuziehen, um ihrerseits weibliche Machtphantasien (wie: der Mann sei *„Konstrukt im Dienste der Frauen"*) sowie das daraus resultierende, desaströse Bevormundungs-Bestreben – hinter sich zu lassen. Es möge SEHR BALD – ebenso schnell wie beim dekadenten Patriarchat – der Vergangenheit angehören!

Welche Wirkungen – das Patriarchat überdauernd – dieses unbewusste Paradigma von einer *„soziologisch-weiblichen Dominanz über den Mann"* **in Partnerschaften nach wie vor zeitigt, kenne ich zur Genüge aus meiner persönlichen Vergangenheit. U.a. von meinem Vater, der sich, obwohl in leitender Stellung im öffentlichen Dienst, zuhause und vor den Augen seiner Söhne zum Befehlsempfänger degradieren ließ und auf die Weise zum unmündigen Kind (gemacht) wurde. Worunter letztlich dann auch meine Mutter verzweifelt litt. – Höchst skurril!**

Solches Verhalten beobachten zu müssen, war mein eindrücklichstes persönliches Erlebnis und Beispiel dafür. Es gab parallel dazu im Freundeskreis meiner Eltern aber *ausschließlich* ähnlich gelagerte Mann-Frau Beziehungen mit einer Art „Frau General" daheim. Ich glaube – ja: weiß es –, dass auch in meiner Generation noch (fast) jeder Mann davon (s)ein Lied singen kann ... Und, glaube ich den Hinweisen verschiedener junger Menschen, ist es heute nicht anders. So sagte eine in Wien arbeitende Paar- und Psychotherapeutin im Frühjahr 2015 während eines Paarcoachings zu meiner damaligen Partnerin und zu uns als Paar: *„Leicht haben's die Männer ja wirklich nicht. Die müssen letztlich ja doch immer mitspielen, bei dem was wir* *so wollen.*" [16] Wer jetzt meint, das sei als Scherz gemeint gewesen, den muss ich leider enttäuschen. Es war dies lediglich das mitgeteilte Ergebnis ihrer langjährigen persönlichen Erfahrung als Coachin.

Wie bereits gesagt: Die Frage: *Möchtest Du DEIN Leben mit mir teilen, oder DAS Leben?* **ermöglicht bei Zeiten die nötige Klärung, um das nötige Bewusstheit zu schaffen, bevor die üblichen Spielchen beginnen, um herauszufinden was da ja vielleicht doch alles möglich sein könnte, einfach weil auf nichts-und-wieder-nichts verzichtet werden will ...**

Direkt zum Thema, der Psychologe und Bestsellerautor, Steve Biddulph: *„Und so fängt der verheiratete Mann an, seinem eigenen Urteil und Geschmack zusehends zu misstrauen. Er fühlt sich, je länger desto mehr, wie ein unästhetischer Blödmann, der nur in der Geschäfts- oder Arbeitswelt etwas taugt und der es geschmacklich mit seiner besseren Hälfte nicht aufnehmen kann. Genau wie früher Mama, weiß die Gattin immer alles am besten. Ein Immobilienmakler hat deshalb ganz folgerichtig einmal zu mir gesagt: ‚Ich verkaufe nie an den Ehemann, sondern immer an die Frau. Wenn ihm ein Haus gefällt, bedeutet das gar nichts. Aber wenn es ihr gefällt, dann ist das Geschäft unter Dach und Fach.' Viele Ehemänner sind in einer für sie selbst im Grunde genommen unbefriedigenden Beziehung gefangen, auch wenn sie sich der bei ihnen dadurch verursachten Wut und ihrer Sehnsucht nach Autonomie häufig gar nicht bewusst sind. Deshalb treten ihre negativen Gefühle unentwegt aber nicht wirklich zutage. Sie sind zwar ‚in' der Beziehung, gehören aber nicht wirklich ‚dazu'.*" [siehe 17*]

Ich bin mir durchaus bewusst, dass das „Weibliche" - infolge seiner geschlechtsspezifischen Aufgabe von Aufzucht und Erziehung über die Jahrmillionen - epigenetisch derart vorgeprägt ist, dass die meisten Frauen noch gar nicht anders können, als den Weg im Familien- und Beziehungsbereich vorzugeben. „Zu erziehen" ist aus der Natur-gegebenen Aufgabe über die Jahrmillionen hinweg für

---

16 S. Teml-Jetter (Wertschätzungszone Wien – *Paar coacht Paar*), Zitat aus einem persönlichen Beratungsgespräch, Wien Frühjahr 2015.

17* S. Biddulph: *„Männer auf der Suche – Sieben Schritte zur Befreiung"*, München 2001, S. 115; **Hier noch Satirisches von Loriot:** *„Birne Helene"* ☺ (auf Youtube).

Mütter auch epigenetisch intensiv wirksam und prägend gewesen. Es war dies, wie bereits angesprochen, die essenziellste Aufgabe der Weibchen – und das schon lang vor dem Menschen. Dafür gibt es eine instinktiv unterstützende Überzeugung im Frauen-Bewusstsein, welche noch heute ihre Wirkung hat: *Ich weiß immer, wie es richtig ist und gebe daher berechtigtermaßen den Ton an.*

Die diesbezügliche Überzeugungssicherheit gab ihren Kindern die wichtige Entwicklungssicherheit bezüglich der Richtigkeit und Erhaltung des bewährten, kulturellen Status-Quo. So schaff(t)en die Mütter, das optimale Feld herzustellen, um ihre *Kleinkinder* in der frühkindlichen Prägungsphase in vorgegebene Natur- und Kulturzusammenhänge hineinzustellen. Wunderbar! – Dass dieses Wunderwerkzeug über das zu erziehende Kleinkind hinaus allerdings auch Schattenseiten entwickelt, braucht nicht zu verwundern.

Vermutlich können Frauen kaum bemerken, wo dies als steter Übergriff gegenüber erwachsenen Kindern, oder eben auch (erwachsenen) Männern, stattfindet. *Dieses natur-weibliche, geschlechtertypische Werkzeug ist somit ebenso problematisch wie andere Werkzeuge, die aus Gründen einer Generalisierung für alles und jedes eingesetzt werden.* [18] *Eine derart internalisierte und durchsetzungsbereite Besserwisserin in der Partnerschaft wird ebenso unheilsam sein wie ein stets durchsetzungsbereiter, gewaltigtätiger Mann. Die dazu adäquat männliche, geschlechtertypische Überzeugung heißt wohl: Ich kann alles durch größere Kraft bestimmen und schaffen.*

Während in unserer westlichen Kultur für die Überwindung der männlichen Überzeugung viel an Einsatz geleistet und viel an Bewusstheit geschaffen wurde, mangelt es bezüglich der weiblichen *Besserwisserinnen-Überzeugung* an allen zwischenmenschlichen Ecken und Enden. Diese Überzeugung hatte wie gesagt, im

---

18 Der Verhaltenswissenschaftler Abraham Kaplan nannte es: „*The law of the instrument*", besser bekannt in der Formulierung des Professors für Psychologie von der Boston University, Abraham Maslow: „*If all you have is a hammer, everything looks like a nail.*" A.H. Maslow: „*The Psychology of Science*", New York 1966, S. 15.

matriarchalen Haus- und Erziehungsbereich ihre einstmals schöpferische Berechtigung und kreative Bedeutung. Sie wird aber fragwürdig in Zeiten, wo bereits flächendeckend patriarchale Überzeugungen aufgelöst wurden. Jetzt müssen derart systemisch wirksame, matriarchale Relikte bewusst gemacht und verwandelt werden! *Es gilt, das Zerstörerische derartiger Überzeugungen ("mentale Quasi-Bedienungsanleitungen") auf beiden Seiten der Geschlechter zu überwinden.* Und solches müssen Männer auch an Änderungen zu fordern bereit sein, wie Frauen bereit waren, das Ihre zu fordern!

Dieser Abgleich ist für echte Gleichberechtigung wichtig!

Die Natur hat eine Vielzahl systemischer Mechanismen installiert, um den „Be-Trieb" – Leben genannt – gerade auch zwischen den Geschlechtern ausgewogen zu gewährleisten. Entgegen manch einseitiger Darstellung gab es früher die Matriarchate nach innen (getragen von der biologischen Stärke der Frau) und das Patriarchat im Außen (getragen von biologischer Stärke der Männer).

Etwas zum Nachdenken: *Wir kennen ein sprechendes, charakteristisches Phänomen: Mit dem „Ausrotten" einer wichtigen Art in einem von der Natur gegebenen Ökosystem durch den Menschen ging infolge stets die Plage durch eine andere Spezies einher. – Ähnlich Systemisches ist auch bezüglich der Eigenart und ihrer Mechanismen zwischen den Geschlechtern gültig:* Wird eine zentrale Vorgabe (wie in diesem Fall die „Männer-Übermacht") zurechtgestutzt bis eliminiert, ohne auch auf der weiblichen Seite („Frauen-Übermacht") entsprechende Schnitte zu gewährleisten, bringt es das sensible Ganze aus der kulturellen Balance.

Um eine Analogie, einen Vergleich aus der Landwirtschaft zu verwenden: Wir sind im Begriff eine Art Monokultur zu schaffen, die das gesamte System anfälliger gegen Schädlinge (in unserem Fall gegen einseitig schädigende Einflüsse in der Gesellschaft) macht. Unbefangen betrachtet ist die Gefahr kaum zu überschätzen, dass unser *geschlechter-spezifisches Ökosystem* auf diese Weise aus dem sozialen Gleichgewicht fällt und in grobe Turbulenzen gerät. (Siehe frühere Ausführungen im Zusammenhang von komplexen

Systemen durch den Systemforscher Stefan Thurner). Christine Bauer-Jelinek konstatiert: *„Zwischen den Geschlechtern muss in jeder Gesellschaft eine Art ‚Gleichgewicht der Macht' bestehen. Dieses existiert nicht nur dann, wenn beiden die gleichen Rechte und Pflichten zustehen, sondern auch wenn Männern wie Frauen UNTERSCHIEDLICHE (Hervorhebung im Original) Instrumente zur Durchsetzung ihrer Interessen zur Verfügung stehen."* [19]

Der vorgebliche „Lösungsansatz" der Genderforschung klingt bestechend und betörend einfach: Hier wird versucht, den „Beweis" zu erbringen, Männer und Frauen seien in ihren grundsätzlichen Anlagen gleichartig: Ihre jeweilige Geschlechter-Biologie hätte keinerlei prägende Bedeutung für ihr sozio-gesellschaftliches Verhalten. Somit, so die beruhigende Theorie, könne und werde es durch die eingeleiteten soziologischen Veränderungen keinerlei Ungleichgewicht im sozialen System geben. – Die Phänomene sind jedoch bereits sichtbar und sie werden meines Erachtens weiter dynamisch zunehmen. Ganz abgesehen davon, dass sich die „Genderforschung" in diesem Aspekt diametral entgegen jeglicher anderer Forschung, von Frauen UND Männern getragen, stellt, wie wir sehen werden.

Bewusstsein und Bewusstheit für derart geschlechts-spezifische Muster – schädigende wie auch förderliche – zu erlangen, wird in Zukunft die wesentliche, gemeinsame Aufgabe der Emanzipationsbewegung von Frauen UND Männern darstellen. Doch dafür braucht es nicht nur „Frauenforschung", sondern in gleicher Weise auch „Männerforschung". Bislang aber gibt es nichts dergleichen! *Den etwa 250 Lehrkanzeln für Frauen-Forschung und Gender steht im deutschsprachigen Bereich KEIN EINZIGER Lehrstuhl für Männer-Forschung und Gender zur Seite. Dafür sind bislang offensichtlich weder Einsicht noch bildungs-politischer Wille vorhanden.*

Kalifate, Patriarchate, aber auch Matriarchate haben alle eines gemeinsam: Es wird vornehmlich EINE Seite gestärkt. Was hier aber dazukommt: Ein Geschlecht im Vergleich zum anderen, als einseitig

---

19 C. Bauer-Jelinek: *„Der falsche Feind. Schuld sind nicht die Männer."*, Salzburg 2012, S. 144.

defizitär darzustellen, wird kulturell nichts voranbringen. Ganz abgesehen davon, dass dies wie jede Generalisierung fragwürdig ist. In der Dekadenzphase des Patriarchats war es die *abgewertete Frau*, heute ist es der *abgewertete Mann*, der in unserer Kultur als unterentwickelter Barbar oder Doof-Mann exponiert wird. Und das nicht nur im Bereich Werbung als manipulativer Hochglanzmotor für die Frau als Kaufkraft-Nr.1 [20], wo es um nichts anderes geht als die Veranstaltung von Gewinner- und Loser-Image sowie Motivation.

In einer Radiosendung zum Thema – Titel: *„Männer das vernachlässigte Geschlecht"*– heißt es da (gesprochen von einem Mann): *„Der westliche Mann steckt heute in einer epochalen Krise. ... Frauen haben sich aus dem einstigen gesellschaftlichen Rollenkorsett emanzipiert und sind in allen Belangen Männern rechtlich gleichgestellt. In einstigen beruflichen Männerdomänen stehen sie den Männern in punkto Kompetenz, Fleiß und Durchsetzungskraft in nichts nach. Mädchen und Frauen wurden in den letzten drei Jahrzehnten gesellschaftspolitisch enorm gefördert. Das war auch notwendig und lässt sich zweifellos als gesellschaftlicher Fortschritt würdigen. Doch in diesem sozialen Entwicklungsprozess wurden viele Jungen und Männer ins Abseits gedrängt. Ihre Lebensrealitäten wurden vernachlässigt und ihre Männlichkeit entwertet. Männer gelten als gefährlich, gefühlsarm, dominant als soziale und sexuelle Idioten. Die Folge ist eine tiefe seelische Verunsicherung, die sich insbesondere in der Generation der 20 bis 50-Jährigen feststellen lässt. Wenige Männer sprechen über ihre Orientierungslosigkeit. Privat gilt es immer noch als Schwäche und beruflich wird von ihnen reibungsloses Funktionieren verlangt."* [21]

Freisein will gelernt sein

Immer wenn eine Gruppierung glaubt, sie sei im Begriff der Wahrheit und andere herabwürdigt, beginnt etwas zu korrum-

---

20 Laut der „Boston Consulting Group" stellen Frauen den größten Zukunftsmarkt überhaupt dar. Und die Forschungsdaten der „Nielsen-Studie" zeigen, dass Frauen bereits heute 80% der Kaufentscheidungen in der Gesellschaft treffen. https://frauundkarriere.com/frauen-treffen-etwa-80-der-kaufentscheidungen/ .

21 *„Männer, das vernachlässigte Geschlecht.",* in: ORF/Ö1-*Radiokolleg,* 2010, von J. Kaup.

pieren. Um sich mancher berechtigten Kritik nicht stellen zu müssen, wird das oben Dargestellte vonseiten radikaler Feminismus-Vertreter(inne)n meist entweder als bemitleidenswerte, männliche Wehleidigkeit abgetan und belächelt oder empört zurückgewiesen. Beschwerde zu führen aber, muss möglich sein! Wir alle sind Menschen. Insofern sind wir alle zu würdigen. Wir könnten sogar sagen: Wir sind alle „gut", eben weil wir Menschen sind. Aber keiner ist davor gefeit, ein „*schlechter Zauberer*" zu sein, um an dieser Stelle ein Zitat zu verwenden. [22] Hier macht sich ganz offensichtlich eine verwöhnt-narzisstische Art ethischer Wohlstandsverwahrlosung in gesellschaftlichen Dimensionen breit.

Die Emanzipationsbewegung hat ermöglicht, zu klären, dass keine Frau ihrem Mann gehört, was ebenso vice versa gilt. Diese Befreiungsbewegung war auch maßgeblich initiativ, die legislative Festlegung der Gleichberechtigung in der Gesellschaft zu vertiefen, hat sich um die weitere Verankerung der Menschenrechte sowie Grundrechte für Kinder, Frauen und gesellschaftliche Minderheiten, Asyl für Verfolgte, Auflösung sozialer Abhängigkeit sowie Leibeigenschaft und vieles mehr verdient gemacht. [23] Im Grunde wurzeln die zentralen Anliegen der Emanzipationsbewegung im selben Kulturstrom wie die Menschenrechtsbewegung im Allgemeinen. Diese wurde bereits lange zuvor – primär von Männern als Politikern – initiiert und erhielt bereits in der amerikanischen Verfassung durch Abraham Lincoln politische Gültigkeit. [24]

---

22 Zitat aus dem Zauberer von Oz: „*'Ich finde, du bist ein sehr schlechter Mensch.',* *sagte Dorothy. – 'Nein, meine Liebe, ich bin viel mehr ein sehr guter Mensch, aber,* *wie ich zugeben muss, ein sehr schlechter Zauberer'.*"

23 Sogar in der Straßenverkehrsordnung hat diese Änderung in der westlichen Welt Schritt für Schritt Einzug gehalten, sodass heute jede(r) Verkehrsteilnehmer/in seine (ihre) Fahrweise so im Griff haben muss, dass auch hier nicht mehr das Recht des PS-Stärkeren / Größeren gilt, sondern Schutz und Sicherheit für die Verletzlicheren, Kleineren, Schwächeren wie Kinder, Fußgänger und Radfahrer, etc. gewährleistet sind.

24 „*Der 13. Zusatzartikel zur Verfassung der Vereinigten Staaten schaffte die Sklaverei* *auf dem gesamten Gebiet der Vereinigten Staaten endgültig ab. Er trat am 18. Dez.*

Hier wurde bereits in der Verfassung geklärt, dass niemand in diesem Staat (USA) irgendwem „gehöre". Und auch damals galt es, erst das rechte Werkzeug zu entwickeln – für beide Seiten, sowohl für ehemalige Sklaven wie auch ehemalige Herren (und Damen) – um derart freigelassen nun auch überlebensfähig zu sein bzw. zu werden.

Die historischen Erzählungen und Berichte zeigen, wie schwer es auf beiden Seiten zunächst fiel, sowohl *mit dem Freigelassen-Sein* wie auch *mit dem Besitzverlust* zwischenmenschlich stimmig umzugehen. Das eingesetzte Recht schaffte nur *theoretisch* Klarheit. Zu stimmigen Haltungen im Leben zu finden, inklusive neuen Überzeugungen und Glaubenssätzen im Massen- und Individual-Bewusstsein, dazu war / ist ein langer Lernprozess nötig, der –wie wir erkennen müssen – nicht abgeschlossen ist.

Abschließend will ich noch einen mir wesentlichen, letzten Gedanken skizzieren: Der nächste Schritt im Bewusstsein des Menschen – sollte es irgendwann 'mal auch um *Gleichberechtigung der Ressourcen* auf der Erde gehen, wird sein, ausgehend von den Industriestaaten für die Entwicklungsländer, diesen Schritt zu initiieren und durchzuführen. Auch DAFÜR wird irgendwann die Zeit reif sein, die eigene Macht einzusetzen. Und: *Bereits Männer und Frauen dieser Wohlstandswelt gemeinsam!* Einfach, um diese Welt zu EINER *Welt* zu machen, weil sie doch EINE Welt ist. Vielleicht kann die Menschheit ja schon bald demutsvoll und dankbar auf solchen Entscheidungs-Mut hinblicken.

Schauen wir, wie gut das politisch den nunmehr verantwortlichen BEIDEN Geschlechtern gelingen wird ... Aber keine Angst: Es geht ja, wie bei der Frauen-Emanzipation für uns Männer – nicht primär um „*Aufgabe von einem selbst*", sondern um die „*Hingabe an sich selbst*" und eigene, selbst-erkannte Werte. Alles weitere ist offensiv verantworteter, politischer Wille.

1865 in Kraft. Gemeinsam mit den ihm folgenden Verfassungszusätzen Vierzehn (gegen Diskriminierungen aller Art sowie den rechtlichen Schutz von Grundrechten) und Fünfzehn (Wahlrecht für alle Bürger) bildete er die nach dem Sezessionskrieg verabschiedeten ‚Reconstruction Amendments'." Aus: https://de.wikipedia.org/ wiki/13._Zusatzartikel_zur_Verfassung_der_Vereinigten_Staaten .

Fragen zur Plausibilität angeführten Aspekte in diesem Kapitel:

1.) Dass der Machthaber und die Besserwisserin Patriarchat und Matriarchat kreiert haben, halte ich für gut möglich. Auch, dass die meisten Frauen *dominante Männer* bevorzugen, welche außerdem noch sanft, empathisch, großzügig, humorvoll, etc. sein sollen und: in sich ruhend. Dass andererseits Männer *besserwisserische Frauen* schätzen könnten, halte ich nicht gleichermaßen für wahrscheinlich.

O	O	O	O	O
sehr	überwiegend	durchschnittlich	wenig	gar nicht

2.) Ich stimme zu, dass es nach Ende des Patriarchats auch an den Frauen liegt, eine Chance zu etablieren, den Männern in Zukunft gleichgestellt und auf Augenhöhe zu begegnen.

O	O	O	O	O
sehr	überwiegend	durchschnittlich	wenig	gar nicht

3.) Die Hinweise, dass der politische Wille zur gesellschaftlichen Umsetzung der Emanzipation maßgeblich von Männern umgesetzt wurde, erscheinen mir berechtigt. Ich kann diese Tatsache anerkennen, ohne damit den Veränderungsimpuls der Frauen geschmälert zu sehen. Ich bin dankbar, diese wesentliche Unterstützung durch Männer auf diesem Weg, neu sehen zu können.

O	O	O	O	O
sehr	überwiegend	durchschnittlich	wenig	gar nicht

Punkte: sehr = 5; überwiegend = 4; durchschnittlich = 3; wenig = 2; gar nicht = 1

Ihre persönliche Auswertung / durchschnittlicher Punktewert:

Kapitel 6:
Das *„Schweigen der Männer"*

(Dieses Kapitel hat kein Verlags-Lektorat gesehen und zensuriert, deshalb ist auch nichts **„fett"** gedruckt.)

Der Froschkönig (Fortsetzung 6)

Der König sah wohl, dass ihr das Herz gewaltig klopfte und sprach: ‚Mein Kind, was fürchtest du dich, steht etwa ein Riese vor der Tür und will dich holen?' ‚Ach nein,' antwortete sie, ‚es ist kein Riese, sondern ein garstiger Frosch.' ‚Was will der Frosch von dir?' ‚Ach lieber Vater, als ich gestern im Wald bei dem Brunnen saß und spielte, da fiel meine goldene Kugel ins Wasser. Und weil ich so weinte, hat sie der Frosch wieder heraufgeholt. Und weil er es durchaus verlangte, so versprach ich ihm, er sollte mein Geselle werden. Ich dachte aber nimmermehr, dass er aus seinem Wasser heraus könnte. Nun ist er draußen und will zu mir herein.'" [1] *(Fortsetzung folgt)*

Unterschiede ziehen sich an

Männer und Frauen ticken oft „entsetzlich anders", auch wenn die Gender-Ideologie das ganz bewusst ausmerzen will. Es muss künftig möglich sein, Geschlechter-Fairness zu erlangen – AUCH auf Basis anerkannter Geschlechter-Unterschiede!

Während einer Autofahrt kam ich zu einem ungestörten Plauderstündchen mit meiner Partnerin und zur nun folgenden Betrachtung. Der Anlass war das aktuell zunehmend hohe Maß an Aufmerksamkeit in der Gesellschaft für sexuelle Übergriffe durch Männer. Von Frauenseite betrachtet halte ich das für sehr verständlich und begreife: *Es ist einfach inakzeptabel!* Ich verstehe das und sehe es genauso: *Männerübergriffe auf Frauen machen mich als Mann in jedem Einzelfall betroffen.* Und nicht nur, weil derartige Übergriffe meist eindeutig heftiger sind. Jeder Übergriff ist einfach einer zu viel.

Könnte es unabhängig davon aber AUCH sein, dass Frauen ihre eigene Geschichte oft eher unreflektiert unter den Tisch kehren ...?

---

1 Aus: *„Der Froschkönig"* (auch: *„Der eiserne Heinrich"*), Märchen der Gebrüder Grimm. Online: www.internet-maerchen.de/maerchen/froschkoenig.htm .

Shoppen & Flirten. – Und was sie gemeinsam haben

Shoppen wie auch Flirten des „Shoppen-und-Flirtens-willen" sind Kinder unserer Wohlstandsgesellschaft und damit eher neuzeitliche Phänomene. In Zeiten „existenzialistischer Lebensfragen" gab es so etwas natürlich nicht. Und diese Zeiten liegen keineswegs lange zurück. Bei beiden angesprochenen Phänomenen aber geht es meist um nichts anderes als um eine Art von „Spiel". Dies stehe im Vordergrund. Klar, vorgegebene Regeln gibt es für diese Spielarten im Grunde keine. Außer vielleicht: Niemand dürfe in seiner Würde verletzt werden oder gar zu Schaden kommen. Nur: Wo beginnt die Schädigung und – wo endet sie leider oft?

Auch ich – wie wir wohl alle – haben derartige „Anlässe" erlebt: Frauen flirten gerne. Betonung auf „FLIRTEN"! Es könnte ja sein, dass „Flirten" für manche Frau das eigene emotionale Selbstverständnis zu heben imstande ist (?). Wohlgemerkt: Bei Frauen geht es beim Flirten primär ums Flirten und oftmals um NICHTS anderes. Etwas, was mir Frauen immer wieder versichert haben. Daraus wird auch der erotische Kick gezogen, da jede Frau davon ausgehen kann, dass ein Mann, der darauf anbeißt, wohl fast immer letztlich auch für alles andere zu haben ist. (Wovon Männer nicht ausgehen können.) Allerdings: Ob man(n) / frau dann WIRKLICH mehr wolle, das wird Frau DANN entscheiden ...

Mein Resümee: „Flirten" wird als Kategorie hierbei von vielen Frauen offensichtlich ähnlich verstanden wie „Shoppen". Frau pilgert (meist) nicht von Schuhgeschäft zu Schuhgeschäft oder von Kleidergeschäft zu Kleidergeschäft, etc., um etwas einzukaufen, sondern einfach, weil das „happy" macht: gemäß dem Werbespruch „Shopping macht happy".

So etwas würden Männer (faktisch) niemals tun. (Daher werden Männer auch kaum mal kaufsüchtig.) Wenn Männer einmal real „shoppen" (einkaufen), dann fast ausschließlich, um etwas zu kaufen. „ER" hat dabei ein erklärtes Ziel: Geschäftsabschluss! – Ein Paar Schuhe (oder auch gleich zwei) fürs kommende Kalenderjahr oder auch wieder mal eine Jeans! Und „ER" *fühlt und denkt* als Mann beim Flirten einer Frau (mit ihm) wohl ähnlich wie ein Geschäftsbesitzer, der so manches Mal bereits das dritte Paar Schuhe aus dem Lager bringt sowie der Kundin seine Aufmerksamkeit schenkt, wenn diese Kundin dann irgendwann flugs und vergnüglich – und eine beiläufige oder auch kritische Beurteilung bezüglich der Schuhe hinwerfend – sein Geschäft wieder verlässt. Was „ER" erlebt: Sie lässt „IHN" unverrichteter Dinge zurück, damit er seine Schuhkartons (oder Handtaschen oder auch Kleider) wieder ins Lager bringen kann – wissend, hier wurde mit ihm nur „kaufen gespielt", oder seine Ware gar noch abgewertet, um einen „Grund" zum Gehen vorweisen zu können.

So wie kaum ein Mann auf diese Idee kommt, „shoppen-nur-des-Shoppens-wegen" zu machen, kommt „ER" auch nicht auf die Idee zu flirten „nur-um-des-Flirtens-wegen". Viele Männer schätzen es einfach nicht, wenn von Frauenseite mit ihnen *„Interesse, Kontakt & Nähe"* gespielt wird. Sie wollen glauben, dass es um „das Eine" geht: Um Interesse, um Anerkennung – um Geschäftsabschluss. Ja, auch um Sex. Natürlich: JEDE Frau darf shoppen und auch flirten, wann immer sie will. Sie darf / soll / muss allerdings wissentlich davon ausgehen, dass sie dabei Männer anbaggert und dass das bei gewissen Männern eben auch Folgen haben kann.

Es ist im Grunde wie mit unserem „Froschkönig": Frau will etwas für sich und wenn sie es bekommen hat, verschwindet sie.

Meines Erachtens wissen Frauen das und tun es dennoch. *Wenige von ihnen wollen sich darüber Rechenschaft geben, dass ihr Flirten auf der anderen Seite oftmals als emotionale Aufforderung oder als Übergriff, ja Wortbruch erlebt und verstanden wird.* Da kommen sich manche Männer eben etwas verarscht vor.

Sorry, liebe Frauen. Aber so sieht das von Männerseite aus, was ihr da zum amüsanten Aufmöbeln eures Selbstgefühls gerne tut. Das sät aber Verbitterung und Trauer. Wohl auch Wut – und bei manchem auch Vergeltung. Ja und so gibt es leider immer wieder Übergriffe vonseiten dieses „Spielobjekts: Mann". Traurige Sache.

Sexualität wieder als das zu begreifen, was sie immer war – eine der Urgewalten im Prozess Leben – könnte helfen, weniger Schaden zu bewirken. *Das-Leben, ein-Spiel* – vielleicht. Aber eben nicht nur.

Die Sachbuchautorin und Trainerin Vera Birkenbihl konfrontierte nicht nur die Topmanager/innen der Wirtschaftswelt mit der neuesten Forschung, sondern gab ihr fundiertes Wissen an Lernende jeden Alters weiter. Sie spricht eine sehr ähnlich anmutende Überlegung aus: *„Es gibt einen Unterschied zwischen einer Vergewaltigung und einer Nötigung. Und ich vermute, die Nötigung entspricht dem amerikanischen ‚statutory wage' (zu deutsch: ‚gesetzlicher Lohn') – etwas wo zunächst Einigung zu herrschen schien, etwas das obwohl es zunächst nett begonnen hat, dann in eine Vergewaltigung mündete. Ich glaube, dass 95% der Vergewaltigungen so begonnen haben."* [2]

Die Frage, die wir uns in diesem hochkomplexen Spielgeschehen durchaus zu stellen haben, lautet: *Wie viele Übergriffe von Männern finden statt, indem infolgedessen ANDERE Frauen völlig ungebeten zum Handkuss kommen ...?* Ich bin mir bewusst, dass ich mich an dieser Stelle dem Vorwurf aussetze, ich könnte auf diese Weise dazu beitragen *„die Opfer zu Tätern und die Täter zu Opfern zu machen".* Mir geht es aber ausschließlich um erweiterte Reflexionsbereitschaft *eigenen* Tuns, weil wir wissen: *„Alles Soziale ist systemisch!"* Das Argument der „unbefangenen Ahnungslosigkeit" verliert auf der Ebene einigermaßen mündiger Erwachsener seine Berechtigung. „Täter- und Täterinnen" sind Täter, selbst da wo sie sich keiner „schädigenden Absicht" bewusst fühlen oder / und für das eigen Selbstbild die Opferrolle bevorzugen.

„Gender-Medizin". – Neues bezüglich Gewalt, Krankheit & Würde

Die Frage ist somit, ob – systemisch betrachtet – nicht *immer* eine Vor-Opferschaft konstatiert werden muss, die reaktiv zum Täter machen kann. Aus oft keinem anderen Grund, als jenem „bloß-nicht-als-Opfer-geoutet-dazustehen" sowie aus Hilflosigkeit. Etwas, was im Speziellen für Männer zur scheint's hochgradigen Gefährdung ihrer Identität und infolge ihres Lebens zu werden vermag: *Als groß und stark gelten zu sollen, auch als Wunschbild der zumeist weiblich orientierten Frauen und sich dennoch abhängig und untergeordnet erleben zu müssen.* Je geringer da das

---

eigene Selbstwertgefühl ausgeprägt ist, desto mehr kratzt das an der eigenen Würde und desto eher folgt jener reflexartige Ausweg von Männern in die Gewalt: Gewalt gegen Schwächere, oder auch gegen sich selbst als den „quasi Schwächeren". In den Extremen Mord und Selbstmord, zeigen Männer sich oft radikaler, wie dies ja auch die Statistik belegt. [3]

Seit wenigen Jahren wurde infolge der „Gender-Medizin" deutlich, dass auch auf Männerseite gewissse „Diagnosen" revidiert werden müssen. Auch „gesellschaftliche Diagnosen" (Vorurteile). Vor allem bzgl. Aggression & Gewalt ...

„Depression", eine Erkrankung, die man früher fast ausschließlich Frauen zuerkannte, wird heute zunehmend auch bezüglich der Männer diagnostiziert. Deutlich wird allerdings, dass sie bei Männern ein ungewöhnlich anderes Erscheinungsbild hat als bei Frauen. Die Leiterin der Gender Medicine Unit an der MedUni Wien, Univ.-Prof. Dr.[in] Alexandra Kautzky-Willer auf die Frage „Glauben Sie an die Männerdepression und dass wir da Diagnosedefizite haben?": „Unbedingt und ich frage auch immer wieder unsere Psychiater, wieso das so ist. ‚Warum sind diese Symptome, die klar der männlichen Depression zugeordnet sind: die vermehrte Aggressivität, das Suchtproblem, die Impulskontrolle, die Gereiztheit, das Ausagieren, warum sind diese nach wie vor nicht im Katalog drin?!' " [4]

Leider werden diese Aspekte, vor allem Aggressivität, einfach nur „männlicher Emotionalität und Gewaltbereitschaft" zugeschrieben und gesellschaftlich nicht mit „Depressions-Symptomen" (Krankheit) assoziiert, wie Kautzky-Willer auf dieser Tagung weiter ausführte.

Doch wieder zurück zur gewaltvollen Geschichte politischer Systemverlierer. Da wird es dann meist auch kriminell. – Menschen sind meinem Dafürhalten nach soziale Wesen und daher sicherlich nicht von Grund auf böse. Deshalb sind ihre „Bedürfnisse" und ihre Kommunikation DER Schlüssel zu nachhaltiger Heilung. Denn: NIEMAND WIRD OHNE GRUND KRANK! – oder gewalttätig!

---

3 Beim Suizid junger Männer und junger Frauen (15-29 Jährige) liegt das Verhältnis in Österreich bei 5,3 : 1, in Deutschland bei 3,9 : 1.

4 A. Kautzky-Willer: „Männergesundheitstagung 2018", Wien 2018, S. 56.

Der Historiker Dirk Rupnov: „*Es zeigt ganz gut, wie in einer Situation Opfer- und Täterschaft mit einander verknüpft sind, oder auch in verschiedenen Situationen wechseln. Menschen, die in einer Situation Opfer sind, können in einer anderen Situation zum Täter werden.*" Und Rupnow weiter: „*Gleichzeitig kann man glaube ich auch sagen, dass dieser Opferbegriff – nicht nur in diesem Kontext, sondern generell – auch mittlerweile sehr ambivalent gesehen wird, weil er eben Menschen in diesem Fall auf eine rein passive Rolle festschreibt, was hochproblematisch sein kann. Die Geschichtswissenschaft versucht das inzwischen auszubalancieren, indem sie stärker auch auf Handlungsmöglichkeiten von Opfern schaut. Das heißt nicht, dass die Opfer damit plötzlich Täter sind, aber das heißt doch, dass man über diese passive Rolle im historischen Geschehen hinausschauen will, um gewissermaßen ein komplettes Bild vom Menschen zu kriegen. Und auch in der Populärkultur ist der Begriff ‚Du Opfer!' ja inzwischen ein Schimpfwort geworden.*" [5] Heute geraten „Opfer" (engl.: victims) an Stelle von freiwillig Opfernden (engl.: sacrifies) gesellschaftlich immer mehr in den Vordergrund.

Wie Rupnow beschreibt, empfinden Menschen verschiedentlich, selbst heute noch, einen strategischen Vorteil darin und eine Chance, die Position des „*reinen Opfers*" einnehmen zu dürfen, wohl weil dies politisch-strategisch betrachtet, gute Möglichkeiten eröffnet. Allerdings, egal wie man(n) / frau es betrachtet: BEIDES wird *nachhaltig* niemand in die Position echter Stärke führen.

Das zeitgenössische Selbstverständnis, mit dem Frauen immer noch das Bild des „reinen Opfers" in unserer Gesellschaft verkörpern, wird vielleicht bald gezählt sein. Und, ich hoffe sehr, dass in Zukunft immer mehr Frauen GENAU DIESE Veränderung auch begrüßen werden. Dann nämlich besteht meines Erachtens erstmals die berechtigte Chance auf nachhaltige Verhaltensänderung im Umgang der Geschlechter in unserer Kultur. – Mit-Gefühl und ein erhöhtes Maß an Betroffenheit täte gleichermaßen BEIDEN Geschlechtern einen wahren Dienst.

---

5   D. Rupnow, in: „*(Un)Rühmliche Opfer – Über Märtyrer, Opfer und Gedächtnispolitik*", in ORF/Ö1-*Punkt eins*, 28.11.17, von N. Konopitzky.

Freundschaft und Anerkennung. – Männerwege / Frauenwege

Wenn Sie, liebe Leserin, lieber Leser ernsthaft reflektieren, welche Art von verallgemeinerndem Geschlechterbild als Sexismus in der Werbung gerade en vogue ist – verständlicherweise, weil für die Hauptgruppe an Kaufwilligen, die Frauen gemacht –, dann ist es der Mann als bloßgestellter Dümmling, bzw. die Frau, die den Ton vorgibt und „*GENAU-weiß-wie*". – Da bleibt mir als „Froschkönig" manch' seichter Lacher ziemlich tief im Hals stecken (siehe z.B. Anmerkung [6]).

Doch lassen Sie uns nun etwas m. E. sehr Wesentliches reflektieren: Was hat es damit auf sich, was Frauen immer wieder als persönliche Abwertung orten oder was ihnen schnell mal sexistisch vorkommt? Ist das wirklich zwingend, oder spielt da entscheidend anderes eine Hauptrolle?

Hier ein Text zu dieser Thematik, den ich sehr treffend finde. Vor allem das Ende macht deutlich, wie weit für Frauen *Tür und Tor für Missverständnisse geöffnet* ist, wenn mit ihnen von Männerseite „gescherzt" wird. Wobei ich betonen will: *Männer müssen lernen zu unterscheiden, wer ihnen gegenübersteht!* Gemäß der veränderten Realität, in der es keine rein männliche Erwerbsarbeitswelt mehr gibt, darf man(n) durchaus erkennen lernen, WER dieses Visavis ist. Frauen wird man(n) sich auf die Weise wohl nicht leicht zu Freunden machen. Ich bin aber zuversichtlich: *kultivierte Männer haben letztlich gute Chancen, auch DAS im Lauf ihres Lebens zu erlernen!* – Das wird schon – sagt der wohlwollende (Sozial-)Pädagoge in mir, der nichts gar so schnell persönlich nimmt und damit super fährt!

Allan Guggenbühl, Direktor des Instituts für Konfliktmanagement in Zürich und seit 2002 Professor an der Pädagogischen Hochschule in Zürich, weiter: Autor zahlreicher Fachbücher und Artikel zu den Themen Bildung sowie Jungen- und Männerarbeit, etc. [7]: „*Frauen leben Freundschaften mehrheitlich in Zweierbeziehungen. Man ist mit ihr oder ihm befreundet, weil man die Qualitäten der Interaktionen,*

---

6 XXXLutz-TV-Werbung: „*Du sollst immer gut schlafen!*". Siehe: www.youtube. com/watch?v=PtnDDHz8-UU .

7 Aus: https://de.wikipedia.org/wiki/Allan_Guggenbühl .

die Dynamik der Gespräche und die charakterlichen Eigenarten des Gegenübers schätzt. Eine Freundschaft bleibt eine individuelle Wahl ... Aus weiblicher Sicht lebt eine Freundschaft vom gegenseitigen konstanten Informationsaustausch. ... Männer pflegen Beziehungen untereinander anders. Oft braucht es zuerst die Erfahrung der gemeinsamen Herausforderung oder des gemeinsamen Themas, bevor man sich näher kommt. Dies erlaubt dem Mann, sich dem anderen auch persönlich zu öffnen und gleichsam nebenbei Gefühle zu zeigen. Als Klammer fungiert jedoch immer das verbindende Interesse, der gemeinsame Hintergrund oder das Kollektiv, dem man angehört. ... Intimität bedeutet für Männer, sich einem gemeinsamen Interesse hinzuwenden. ... Intimität wird nicht durch Beziehungssprache erzeugt, sondern durch gegenseitiges Hochnehmen, Spotten und Foppen. Bei Kollegen, die nüchtern bleiben, muss man aufpassen. Sie haben etwas zu verbergen oder bringen sich nicht wirklich in die Beziehung ein. Bei den Provokationen und Witzen der Männer handelt es sich nicht um Macht- oder Konkurrenzspiele, wie oft fälschlicherweise geglaubt wird, sondern um eine Mikropsychoanalyse und den Versuch, soziale Hierarchien und Positionen auszuschalten."[8] In der Psychologie kennt man solch paradoxes Vorgehen auch in anderen Zusammenhängen („*Paradoxe Intervention*"). „*Dem anderen wird Zuneigung mitgeteilt, indem man ihn scheinbar angreift, hoch nimmt oder sich über ihn lustig macht.*"[9]

Ein sehr passendes Beispiel solch einer diesbezüglich herausfordernden „Scheingegnerschaft" hörte ich von einer Lehrerin: Sie hatte eine neue Gruppe von Förderkindern von einem männlichen Kollegen übernommen. Er führte sie im Vorfeld in die von ihm für seine drei Jungs gesetzten Usancen ein: Wenn einem der Jungs eine Rechnung gelinge, setze er einen „Anti-Smiley". Sozusagen: „*Shit, das hast du aber jetzt wirklich gut hingekriegt!*" Oder: „*Wieso SCHAFFST du das?*", etc. Nichts Böses, aber durchaus ebenfalls zum Missverstehen, wenn man(n) / frau es missverstehen will. Die drei Jungs aber würden sich unvergleichlich angespornt

---

8   A. Guggenbühl: „*Männer und emotionale Kompetenz*", Wien 2006, S. 83f.
9   Ebenda, S. 84.

erleben, durch solches „Anti-Feedback" ihres zweifellos wohlwollenden Lehrers. (Frauen, würden „Sternchen" oder die bekannten „Smileys" kleben, etc.) Die Lehrerin berichtete mir, wie froh der Kollege gewesen sei, dass sie das anerkennen konnte, ohne es abzuwerten. Sie sagte mir, sie empfände es sogar als höchst originell, hätte aber noch nie erlebt, dass dies so konsequent als funktionierende Strategie angewandt würde. Etwas, das ich aber aus meiner Arbeitserfahrung bestätigen kann: Für Buben (und Männer) – aber auch für manches Mädchen – garantiert die so zur Schau gestellte „Scheingegnerschaft" einen echten Ansporn sowie emotionale Bindung. (Einzig heikle Phase: in der Pubertät, aber da geht es ja eher um Loslösung als um Sich-Verbinden.)

Es scheint so zu sein, dass es auch für die meisten Männer nicht wirklich um persönliche Beleidigung von Frauen geht, sondern um Kontaktaufnahme. Beleidigend könnte es werden, wenn „Frau" ihre raue Art humorlos abwertend zurückweist. Wie ich andererseits aber bereits eingangs erwähnte: Kultivierte Männer haben ganz gute Chancen, im Lauf ihres Lebens erkennen zu lernen, *wer jeweils gegenübersteht in den verschiedenen Situationen!* Ich fände es dennoch schade, wenn sie bei der desillusionierten Auffassung enden: *Frauen gegenüber, gib bloß acht, weil die meisten verstehen alles, nur keinen Spaß – außer ihrem eigenen.* So etwas kennen wir alle (vor allem die Buben und Männer) von einem wesentlichen Berufsstand in der eigenen Biographie: den Lehrern und Lehrerinnen. – Also ich finde so ein Verhältnis einfach schade! Es mündet meist in angestrengter Höflichkeit, statt in Wohlwollen und Vertrauen.

Liebe Frauen: *Könnt ihr das glauben?* Besser: *Liebe Frauen, WOLLT ihr das glauben?* – Wenn ja, so hilft es vielleicht, manches was scheinbar als „sexistischer Sager" daherkommt, künftig leichter mit jener Eigenschaft zu quittieren, die statistisch betrachtet gerade bei Frauen so hoch im Kurs steht, wenn es ums Zwischenmenschliche geht: Mit Humor? Auch DAS kann man(n)/frau lernen. Denn wer gern alles Mögliche persönlich nimmt, scheint mir sozial wenig verträglich.

Frauendominanz. – Vom Rückzug der Männer

Ich weiß, dass Männer bezüglich erlebten Unrechts ein ebenso lebenslanges Lied singen können wie Frauen – wenn sie es nur täten. Aber: Männer schweigen wohl NOCH vehementer als Frauen. Was solchem Sprechen (über sich selbst und ihr Erleben als Opfer) bislang im Wege stand / steht, ist die männliche Scheu, „Frauendominanz" über sich als Mann zuzugeben, anzuprangern, anzuklagen oder gar zu „bejammern". Ahnend, dass dieses *Selbstouting der Machtlosigkeit* lediglich weitere Pein schaffend auf sie selbst als Mensch zurückfallen würde. Männer halten es offenbar sehr, sehr schwer aus, sich als „Opfer" von Frauen zu begreifen oder gar zu outen. Das ist jedem Mann im Tiefsten seiner Seele klar. Zuerst versuchte man(n) sich die „Frauendominanz" wohl mit dem Gesellschaftskonzept „Patriarchat", vom Leib zu halten. – Letztlich: GESCHEITERT! (und das sehr berechtigt!). Im post-patriarchalen Zeitalter unserer Kultur gibt man(n) sich mittlerweile „ergeben ritterlich" und „pseudo-großzügig", hält als Erwachsener meist den Mund und gibt vor, es angeblich *„nicht persönlich zu nehmen".* Und in dieser Gesellschaft gilt: *Wo kein Kläger, da kein Richter.*

Und wieder frage ich Sie: *Liebe Frauen, kennen Sie dieses Gefühl? Und wenn ja: Wie fühlt man sich als Frau in Momenten, wo (an-) zuklagen nichts brächte außer gespielt verwundertem Zynismus* wie: *„selber schuld!",* oder *„die sollen sich doch bloß nicht so anstellen!"?*

Ich brauche wohl nicht betonen, dass ich *nicht* meine, Männer seien *dann* gleichberechtigt, wenn es ihnen erlaubt ist, markige Sprüche zu machen und anmaßend-deftige Sager. – Niemand tut das, der sich in seiner Kraft fühlt.

Männliche Stärke darf sich vermehrt auch anders ausdrücken lernen! Aber das Gefühl innerer Stärke nimmt bei Männern heute leider nicht zu, sondern dramatisch ab. Ihre Selbstachtung aus Gründen mangelnden Selbstwerts und ihre Fähigkeit zur Selbsttranszendenz und Demut aus Gründen mangelnden Muts.

Ein diesbezüglich äußerst sprechendes Erlebnis hatte ich auf im Sommer 2023, als mich eine Frau (ca. 50 Jahre) auf einer Tagung („Zukunfts-Impulse") in Deutschland folgendes bat: *„Nenn mir doch* *bitte IRGENDETWAS Positives am Mann-Sein! Eine Eigenschaft, die das Mann-Sein positiv charakterisieren könnte! Ich frag' Dich das, weil Du mir als ein g'standener Mann vorkommst, der mir da eine Antwort geben könnte. Ich kenne niemand in meinem Umfeld, der mir irgendetwas wertvoll Positives dazu sagen kann."* – Ich merkte, es war kein schlechter Scherz. Es war ihr WIRKLICH wichtig. – Da konnte ich doch etwas beisteuern. ... Neuland für sie. Aber, es erfreute sichtlich und sie bedankte sich. ... ECHT CRAZY! – Natürlich kann man sagen, dies sei nur ein kurioser Einzelfall. Und das war er ja auch. Andererseits beschreibt er einen zumeist unbemerkten Verlust an „positiver Wahrnehmung" des, einem selbst Fremden.

Als wesentliche kulturelle Herausforderung sehe ich an, Männer / Frauen – bzw. ihr Geschlecht – nicht primär an ihren verallgemeinert „pathologischen Erscheinungsformen" zu charakterisieren und an den Pranger zu stellen.

Für Frauen ist die Situation heute (je)doch eine andere geworden. Sie wurden früher gesellschaftlich belächelt, wenn sie auf ein Unrecht hinwiesen. Das hat sich – in *unserer* Kultur jedenfalls – explizit verändert! Frauen begannen sich auf ihre Füße zu stellen und zeigen bei solchen Anlässen zunehmend keinerlei Scheu – was ja richtig und wichtig ist! Männer haben da eindeutig Nachholbedarf etwas Entscheidendes zu lernen. Und das ehebaldigst!

Es ist dieser männlichen Scheu und „Großzügigkeit" (nennen wir es etwas weniger schmeichelhaft beim Namen: *„Mangel an männlicher Konfrontationsbereitschaft, sprich: Feigheit"*) zu zollen, dass wenig Bewusstheit und Bewusstsein in der Gesellschaft über Leid, Ohnmacht und Verzweiflung aufseiten der Männer besteht. Ja, es GIBT derartiges Leid: in jeder Situation, wo es Männern wieder einmal nicht gelingt, projizierten Erwartungen ihrer Partnerinnen (den vorgeblichen *„Chefinnen"* [10]) zu genügen, sei es in der Sexualität, im beruflichen Erfolg oder auch ganz allgemein aus Gründen eines mangelhaften eigenen „Selbst"-Verständnisses. Männer sind der Emotionalität weiblicher Enttäuschung, ihren Vorwürfen, gepaart

---

10 B. Schweder / S. Riedl: *„Wie Frauen Männer gegen ihren Willen glücklich machen"*, Wien 2003, S. 13, S. 15.

mit Selbstvorwürfen, emotional schlichtweg meist nicht gewachsen. Verzweiflung und Hilflosigkeit sind nicht nur im Leben von Frauen etwas sehr Reales – sondern sehr wohl auch im Leben von Männern. Sie gründen nur auf größtenteils gänzlich anderen Erlebnissen als jenen von Frauen. Es sind Lebensrealitäten, über die zu schweigen, es Männern leider bislang immer noch bedeutend leichter fällt – als darüber zu reden. Gottseidank haben Männer ihre diesbezüglichen Emotionen meist im Griff. Die Wahrheit aber: leider nicht immer.

Was jedoch sind die gesellschaftlichen Folge davon, wenn Frauen ihre Männer tatsächlich als *„Konstruktionen im Dienste der Frauen"* [11] begreifen (früher unbewusst, jetzt aber bewusst-gemacht) – und daran eventuell auch gar nichts „Problematisches" sehen? Ja, ist es wirklich jene reale, kulturgeschichtlich immanente Grundüberzeugung zwischen den Geschlechtern als die sie jene beiden Autorinnen hinstellen? Für sie als Frauen ergäbe sich dann ja auch der wahre Selbstwert der Männerwelt im Erfüllen dieses ihres gesellschaftlichen Konstrukts. Gibt es Anzeichen in unserer heutigen Kultur was passiert, wenn Frauen als *„Chefinnen in der Firma Beziehung"* meinen, vollberechtigte Dominanz über ihre *„Konstrukte"* zu haben, weil das von Natur aus so vorgesehen sei? – Ich erlebe: *Es gibt sie und – an durchaus lebensentscheidenden Stellen.*

Halten Sie, liebe Leserin, lieber Leser, an der Stelle bitte kurz inne und fühlen Sie unbefangen hin: *Wie fühlt sich das gerade an?* – Und was, wenn *„das Konstrukt"* – seine „Leistung", für die es „erwählt" wurde, nicht zufriedenstellend bringt? Oder wenn seine Leistung (als Ressourcenbeschaffer, als Schutzgebender, als Vater, etc.) so nicht mehr gebraucht wird? – Könnte es dann einfach heißen: *„Sorry, Du bist entlassen!"*? Die einfachste Recherche zeigt, dass es DAS von Frauenseite in der Gesellschaft heute real bereits mehr und mehr heißt. – Oder „Chefin-Frau" ändert die Daseins-Qualität dieses „Angestelltenverhältnisses" so, dass der Mann von selbst geht, weil es eben so nicht mehr geht – und um die eigene Würde zu wahren. Heutige Scheidungsdaten in Österreich zeigen: Zu 80% wird gekündigt, zu 20% geht er selbst. Die Soziologin Barbara

---

11 Ebenda.

Schweder: „*Es scheint, als wären Frauen nicht nur beim Gestalten einer Beziehung aktiver, sondern auch wenn es darum geht, die Zelte wieder abzubrechen. Das untermauert auch die aktuelle Scheidungsstatistik. 80% der österreichischen Scheidungen werden tatsächlich von Frauen eingereicht.*" [12] SIE trifft die Auswahl und SIE trifft die Abwahl. Aus dieser alten Haltung umfasst das Heute auch ihre Bereitschaft zu verdecktem Fremdgehen und der Suche nach Neuem, wovon Männer meist gar nichts mitbekommen. [13] – Vielleicht auch, weil sie „besser" nichts mitbekommen möchten (?).

Natürlich kann keiner behaupten, dass diese Art „Kündigungen", nicht durchaus AUCH ihre inhaltliche Berechtigung hätten, wie das bei allen Kündigungen durchaus sein kann. Ich weiß aber, wie es sich anfühlt, wenn die drohende „Kündigung" (und der damit oft verbundene Verlust der Kinder), TROTZ allem Einsatz, dennoch von der Mutter ausgesprochen wird. Bitter gerade je mehr seine Kinder dem Vater, durch real gelebte Elternschaft ans Herz gewachsen sind. Und sei es bei erfülltem Besuchsrecht. Männer sind heute diesbezüglich extrem zerrissen und leider sehr, sehr manipulierbar.

Der diesbezügliche Diskurs zur Mann / Frau-Thematik wird momentan zu weit über 90% von Frauen bestimmt. Sie reklamieren damit die gesellschaftliche „Deutungs- und Gestaltungshoheit" für sich und dominieren auf diesem Feld Wandlung und Wertesysteme. Ich finde es entscheidend und höchst an der Zeit, auch von Männerseite einen Beitrag vorzulegen, um das *„Schweigen der Männer"* zu durchbrechen. *Männliche Abstinenz dieser Art kann jegliche gesellschaftliche Entwicklung nur gefährden und schädigen.*

---

12 Ebenda, S. 61. Zusatz: Barbara Schweder begreift das Phänomen so: „*Es scheint, als wären Frauen nicht nur beim Gestalten einer Beziehung aktiver, sondern auch wenn es darum geht die Zelte wieder abzubrechen.*" Das untermauert auch die aktuelle Scheidungsstatistik. Inklusive der Trennungs-Rate von Paaren mit Kindern liegen die Werte heute natürlich weit, weit über 50%! – In früheren Zeiten als fast ausschließlich Männer Scheidungen einreichten gab es nur einen Bruchteil heutiger Scheidungen. Dies verwundert wenig, da Männer im Gegensatz zu Frauen zumeist gar kein Interesse haben, ihre Frauen zu verlassen. auch da nicht, wo sie „fremdgehen".

13 Männer gehen zumeist fremd, weil sie eine WEITERE Geschlechtspartnerin suchen, NICHT EINE NEUE! – Frauen suchen zumeist bereits den neuen Partner.

Wenn man sieht, mit welch großer Zurückhaltung und Akzeptanz die meisten Männer unseres Kulturkreises dem Männlichkeits-Feminismus und Gender-Treiben in der post-emanzipativen Ära beiwohnen, kann man sich durchaus wundern. Bei uns Männern scheint eine auffällige Befangenheit vorzuherrschen. Die Sorge, es sei nicht legitim, angesichts der (vor-)herrschend einseitigen Frauenpolitik das Wort zu erheben. Zwar gibt es mancherorts Tendenzen, wie etwa das verzweifelte Wehren geschiedener Väter bezüglich ihres Vater-Besuchsrechts bzw. -Nichtrechts . . . wohl nur die Spitze eines existenten Eisbergs an Ohnmacht und „sich benutzt und verschaukelt Fühlens".

Was veranlasst erwachsene Männer zu derartiger Duldung sowie ihrer verbreiteten Wort- und Protestlosigkeit?! Es scheint sich um ein gattungsmäßig belastetes Gewissen als „ehemalige Vertreter des Patriarchats" zu handeln, das sich das Recht absprechen lässt, zu den Umwälzungen in Richtung Feminisierung der Gesellschaft wie im Berufs-Matriarchat, ihr Wort zu erheben. Fürs eigene Verstehen suche ich ähnlich gelagerte Analogien zu finden, die ebenso befremdliche Charakteristika zeigen. Es ist wohl etwas wie Sippenhaftung, welche sich heutige Männer für ein einstmals in Dekadenz geratenes Patriarchat anhängen lassen. *Wie aber kann auch heute noch Verantwortung für Taten vergangener Generationen SO nachwirken Und: Welche Lobbying-Interessen stecken dahinter?*

Worum geht es nun wirklich? – Es könnte sein, dass alles in allem ja ganz andere Dinge zählen. Das kommende Zitat stammt von einem Portugiesisch sprechenden Mann aus dem Film „*Human*" und betrachtet die Sachlage aus sehr persönlicher Sicht. Nicht nur Bildung könnte so zu etwas völlig anderem werden / sein, auch das Leben als Leben: „*Das Leben ist wie eine Botschaft, die von dem Kind, das Du warst, zu dem alten Mann der Du sein wirst, getragen wird. Du musst dafür sorgen, dass diese Botschaft unterwegs nicht verloren geht! – Ich muss oft dran denken. ... Wo ist die Botschaft von dem Kind, das ich einmal war? Vielleicht ist der Sinn des Lebens der, dafür zu sorgen, dass diese Botschaft nicht einfach verschwindet.*" [14]

---

14 Aus: „*Human – Die zwei Seiten der Menschheit (What makes us happy)*" (1:55:20).

Fragen zur Plausibilität angeführter Aspekte in diesem Kapitel:

1.) Die Hinweise in dem Kapitel, wie groß der Scham-Aspekt bei Männern ist, sich im Leben BLOSS NICHT als „Opfer" zu begreifen, kann ich nachvollziehen. Dass dies vermehrt zu Gewalt und „Täterschaft" führen kann, klingt plausibel. Argumente sprechen für sich.

O	O	O	O	O
sehr	überwiegend	durchschnittlich	wenig	gar nicht

2.) Dass mit dem „Wegweisen" von gewaltbereiten Männern oder dem „Wegsperren von Tätern" ohne gleichzeitige, therapeutische Unterstützung keine Nachhaltigkeit der Besserung solcher Menschen verbunden sein kann, leuchtet mir ein. Hier muss ein neuer Rechtsanspruch geschaffen werden, um real Sinnvolles zu bewirken.

O	O	O	O	O
sehr	überwiegend	durchschnittlich	wenig	gar nicht

3.) Ich anerkenne die Daten der aktuellen Scheidungsstatistik. Wenn ca. 80% der österreichischen Scheidungen tatsächlich von Frauen eingereicht werden und ihre Ex-Männer im Zuge dessen als Väter davon bedroht sind, häufig auch noch ihre Kinder zu verlieren, wird es zu viele Männer geben, die verbittern: vornehmlich diejenigen, welche bereit waren, ihr role-model als Vater zu ändern und denen ihre Kinder durch real gelebte Elternschaft ans Herz gewachsen sind.

O	O	O	O	O
sehr	überwiegend	durchschnittlich	wenig	gar nicht

Punkte: sehr = 5; überwiegend = 4; durchschnittlich = 3; wenig = 2; gar nicht = 1

Ihre persönliche Auswertung / durchschnittlicher Punktewert:

Kapitel 7:
Wer fürchtet sich vorm „Weißen Mann"?!

Der Froschkönig (Fortsetzung 7)

„Indem klopfte es zum zweiten Mal und rief: ,Königstochter, jüngste, mach mir auf. Weißt du nicht was gestern du zu mir gesagt bei dem kühlen Brunnenwasser? Königstochter, jüngste, mach mir auf.' – Da sagte der König: ,Was du versprochen hast, das musst du auch halten; geh nur und mach ihm auf.' Sie ging und öffnete die Türe, da hüpfte der Frosch herein, ihr immer auf dem Fuße nach, bis zu ihrem Stuhl. Da saß er und rief: ,Heb mich herauf zu dir.' Sie zauderte bis es endlich der König befahl. Als der Frosch erst auf dem Stuhl war, wollte er auf den Tisch, und als er da saß, sprach er: ,Nun schieb mir dein goldenes Tellerlein näher, damit wir zusammen essen.' Das tat sie zwar, aber man sah wohl das sie's nicht gerne tat. Der Frosch ließ sich gut schmecken, aber ihr blieb fast jedes Bisslein im Halse. Endlich sprach er: ,Ich habe mich satt gegessen, und bin müde, nun trage mich hinauf in dein Kämmerlein und mach dein seiden Bettchen zurecht, da wollen wir uns schlafen legen.' Die Königstochter fing an zu weinen und fürchtete sich vor dem kalten Frosch, den sie nicht anzurühren getraute und der nun in ihrem schönen reinen Bettlein schlafen sollte." [1] (Fortsetzung folgt)

Systemische Ganzheiten: Der „Weiße Mann" / die „Weiße Frau"

Was Historiker(inne)n längstens klar ist: *Immer schon wurden Menschengruppen von jenen generalisierend entwertet, welche die politische Deutungshoheit beanspruchten.* – Männer machten es früher mit den Frauen, Frauen machen es heute mit den Männern.

So ist auch in diesem Zusammenhang immer wieder zu hören, dass *„die-Männer-nach-wie-vor-DIE-Macht-haben"*. Gehen wir der Behauptung ʻmal ernsthaft nach und fragen wir: *Wie viele Männer haben real Macht und Einfluss in den von ihnen typisch besetzten Bereichen (Wirtschaft / Politik, etc.)? Sind es 0,1% oder gar 1%? –* Und *wie sieht dies für Frauen in von ihnen typisch besetzten Bereichen*

---

1 Aus: *„Der Froschkönig"* (auch: *„Der eiserne Heinrich"*), Märchen der Gebrüder Grimm. Online: www.internet-maerchen.de/maerchen/froschkoenig.htm .

(Erziehung / Soziales, etc.) aus? Sind's 99% oder doch nur 90%? Ganz zu schweigen, dass sich die Frage stellt: WO manifestieren sich die REAL ENTSCHEIDENDEN gesellschaftlichen Entwicklungen – im Bereich der „Chef-Etagen" oder im Bereich Erziehung, Bildung, etc.

Männer dominierten einst das Ressourcen- und Erwerbsarbeitsgeschehen im Außen. Jedoch hatte nur ein verschwindend geringer Teil dort auch das Sagen. Das gilt bis heute. Frauen aber bestimmten das Human-Resources Geschehen im Inneren. Sie haben dort bis heute fast uneingeschränktes Sagen. – Wenn wir künftig entscheiden, einer sozial fortschrittlichen Frauenpolitik eine ebensolche Männerpolitik, als zweites, fehlendes Standbein einer sozial-orientierten Menschenpolitik zur Seite zu stellen, ist es essenziell, sich mit dem Fundament zeitgenössischer Gender-Ungleichheiten zu befassen. Denn: *Mit nur einem fortschrittlichen Standbein (Feminismus) wird es nicht gelingen, Geschlechter-Gerechtigkeit (auf Basis von Kompetenz, Talent, Lebensfragen, etc.) zu erreichen.* – Wir sitzen i EINEM Boot!

Momentan scheint mir die allgemeine Unbewusstheit eher einer „Froschkönigs-Ideologie" Vorschub leisten zu wollen. Vergessen wir nicht: *Erlösung in diesem Märchen geschieht nicht durch den Versuch „einen Frosch zu küssen" (das tat der liebende Prinz fürs Dornröschen!), sondern ihn an die Wand zu werfen.* – Die aktuellen Entwicklungen in Europa sprechen diesbezüglich eine deutliche Sprache.

Für mich gilt: Wer auch immer meint, in die gängige Anklage und Problematisierung des sogenannten „Weißen Mannes" als Gegner eines entwickelten sozialen Lebens einstimmen zu müssen, der möge mitbedenken: *Das Vorstellungskonzept „Weißer Mann" ist ursächlich, WEIL SYSTEMISCH, mit der Konzeption „Weiße Frau" verbunden.*

Beide bildeten – wie bereits erwähnt – in ihren Erwartungen an den/ die jeweils andere/n in Verbindung mit ökonomischen Wünschen und Erfüllungsstrategien schon immer ein untrennbares System von Rückkoppelung und gegenseitiger Projektion. Meines Erachtens trugen / tragen BEIDE Geschlechter bezüglich unserer spezifischen Kultur – vom Patriarchat bis in unsere Gegenwart – gemeinsame Verantwortung: *Die Einen führten auf ihre Weise systemisch aus, was die anderen, aus ihren Bedürfnissen heraus suchten und goutierten.*

Zur angesprochenen Sicht und Thematik schreibt die Evolutions-biologin Meike Stoverock: „*Das für unsere Betrachtung wichtigste Merkmal ist: Der Vollzug des Geschlechtsaktes für Männchen hängt immer von den Anforderungen des Weibchens ab. ... (Er ist) ein sexueller Bittsteller, der bei seiner Befriedigung viel stärker von der Frau abhängig (ist) als sie von ihm. Die Hierarchiebildung unter den Männern ist – wir erinnern uns daran – die zwangsläufige Folge der hohen Sexualkonkurrenz durch ‚female choice‘.*" [2]

WER WÄHLEN DARF hat den Gutteil an Verantwortung zu tragen, wie sich die „gewählt-Werdenden" infolge verhalten. Vor allem aber auch dafür, welches systemische Kulturverhalten sich auf Männerseite daraus etabliert: rivalisierend untereinander – sowie opportunistisch bezüglich der wählenden Frau . . . Hier gilt es, JENE IN DIE VERANTWORTUNG ZU NEHMEN, die durch ihre „Qual-bei-ihrer-Wahl" bestimmen, wie sich die „Gewählten" auf Grundlage der „Wahlkriterien" verhalten.

Die einst renommierte Management-Trainerin Vera F. Birkenbihl bringt es meines Erachtens empathisch und präzise auf den Punkt: „*Wir Frauen haben uns vor 200 Jahren zu emanzipieren begonnen und dummerweise versucht, uns alleine zu emanzipieren. Das geht aber nicht, dass eine Spezies sich befreit und die andere bleibt in Knechtschaft.*" [3] **Sollten wir uns zugunsten des Lösungsansatzes einer zeitgenössisch aufgeklärten Sozialität entscheiden, so ist Geschlechter-Emanzipation und -Fairness nur für ALLE Geschlechter gemeinsam zu erreichen – oder gar nicht!** Anders wird diesem essentiellen Prozess wohl keine Nachhaltigkeit beschieden sein.

Eigenaktiv gewählte KOOPERATION DER GESCHLECHTER – steht an, um soziales Commitment zwischen Männern & Frauen, Frauen & Männern – ja ALLEN Menschen – zu gewährleisten. Nur so kann meines Erachtens erreicht werden, Emanzipation gemeinsam, für alle Geschlechter, zu festigen und nachhaltige Wege gangbar zu machen.

---

2 M. Stoverock: „*Femal Choice*", Stuttgart 2021, S. 15, S. 76, S. 148
3 V. Birkenbihl: https://www.youtube.com/watch?v=PIKuDKxyc24 (Min. 4:00).

Indoktrinierung als schleichender Prozess

Heute geht es in allen Bereichen primär um Selbstverwirklichung. Das wurde in unserer Kulturentwicklung bislang als „männlich" gedacht. Heute herrscht / frauscht allerorts die Ausbreitung solch eines „männlichen Weltbezugs". Meines Erachtens lässt der Zeitgeist den komplementären Ausgleich sträflich vermissen. – Mit allen Konsequenzen, wie wir sie heute krisenhaft erleben. Einseitigkeit tut im systemischen Gesamtzusammenhang nie gut. Was auf der Strecke bleibt ist die Qualität der „Weiblichkeit". Sie hatte ausgleichende Wirkung und soll sie – auch künftig haben dürfen.

Das Bedürfnis „Selbstverwirklichung" zeigt uns im männlich angehauchten Machtbereich der Erwerbsarbeit, worauf uns alle soziale Wirklichkeit hinweist: Nirgends geht es auf gesunde Weise ohne soziale Akzeptanz und Einbindung der anderen, im Sinne eines Korrektivs, auf den Wegen zu eigener Erfüllung! – Das war auf seine Weise im Patriarchat wie auch im Matriarchat so und wird es in einer künftigen Kultur – nennen wir sie unbekannter Weise „Human-Sozietät" – wieder so sein. Heute aber scheint die politische Frauenbewegung vom Wunsch dominiert, die matriarchalen Strukturen kurzsichtig um all jene vermeintlichen Vorteile des einstmals patriarchalen Machtbereichs zu erweitern.

Die Gesellschaft – ja: die gesamte Kulturentwicklung! – braucht FRAUEN, die zu ihrer INDIVIDUELLEN LEBENSART stehen. Auch zu ihrer „Weiblichkeit". Frauen, die bereit sind, eigene, für ihr Geschlecht stimmige Handlungs-, Sport- und Berufsformen zu entwickeln, um mit sich und anderen ebenfalls so umzugehen.

Perspektive-Wechsel: Im August 2017 wurde Google-Mitarbeiter James Damore entlassen, nachdem er ein Diskussions-Memo – firmenintern! – an Mitarbeiter sowie an die Firmenleitung verschickt hatte. Er sah sich, wie er schrieb, von *„gewissen Fortbildungen und Kursen ausgeschlossen."* Es war dies ein zehn Seiten langes „paper" [4],

---

4 J. Damore: *„Google's Ideological Echo Chamber – How bias clouds our thinking about diversity and inclusion".* Aus: https://assets.documentcloud.org/documents/3914586/Googles-Ideological-Echo-Chamber.pdf .

worin er meiner Ansicht nach – ich las es im Originalwortlaut – auf sehr sachliche und wohlwollend konstruktive Art seine Kritik, Anerkennung und Auffassung einbringt, ergänzt durch einige Vorschläge, wie man firmenintern Diversität erreichen könnte, auch ohne einzelne Gruppen zu bevorzugen und andere zu benachteiligen. Das „Paper" wurde geleakt und ins Netz gestellt. Die feministischen Wogen der Empörung schlugen hoch – und über dem engagierten sowie vorlauten Mitarbeiter zusammen.

Eine Redakteurin, verfasste nach Damores beruflicher Entlassung einen Artikel im *Online-Standard.* Hier der Beginn: *„Was für ein Aufsehen. Ein Google-Entwickler, der sich offenbar als Opfer sieht, goss seine Gefühle in ein ‚Manifest', das an die gesamte Google-Belegschaft ging. Darin führt er aus, warum er sich in einer ‚Meinungsdiktatur', einer ‚ideologischen Echokammer' wähnt, in der er nicht mal mehr sagen dürfe, dass Frauen nun mal von Natur aus schlechte Entwicklerinnen seien. Und dass in Wahrheit er selbst zu einer ‚diskriminierten Gruppe' gehöre, zu den weißen Männern. Er meint also ernsthaft jene Gruppe, die die gesamte Technologiebranche dominiert – und bekanntlich nicht nur die."* [5]

Dieser Artikel kam dermaßen aufgeregt und empört daher, dass ich mich entschloss, ein sachliches Statement mit ein paar Zitaten aus dem Text an die Redaktion zu schicken: *„Es steht in diesem firmeninternen Memo kein Satz davon, dass ‚Frauen schlechte Entwickler wären', nirgends wird behauptet, dass ‚weiße Männer diskriminiert würden.' Was angesprochen wird ist, dass es offenbar Entwickler- und Förderkurse bei Google gäbe, die ausschließlich der Durchsetzung von ‚Diversität' dienen sollen und die für andere Mitarbeiter anscheinend nicht angeboten werden. Das sind vielleicht – so würde ich den sehr zurückhaltend formulierten Wortlaut in diesem von Ihnen so genannten ‚Manifest' jedenfalls interpretieren – Kurse für weibliche Mitarbeiter und solche, die aus ihrer bisherigen Laufbahn gewisse Entwicklungen nicht mitbringen. Sollte das so sein, dann IST das eine Art der*

---

5 B. Hausbichler, in: derstandard.at/2000062507571/Sexismus-bei-Google-Von-wegen-Meinungsdiktat .

Diskriminierung. Das wäre ja so, als würde man jährlich Gratis-Fahrtrainings nur für die weibliche Bevölkerung anbieten, einfach um eine 50:50 Frauen : Männer-Quote auf Österreichs Straßen zu gewährleisten. Oder auch: solche Kurse nur für die männliche Bevölkerung, um die Straßen sicherer zu machen (und damit ihnen seltener der Führerschein abgenommen werden müsse). Der Autor dieses firmeninternen Diskussionspapiers, James Damore, hat im Text mehrfach darauf hingewiesen, dass er Diversität befürworte und niemanden diskriminieren wolle, allerdings eben auch selbst nicht diskriminiert werden wolle. (Zitat aus dem diskursiven Memo: „The harm of Google's biases", siehe Anmerkung [6]). Sollte jemand derartige ‚Diskriminierungen' infolge ansprechen, so muss das eine demokratische Institution, aber auch die Bevölkerung, aushalten, anstatt ihn zu entlassen und über denjenigen mit Unterstellungen herzufallen. Es gibt sowohl im Inhaltsverzeichnis als auch im Text sogar einen eigenen Abschnitt, den der Autor dieses firmeninternen Memos als ‚Non discriminatory ways to reduce the gender gap' bezeichnet und der durchaus sinnvolle Vorschläge enthält. Was dem Verfasser offenbar zum Verhängnis wurde, ist der folgende Abschnitt, auch wenn er sich mit anerkannten soziologischen Forschungen deckt. (Zitat [7]). Der Autor schrieb auch nicht mit EINEM Wort, dass Frauen ‚netter' seien – wie

---

6 *„I strongly believe in gender and racial diversity, and I think we should strive for more. However, to achieve a more equal gender and race representation, Google has created several discriminatory practices:* • *Programs, mentoring, and classes only for people with a certain gender or race.* • *A high priority queue and special treatment for ‚diversity' candidates.* • *Hiring practices which can effectively lower the bar for ‚diversity' candidates by decreasing the false negative rate.* • *Reconsidering any set of people if it's not ‚diverse' enough, but not showing that same scrutiny in the reverse direction (clear confirmation bias).* • *Setting org level OKRs for increased representation which can incentivize illegal discrimination."*

7 *„I'm simply stating that the distribution of preferences and abilities of men / women differ in part due to biological causes and that these differences may explain why we don't see equal representation of women in tech and leadership. Many of these differences are small and there's significant overlap between men and women, so you can't say anything about an individual given these population level distributions.' Eine Graphik zeigt es: ‚Reducing people to their group identity and assuming the average is representative ignores this overlap. (This is bad and I don't endorse that.)".*

die Redakteurin so tendenziell formuliert, sondern: ,Women on average are more cooperative' [8], *was ich wohl nicht zu übersetzen brauche. Er verniedlicht keine zwischenmenschliche Qualität, denn ,kooperativ zu sein' ist eine positiv konnotierte Fähigkeit und Kraft, die er vermehrt Frauen zuordnet. ...* " [9] Die Chefredakteurin leitete mein Schreiben prompt an diese Redakteurin weiter, die in ihrer Rückschrift klarstellte, dass sie *„das ,Manifest' sehr wohl gelesen habe"* und bewies mir (und sich) auf sehr anschauliche Weise, dass sie jedenfalls sicherlich KEINE „Nette" sei.

Zitat: *„Stimmt, er schreibt nicht ,netter' sondern kooperativer. Diesen Begriff in einem Kommentar mit ,nett' zu überspitzen, ist zulässig."* Dass hier aber eine durchaus positiv konnotierte, weibliche Fähigkeit (*beeing „more cooperative"*) von ihr absichtlich herabwürdigend verniedlicht und entwertet wird, scheint diese Redakteurin wenig zu stören. Des weiteren schreibt sie in ihrer „Rechtfertigung": *„Mein Kommentar bezog sich außerdem auf den gesamten Verlauf dieses Falls, also auch auf Aussagen nach der Veröffentlichung, in denen Damore u.a. meinte, er fühle sich ,mundtot gemacht'."*

Tja, ich kann sein Gefühl nachvollziehen. Wenn jemand wie ich z.B. wegen eines solchen firmeninternen „papers" meine Arbeit verlieren würde, würde ich mir ebenfalls *„mundtot gemacht"* vorkommen.

Die Redakteurin befestigte die Berechtigung für ihre Sicht und Formulierungen und stellte sie mir gegenüber dadurch unter Beweis, indem sie mir auch noch einen Link mit auf den Weg gab, wo WÖRTLICH die gleichen Formulierungen stehen – ohne Angabe eines Namens darunter. [10] So also klärte sich für diese Redakteurin die Berechtigung ihres Artikels. Ihr letzter Satz an mich klingt dann wörtlich so: *„Im Übrigen ist es eine sehr alte sexistische Strategie, Kritik an Biologismus und Sexismen als ,aufgeregt' ergo unsachlich zu diskreditieren. Einig sind wir uns darin, dass wir dringend Dialog brauchen – in diesem Sinne bitte ich Sie von derartigen Zuschreibungen*

---

8 Ebenda.
9 Briefmail an die Standard-Chefredakteurin, Juli 2017.
10 Aus: https://derstandard.at/2000062310262/Sexistisches-Manifest-sorgt-fuer-Aufregung-bei-Google .

abzulassen. Beste Grüße"

Ich finde entscheidend, zu realisieren, wie hier recherchiert und ein wichtiger Diskurs gelenkt und verfremdet wird. [11] Stimmungsmache in der Bevölkerung gegen alles, was der eigenen Ideologie nicht passt. – So etwas wird unserer Kultur keinesfalls dienen.

Krisenzeiten und Verschwörungstheorien

In Krisenzeiten hat etwas, worüber ich noch nicht berichtet und geschrieben habe, Hochkonjunktur. Es sind die immer wieder zitierten „Verschwörungstheorien". Ich weiß: Jeder kennt ein paar. Angefangen von „9/11" über „Science-Fiction-artige", „die wahren Machthaber der Finanzwelt", etc. Über alles Mögliche und Unmögliche gibt es diese Theorien einer *Verschwörung der Mächtigen.* Ein Analyst der Szene: *„Verschwörungstheorien haben mit investigativer Recherche und Aufklärung nichts zu tun, sondern (versuchen) undurchschaubare Ereignisse in ein geschlossenes Weltbild einzuordnen und alte Feindbilder zu bedienen. Das macht sie so gefährlich. ... Sie basieren auf verdrehten Fakten, Halbwahrheiten und Lügen. Wie ist das zu erklären? Krisenzeiten befeuern den Glauben an Verschwörungen. ... Dass derartige Behauptungen dennoch geglaubt werden, liegt wohl daran, dass sie auf gesellschaftlichen Vorurteilen und Ressentiments aufbauen. ... Verschwörungstheoretiker irritieren solche Dissonanzen nicht. Der vermeintliche Täter steht von Anfang an fest."* [12]

Ich möchte Sie an der Stelle auf ein weiteres Beispiel einer solchen Verschwörungstheorie hinweisen. Einer Verschwörungstheorie, die vielen von uns vermutlich nicht einmal noch bewusst geworden ist. Aus gesellschaftlichen Ressentiments und Vorurteilen gepaart mit persönlicher Abneigung oder gar Hass gegen *DIE Männer,* bestimmt in radikalisiert feministischen Kreisen ebenfalls eine Verschwörungstheorie die politische Strategie der Gegenwart. Ich

---

11 R. Blum: *„Die Nachrichtenagenturen sind die ‚AktualiTäter', sind die wichtigsten Stofflieferanten der Massenmedien. Kein tagesaktuelles Medium kommt ohne sie aus. So beeinflussen sie unser Bild von der Welt; wir erfahren vor allem das, was sie ausgewählt haben.".* Blum / Hemmer / Perrin: *„Die AktualiTäter",* Bern 1995, S. 9.

12 T. Jaecker: *„Analyse – Faszination Verschwörung".* Aus: http://faktenfinder. tagesschau.de/verschwoerungstheorien-101.html (Mai/2017).

will sie so formulieren: *Männer hätten schon immer das Leben (ihrer) Frauen zu behindern versucht und behindert. Das sei der eigentliche und tiefere Sinn des Patriarchats gewesen.*

Ich bin sicher: Die überwiegende Zahl der Männer, von den alten Stammeskulturen bis herauf ins Zeitalter der Industrialisierung und darüber hinaus, hatte ganz anderes zu tun, als ständig auf ein solches „Bedürfnis" abzuzielen. (Dass das Patriarchat letztlich auch etwas Dekadentes annahm, will hier ja niemand leugnen.) – Was macht Verschwörungstheorien gerade heute so attraktiv für viele Menschen? Zu dieser Thematik sind kürzlich ein paar wissenschaftlich interessante Bücher auf den Markt gekommen.

Ich bin heute in einem Alter, wo ich mir auf Grund meiner Lebenserfahrung die Frage stellen muss: *Könnte es sein, dass das große Misstrauen, welches Frauen gegen uns Männer hegen, jenen Impuls zur Abwertung von Männern auslöst?* Ist es dieses urälteste Feld der Angst, welches die politische Bewegung des radikalisierten Feminismus heute bestellt, wodurch es letztlich ein Leichtes ist, *„anti-männliches Gedankengut"* bei Frauen zu triggern – so wie dies früher einmal auch umgekehrt war. So aber wird nunmehr „Männer-Diskriminierung" unvermeidlich!

Sie kennen sicherlich etwas, was ich als das „Hornissen-Phänomen" bezeichne. Es ist etwas rein Reflexartiges: Wenn sich ein solches Tier zeigt, gibt's auch schon die erste Irritation und Abwehrreaktion. Ja genau, bei vielen von uns reicht auch bereits eine Wespe oder gar eine Biene. Und das, obwohl diese Tiere uns Menschen im Normalfall keinesfalls böse gesinnt sind. Wie alles was hier kreucht und fleucht, haben alle diese Tiere eigene, vitale Lebensinteressen und folgen ihnen: *Etwas von der Süße des Daseins naschen, um zu leben.* Im Gegenzug nutzen Menschen sogar gern (zumindest) den „Bienenfleiß", wie wir wissen und „bezahlen" ihren Honig letztlich mit Zuckerwasser. Ich frage mich: *Ist dieses Phänomen bezüglich Männern wirklich so anders?* Und dasselbe gilt bezüglich Schlangen: Schlangen sind scheue Wesen, die vor den Menschen berechtigterweise *mindestens* so viel Angst haben wie wir vor ihnen – meist unberechtigter Weise.

Sind Männer heute nicht durchaus ähnlich dran?

Gesellschaftspolitisch betrachtet, scheinen Männer für das Gros radikal-feministischer Frauen nach wie vor so gefährlich, wie „DIE Kommunisten" der so genannten McCarthy Ära der 1950er Jahre. – Was gab es da nicht alles, bis hin zu „schwarzen Listen", etc. WAS IST DA BLOSS LOS? – Und selbst wenn nicht alle Männer bei den heutigen Veränderungen gleichermaßen mitspielen: **Es gab auf diesem Planeten vermutlich niemals mehr Männer in einer entwickelten Kultur wie der unsrigen, welche der Gleichberechtigung von Frauen sowie den Frauenrechten mit soviel Empathie und Bereitschaft begegnet sind und sie so sehr ernst nehmen und unterstützen wie gerade heutzutage!** Und dennoch gibt es als Folge bzw. parallel dazu meines Erachtens nicht mehr Wohlwollen, sondern wie die Zahlen beweisen, noch nie so viele durch Frauen eingebrachte Scheidungen wie in dieser *post-emanzipatorischen* Zeit.

Liegen diesen höchst diskrepanten Phänomenen lediglich viel zu hoch gesetzte Erwartung von Frauen zugrunde oder gibt es einfach heute zumeist noch nicht das adäquate Bewusstseins-werkzeug, um stimmig und frei mit den neuentdeckten „Freiheiten" umzugehen? Oder ist dieses Phänomen die zeitverzögerte Folge jener im Patriarchat lediglich unterdrückt wirksamen Un-Gleichbe-rechtigung der Geschlechter, wie sie Barbara Schweder in ihren ominösen Zitaten anspricht? [13]

In jedem Fall muss die entscheidende Frage zunächst lauten: *Was tun, um diese abstrusen Feindbilder und Un-Gleichberechtigungen bezüglich gegenseitiger Anerkennung von Eigenständigkeit, Realität und „Gefährlichkeit" aufzulösen, zu erlösen? Dazu braucht es neue Bewusstseinswerkzeuge, um diese reflexartigen Angstprojektionen in Liebe zu verwandeln.* [14] Ich schätze folgende Sicht: *„Liebe ist Ausdruck der Bereitschaft einen Raum zu schaffen, in dem Veränderung möglich*

---

13 *„Frauen sind die Chefinnen in der Firma Beziehung ..."* sowie: *„Männer sind Konstruktionen im Dienste der Frauen."* B. Schweder / S. Riedl: *„Wie Frauen Männer gegen ihren Willen glücklich machen."* Wien 2003, S. 15, S. 13; S. 223.
14 Entsprechende Übungen finden Sie im Setting vieler Bewusstseins-Coachings.

ist." – Ich weiß: Veränderung IST möglich.

Massive Änderungen im Sozialen und im Zwischenmenschlichen

Momentan läuft der großangelegte Versuch, das Erwerbsarbeitsleben sowie das Wirtschaftsgetriebe im Gesamten, inklusive der immanenten Umgangsformen, so zu gestalten, dass Frauen sich dabei möglichst „familiär" und gut aufgehoben fühlen dürfen.

So weit, so gut. Männer können sich aber bislang leider oft nicht adäquat auf die groß angelegte, feministische Optimierungs- und Veränderungskampagne im Erwerbsarbeitsbereich einstellen. Viele von ihnen fühlen sich überfahren und fremd in ihrem einstmals angestammten Bereich. Aber dennoch gilt für die meisten Männer: *Bloß nicht in Konkurrenz treten, sondern alles tunlichst umgehen, um sich all dem Ungewohnten und der zunehmend eigenen Verunsicherung nicht stellen zu müssen.* Solches Ausweichen ist eine wenig sinnvolle, leider aber oft eingeschlagene Konsequenz bei Männern.

Wenn man bedenkt, dass dieses „Außen" bis vor kurzem der allseits unbestrittene, männliche Lebens- und Rückzugsraum gewesen ist, dessen Grundstruktur und Arbeitsformen Männer erschaffen sowie konstituiert haben und den sie nun mit den Frauen teilen – schon eigentümlich! Statt aber vonseiten der Frauen Verständnis und Toleranz zu üben, sehen sich Männer entwertenden Angriffen und groben Anschuldigungen ausgesetzt.

Neue Einstellungen werden wachsen müssen. Das aber braucht kooperative Akzeptanz – auf beiden Seiten der Geschlechter. Von dieser (Ein)Sicht betrachtet, besteht wohl wenig Anlass für das stets motivierte *#payback*-Gehabe oder Revanchismus.

Vielleicht werden Sie, liebe Leserin denken, dass es bei Ihnen kein „Feindbild Mann" gibt. *Da gäbe es, wenn dann höchstens mal Irritationen durch Handlungen einzelner, ganz konkreter Männer.* DAS kann ich mir gut vorstellen. Und dennoch: Versetzen Sie sich hinein, was in Ihnen vorgeht, wenn Ihr Kind, vielleicht ein Mädchen, vom Kindergarten heimkäme und erzählt, dass es jetzt einen neuen Kindergärtner gäbe, der sei „so-lieb!" Alle fänden ihn so lieb und sie dürfe auch auf seinem Schoß sitzen und sich ankuscheln. ... Oder aber es wird Ihnen ein Mann in der Auswahl für eine Top-Stelle vorgezogen. Oder es stößt Sie ein Mann beim freien Tanzen an (und nicht eine Frau, was ja genauso passieren kann). Oder es drängt sich ein Mann an Ihnen vorbei (und nicht eine Frau). Wie geht es Ihnen dann ...?

Mir wurde von einigen Kindergartenleiterinnen erzählt, dass sie einen männlichen Kollegen leider aus keinem anderen Grund kündigen „mussten", als *„um Auseinandersetzungen mit besorgten Müttern aus dem Weg zu gehen, die ihr Kind sonst aus der Gruppe genommen hätten".* „Vorsorglich" – wie sie mir selbst sagten.

Die Soziologin Barbara Schweder berichtet über ein weiteres derartiges Erlebnis aus ihrem eigenen Alltag als Mutter: *„Die Kindergärtnerin meines Sohnes erzählte mir mit Verschwörermine, ein Mann hätte sich bei ihr beworben. ‚Der kann nicht normal sein', meinte sie. ‚Welcher Mann will schon mit kleinen Kindern zu tun haben, der nicht ganz konkrete Interessen dahinter verbirgt?' Gemeint waren damit natürlich sexuelle Interessen. Sie jedenfalls würde nie einen Mann einstellen."* [15] Wie viele *Potenzieller-Täter*-Projektionen sind da bei vielen Müttern und Frauen am Laufen?

Und noch ein spezielles Beispiel pauschaler Verdächtigung: Horterziehern war es in allen Volksschulen Wiens per Anordnung bis Herbst 2017 nicht erlaubt, mit Kindern alleine, ohne Anwesenheit einer weiblichen Erzieherin, auf das Erscheinen der abholenden Eltern zu warten. [16] – DAS hat sich nun geändert. Aber auch hier gab es diese Atmosphäre latenter Vorverdächtigung, welche versteckt aber doch immer noch das sozial-pädagogische Feld prägt. Dasselbe hörte ich später im privaten Gespräch von einer Ausbildnerin im Bereich Sonderkindergarten und Babykrippen. Hier würde immer wieder von neuem thematisiert, ob auch männliche Betreuer Kinder beiderlei Geschlechts wickeln oder auch nur am Schoß sitzen haben dürften. Daher meine

---

15 B. Schweder / S. Riedl: *„Wie Frauen Männer gegen ihren Willen glücklich machen"*, Wien 2003, S. 222.

16 Dem Protokoll einer Teamkoordinationssitzung des Vereins *„Wiener Kinder und Jugendbetreuung"* im Stadtschulrat Wien, vom 19.-22.9.2017 ist erfreulicherWeise eine Änderung zu entnehmen. Hier heißt es im letzten Punkt von Allfälliges: *„Schlussdienste dürfen ab sofort auch von 2 Männern übernommen werden".*

Frage an Sie liebe Leserin unter den Leser(inne)n: Wie würde es Ihnen gehen, wenn Ihnen von offizieller Seite untersagt ist, Ihre Arbeit verantwortlich machen zu dürfen – außer wenn Sie dies „in Begleitung" oder unter Anwesenheit eines Mannes machten?

Die „Unschuldsvermutung" als Menschenrecht muss eben auch im Alltag gelten, sonst wird man sicherlich nicht *mehr* männliche Erzieher gewinnen:

Hier mein Vorschlag: *Achten Sie, liebe Leserin (aber natürlich dürfen diese Übung Sie lieber Leser auch machen), in nächster Zukunft einmal sehr bewusst darauf, ob Sie wirklich so unbefangen auf dieselbe Handlung von Männern wie Frauen reagieren, wie Sie bislang meinen.* Gibt es da doch Negatives (vielleicht aber auch Positives), was Sie jedem Mann selbstverständlich zutrauen würden, aber nie und nimmer einer Frau? Gibt es da vielleicht doch solche verunglimpfende Übergriffe unserer Vorstellungen? Solches haben wir uns angewöhnt, als Vorurteile zu bezeichnen.

Eine gute Freundin von mir ist eine jener Frauen, die nach ausgiebiger Selbsterforschung von sich sagt, dass *ihr selbst* im gesamten Leben nie von einem Mann etwas Grobes oder Schlimmes angetan worden wäre. Trotzdem erkannte sie – schockiert – etablierte Vorbehalte, ja, ausgeprägte Aversionen (*„ABER HALLO !!!"* – wie sie es formulierte), gegen Männer. Aber man(n) / frau *„höre halt im Lauf des Lebens da oder dort so viel ..."* – Genau. Deshalb haben Menschen auch soviel mehr Angst vor dem Fliegen, als vor dem Autofahren, obwohl beim Vergleich Autofahrt Wien - Berlin, oder Flug Wien - Berlin, statistisch betrachtet für nur 10 Kilometer Autofahrt (etwa die halbe Distanz zum Flughafen) eine statistisch gleich hohe Todesrate durch Unfall veranschlagt wird wie für die Distanz Wien - Berlin (540 km) im Flugzeug.

Auch die feministische Bewegung kann, so will ich hoffen, kein Interesse an pauschalierender Entwertung und zunehmender Desorientierung vieler Männer in der Gesellschaft haben. Sie müsste doch wissen: **Nachhaltigkeit bezüglich der Etablierung neuer Werte und Haltungen in der Gesellschaft ZUGUNSTEN DER FRAUEN wird auf längere Sicht nur gefestigt werden können,** wenn sich für Männer das Dilemma „Systemverlierer-Sein" nicht zu krass etabliert. Wir leben in einer Demokratie. Es wird nicht möglich sein, 50% der in dieser Demokratie Beheimateten den Status „Systemverlierer" zwar zuzuerkennen, aber sie dennoch weiterhin aufs gesellschaftliche Abstellgleis zu fahren, ohne dass reaktionäre Kräfte das mühsam Erworbene wieder zunichte machen. – ICH WILL EINDEUTIG ETWAS ANDERES! siehe 17*

Für diejenigen, welche meine Sicht erstaunt, möchte ich gerne ein paar zentrale, gesellschaftspolitische Änderungen anführen, die in den letzten Jahren gesetzt wurden:

- Männer haben als Väter ihr *Recht auf Mitsprache bezüglich Abtreibung oder Geburt* ihrer Kinder und somit das Recht verloren, gleichermaßen wie ihre Frauen mitzubestimmen, ob sie *für eine Elternschaft bereit* sind, oder nicht.
- Sie haben mittlerweile gelernt, den *gesamten Bereich der Erwerbsarbeit mit den Frauen zu teilen,* geringerer Verdienst als Frauen und Arbeitslosigkeit durchaus inbegriffen [18]
- ohne dass sich die Bereitschaft von Frauen verändert hätte, auch solche Männer in Partnerschaften zu wählen, wie dies Männer bezüglich Frauen tun und immer getan haben.
- *In der Bildung verlieren Jungen* radikal an höherwertigen Abschlüssen [19].
- Männer haben die Anerkennung des Versorgerstatus in Familie

---

17* Um bei all dem, Laune und Optimismus nicht zu verlieren: Hier ist Loriot mit einem Video „männlicher Vorherrschaft" in der Vollerwerbsarbeit. Nehmen Sie's mit Augenzwinkern! ☺ **Loriot:** *„Mit beiden Füssen auf der Erde"* (auf Youtube).

18 Männer führen heute in Deutschland wie in Österreich in allen Altersgruppen die Arbeitslosenstatistiken an, besonders bei jungen (64%) und alten Menschen 74% (https://www.wien.gv.at/statistik/arbeitsmarkt/arbeitslosigkeit/ (2018) Einerseits ist *„für Frauen das Risiko arbeitslos zu werden geringer als für Männer, ... den ehemals arbeitslosen Frauen (gelingt) besser als Männern, sich am Arbeitsmarkt zu etablieren und einen Rückfall in die Arbeitslosigkeit zu vermeiden."* (S. 16, S. 18): https://statistik.arbeitsagentur.de/DE/Statischer-Content/Statistiken/Themen-im-Fokus/Frauen-und-Maenner/generische-Publikationen/Frauen-Maenner-Arbeitsmarkt.pdf?__blob=publicationFile .

19 https://personalwesen.univie.ac.at/fileadmin/user_upload/d_personalwesen/ Gleichstellung/Dokumente/Gender-im-Fokus-5_2015.pdf .

und ihre *grundsätzliche Machtposition in der Wirtschaft* eingebüßt.
- Und: Männer gingen ihrer vormals, infolge ihrer Körperkraft und Größe anerkannten, *sozialen Dominanz in Familie und Gesellschaft ersatzlos verlustig*. Diese wurde berechtigterweise gesetzlich und moralisch geächtet. GUT SO! – All der Berechtigung zum Trotz, stellt es für Männer aber dennoch eine massive und essenzielle Schwächung ihres Selbstverständnisses dar.
- Die Selbstmordrate bei den Männern beträgt in Österreich / Deutschland das 4 bis 5-fache von Frauen – Tod in Folge von (suizidaler) Raserei auf der Straße, wie erwähnt nicht eingeschlossen.
- Und es gibt, wie wir im Verlauf des Diskurses gesehen haben, weitere gravierende und einseitige Veränderungen.

Wer jetzt meint: *So gehört sich das ja wohl!* – Der / die mag sich das auf die Fahnen heften dürfen und darum wissen, damit wohl Recht zu haben. Dennoch, hier ein klärendes Gedankenexperiment: Stellen Sie sich vor, es würde in Europa – aus Gründen der Gerechtigkeit – versucht das Durchschnittseinkommen aller Bewohner in Europa auszugleichen. Und wenn es durchgeführt wäre – glauben Sie, alle Bewohner würden sich aus Gerechtigkeits-Gründen gleich gut fühlen bei diesen durchschnittlich" 900.- € im Monat? – Eben! Die einen würden sich enorm gestärkt fühlen mit 900 Euro Lohn, die anderen enorm geschwächt – obwohl die statistische Lohngerechtigkeit in Europa real zunähme.

Etwas an Mitgefühl könnte diese persönlich differierende Ebene von einseitigem Verlust und Gewinn empathisch begreifen, und somit auch erfassen, wo der Unterschied – aller vermeintlichen Gleichheit zum Trotz – läge. Ja, wie es den Menschen *real fühlbar* ginge, bei solch berechtigten Mühen um Gerechtigkeit. Ich finde, das wäre äußerst wesentlich. Dasselbe Gedankenexperiment kann übrigens jeder auch auf die Erdbevölkerung im Gesamten anwenden auf „Nord- und Südländer". *Fair wäre vieles an essenziellen Änderungen. Deshalb aber tut sich noch lange nichts!!!*

Angebracht und angemessen wäre meines Erachtens *ehrliche Anerkennung und ehrlicher Dank, dass solch umfassende Verluste an Einfluss, Vormachtstellung und persönlicher Zufriedenheit in den letzten Jahren ohne zerstörerischem Aufruhr über die Bühne gingen!* **Denn:** *Etwas als fair anzuerkennen ist das eine, es auch stattfinden zu lassen und zu etablieren – nochmals etwas GANZ anderes!* Vor Kurzem las ich in einem Artikel des *„Magazins für Wissen und Weiterbildung", „upgrade"*, der Donau-Uni Krems in einem 2017 veröffentlichten Artikel, folgendes Zitat aus dem Bereich *„Change-Management"*. Der Titel: *„Wandelt euch, aber richtig"*: *„Verlierer müssen entweder angemessen entschädigt oder frühzeitig aus dem Spiel genommen werden."* [20] Es ist dies der Rat eines renommierten Universitätsprofessors für Allgemeine Betriebswirtschaftslehre mit Schwerpunkt Unternehmens- und Personalführung an der Fresenius University of Applied Science in Berlin.

Wer in diesem Prozess radikaler gesellschaftlicher Wandlung die heutigen Verlierer sind, ist unschwer auszumachen. **Männer fühlen sich in diesem „Nullsummenspiel" jedenfalls als deutliche Verlierer. Wo aber gibt es auch nur im Entferntesten etwas wie** *angemessene Entschädigung oder gar Würdigung?* **Eher sieht es momentan danach aus, dass sie durch die Wandlung der Bildungsverhältnisse,** *„frühzeitig aus dem Spiel genommen werden".* **– Bitter, wie schwer es fällt, diesem gesellschaftlichen Dilemma verantwortlich „ins-Auge-zu-sehen".**

Lassen wir abschließend noch „Nasrudin" zu Wort kommen. Eine pfiffige Narretei aus seinem so reichhaltigen Repertoire schwarzen Humors heißt: *„Auch Esel sind nur Menschen"*: *„Zum ersten Mal in seinem Leben kaufte sich Mulla Nasrudin einen Esel. Der Händler ermahnte ihn, dem Tier täglich eine bestimmte Menge Futter zu geben. Nasrudin schien das zu viel zu sein und so beschloss er herauszufinden, ob der Esel auch mit weniger Futter auskommen könne. Jeden Tag gab er ihm etwas weniger zu fressen. – Als der Esel schließlich fast nichts mehr bekam, fiel er um und war tot. 'Schade', grübelte der Mulla, 'nur ein wenig mehr Zeit und ich hätte ihn sicherlich daran gewöhnen können, ohne*

---

20 M. Schlese, zitiert in *„upgrade"* (1/2017); Artikel von M. Mittermüller: *„Wandelt euch, aber richtig"*, S. 21.

Futter auszukommen'." [21]

Widerstand und Feindbilder. – Was lehrt uns die Vergangenheit?

Die Historikerin an der Uni Kassel, Kerstin Wolf, zu den sozialen Hintergründen eines frühen *„Widerstands gegen Emanzipation"* in der Bevölkerung, der meist doch nur Ausdruck von persönlicher Sorge bezüglich der „Folgen" war. Schließlich sahen die Männer der damaligen Zeit sich zentral von der Rolle vereinnahmt, für das finanzielle Wohl der Familie Sorge tragen zu wollen / sollen / müssen: *„Es gab in Deutschland (um die Wende zum 20. Jahrhundert) einen ‚Bund zur Bekämpfung der Frauen-Emanzipation', getragen von sehr vielen Lehrern, weil Lehrer sich sehr stark bedroht fühlten durch das, was durch die Frauenbildungsbewegung von statten gehen sollte, also was sie versucht haben, durchzusetzen. Weil die fürchteten schlicht und ergreifend um ihre Jobs. Bisher waren viele Lehrer auch als Lehrer in Mädchenschulen angestellt und wenn das jetzt wirklich so weiterkommen sollte, dass auch Frauen als Lehrerinnen in höheren Klassenzimmern eingesetzt würden, dann fürchteten die einfach um ihren Job."* [22]

Diese Sorge war aus heutiger Sicht keineswegs unberechtigt, denn heute ist es soweit: Es finden sich im Lehrer/innen-Stand kaum noch Männer. Daher lässt auch das vorgebliche Feminismus-Ideal „Diversität" sehr zu wünschen übrig. Die Schere geht seit Jahrzehnten immer weiter auf. Wenn einem Geschlecht in essenziellen Bereichen kaum mehr Bedeutung zukommt, ist das wohl auch keine gelebte Vielfalt.

In jedem Fall halte ich es für gedeihliche Dialoge der Geschlechter entscheidend, das unterschwellige oder auch radikal-feministische „Feindbild Mann" in dieser, unserer Gesellschaft wieder konsequent aufzulösen und fairerweise loszulassen, bevor irgendwer versucht, ein maskulinistisches „Feindbild Frau" in verunsicherten Gehirnen zu schüren. Wohlwollen, Frieden, Augenhöhe und Zufriedenheit kann es nur für BEIDE Seiten gleichermaßen geben, ansonsten sich die

---

21 Aus: R. Fischer (Hrsg.): *„Also sprach Mulla Nasrudin"*, München 1993, S. 24.

22 K. Wolf in *„Das Jahrhundert der Frauen – Kaiserreich und Weimarer Republik"* in PHOENIX | programm.ARD.de , Filmdokumentation (Minute 39:52) 8.3.2017.

Verlierer in die Aggression und in psychische Aufrüstung verlieren könnten. Zuerst in die verbale, dann in die reale. Wie manipulierbar Menschen sind, welche Bedeutung und Lebensgrundlagen einbüßen und wie hoch die Wellen schlagen können, lehrt jegliche Geschichte.

Es genügt nicht zu sagen, „*So etwas darf es nie wieder geben!*" Wir müssen Sorge dafür tragen, dass der Standpunkt aufhört, die jeweils einen seien die rechtmäßigen *Chefs und Beherrscher* der jeweils anderen. Ob das nun die vorgeblich höherentwickelten Arier, die US-amerikanische Elite der Ost- oder Westküste, oder die soziologisch und neurologisch gewiefteren Frauen sind [23].

Nachhaltige Entwicklung braucht gegenseitige Wertschätzung, ein gegenseitiges Verständnis der Bedürfnisse und Anerkennung der unterschiedlichen Lebensgrundlagen. Alles andere würde der Entwicklung, *Macht über sich selbst* zu gewinnen, statt *Macht über den (vermeintlich) Schwächeren* auszuüben, einen wahren Bärendienst erweisen. Diesbezüglich Verantwortung zu nehmen, bedeutet, *HEUTE so zu handeln, wie ich will, dass es MORGEN als Realität eingetreten sein wird.* Dies beginnt beim Denken, eigenen Überzeugungen / Glaubenssätzen. Und, es reicht leider nicht zu sagen: „*Da hast Du wirklich Recht, Kurt!*" Sondern: Solches muss bewusst bearbeitet werden! D.h.: Fühle – durchaus emotional – einen solchen Glaubenssatz (wie den von Schweder in ihrem Zitat genannten und entsprechende auf Männerseite [24]), anerkenne anschließend ihre Idee und Dich selbst mitfühlend, als jene(n), der / die das bisher so gedacht hat und dann anerkenne, dass Du selbst größer bist als diese missachtenden und unheilsamen bisherigen Gedankenmuster. – LASS SIE LOS. ENTSCHEIDE ES!

Parzival „JA!", Königssohn „JA!", aber nicht *im Narrengewand* und auch nicht mehr *froschig* oder in seiner treuherzigen

---

23 „*Sind Frauen vielleicht schlauer und keineswegs das ‚schwache Geschlecht'?*" C. Bauer-Jelinek: „*Der falsche Feind. Schuld sind nicht die Männer.*", Salzburg 2012, S. 63. Smart sein wird heute ein hoher Stellenwert im Bereich der sozialen Intelligenz eingeräumt. Was spätestens für unsere heutige Gesellschaft als Binsenweisheit gilt – Bauer-Jelinek weiter: „*Es gewinnen nicht immer die Guten, sondern die Schlauen.*" Das werden auch Männer zur Kenntnis zu nehmen haben.

24 Siehe Kap. 4: Kontrolle *versus* Intimität, Anm. 16.

Gutmütigkeit im *Bärenfell* unterwegs. – Dafür wird man(n) seine Komfortzone zu verlassen haben. Dafür lohnt auch allemal der volle Einsatz und dafür lohnt es für uns Männer auch, den Mund endlich aufzumachen. Ja: zu kämpfen, um DIESEM Aspekt von Geschlechter-Gerechtigkeit gleichermaßen Gehör zu verschaffen. Am besten aber: MÄNNER & FRAUEN GEMEINSAM!

Abhängigkeit und Co-Abhängigkeit

Leider gibt es auch heute jede Art von Abhängigkeiten zwischen den Geschlechtern. Und auch diese wirken natürlich systemisch. Man kann sie zugegebener Weise sehr unterschiedlich begreifen, wie die folgende Erzählung (Parabel) zeigt. *Fremdbestimmtheit gibt es primär im eigenen Inneren!* – Wir Menschen haben uns nach dieser vermeintlich „inneren Decke" zu strecken und hecheln leider allzu oft in unserem Leben lediglich den Konsequenzen hinterher. Hier gilt es schlicht seine/ihre eigenen Prioritäten zu setzen.

„*Der Philosoph Diogenes aß zum Abendbrot Linsen. Das sah der Philosoph Aristippos, der ein angenehmes Leben führte, indem er dem König schmeichelte. Sagte Aristippos: ,Wenn du lerntest, dem König gegenüber unterwürfig zu sein, müsstest du nicht von Abfall wie Linsen leben.' – Diogenes entgegnete freundlich: ,Wenn du gelernt hättest mit Linsen auszukommen, brauchtest du nicht dem König schmeicheln'.*" [25]

So manches Mal fällt es Menschen im Zusammenleben erst im Nachhinein auf, „*wie-der-Hase-läuft*" – oder lief. Sie sagen dann etwas wie: „*In dieser Form habe ich gewissermaßen auch selbst mitgemacht.*" Solches kann man immer wieder von Menschen hören, die in einer Paarbeziehung mit Sucht-Thematik leben/lebten: Diese Art „mitzumachen", nennt man *Co-Abhängigkeit*. Wenn Männer sich zu der heute verbreiteten weiblichen Versuchung „*alles-haben-zu-wollen*" [26] gesellschaftlich und individuell nicht äußern, dann liegt das m. E. an einer kollektiv gefühlten, männlichen Co-Abhängigkeit, einer Bedürftigkeit bezüglich weiblichen „Wohlwollens" [27] – oder auch

25 „*Diogenes*", aus: A. de Mello: „*Warum der Vogel singt.*", Freiburg 1984, S. 70.
26 P. Allen / S. Harmon: „*Kein Mann für eine Nacht*", Hamburg 1995, S. 25.
27 Siehe: M. Stoverock: „*Femal Choice*", Stuttgart 2021: „*Die Konkurrenz liegt bei der Partnerwahl also stets auf männlicher Seite … ein sexueller Bittsteller, der bei seiner*

vermisster (mütterlicher) Anerkennung. (Welchen Anteil könnte sie eventuell an der Verzauberung unseres Froschkönigs haben?)

Von „Krankheitsgewinn" spricht die Psychiatrie in diesem Zusammenhang. Man(n) hat eben etwas davon, mitzuspielen. Aber auch die männliche Art zu lieben, der geliebten Frau alles zu geben, mit ihr zu teilen, was das Eigene ist, um so seine Liebe zu zeigen, führt nicht selten zu krassen Schräglagen. Zusammenfassend muss gesagt werden, dass alles das – im Großen wie im Kleinen und von beiden Seiten her betrachtet – ein systemischer Zustand ist, der zwangsläufig in ein Dilemma führen muss. Dann ist nämlich bald keine gemeinsame Augenhöhe mehr möglich.

Das Bedürfnis um „Anerkennung und Wohlwollen" hat ebenso seinen Preis, wie das Bedürfnis „alles zu bekommen": *Fremdachtung und Selbstachtung gehen dabei gleichermaßen verloren.* Und Hand in Hand gehend damit auch das Commitment für jenes Dritte: für das *Wesen der Beziehung,* für genau DAS, wofür beide Geschlechter ursprünglich angetreten sind, jenseits jeglichen männlichen oder weiblichen Sucht- bzw. pathologischen Abhängigkeitsverhaltens.

Ein konkreter Sprung ins Persönliche und Überpersönliche

Das Erleben dieses Konstrukt zu sein *(„sonst brauchst Du die Kinder gar nicht mehr sehen kommen!"* ... wie ich dies in meinen „Froschkönigs-Zeiten" hörte). – Puhh! Von Väterseite betrachtet, einfach zum Heulen! Es schmerzte, weil ich wusste, ich war bereit, mein Bestes zu tun und das nicht nur als Vater. Fürsorgliche Unterstützer sind nur für 4 bis 6 „Brutpflegejahre" gebraucht, spätestens dann werden meist andere Männertypen gesucht – und ein außerhalb einer selbst liegender Grund wird sich immer finden (lassen), darüber kann man(n) / frau wohl übereinstimmen.

Barbara Schweder und Sabina Riedl: *„Die bekannte amerikanische Anthropologin Helen Fisher hat das Verfallsdatum von Ehen untersucht und überraschende Übereinstimmungen zwischen den unterschiedlichsten Kulturen festgestellt. ... Ihr verflixtes viertes Jahr*

Befriedigung viel stärker von der Frau abhängig (ist) als sie von ihm." (S. 15, S. 76) *„Die Hierarchiebildung unter den Männern ist – wir erinnern uns daran – die zwangsläufige Folge der hohen Sexualkonkurrenz durch ,female choice'."* (S. 148)

ist mittlerweile wohl dokumentiertes Faktum. Auch ihre Erklärung scheint plausibel. Die durchschnittliche ,Verweildauer' von vier Jahren bei einem Ehepartner könnte damit zusammenhängen, dass unsere Gehirne auf dieses Intervall programmiert sind. Das ist etwa die Zeit, die vergeht, bis ein hilfloses Neugeborenes ein lebenstüchtiges Kleinkind ist, das nicht mehr ständig an der Mutter hängt. Die starken Bindungsgefühle an einen Partner lassen deshalb möglicherweise nach vier Jahren nach." [28] **Vielleicht hielt eine Partnerschaft früher nur deshalb so lang, weil Frauen immer wieder schwanger wurden und auf die Unterstützung ihrer jeweiligen Männer angewiesen waren. Eine wohl für beide Geschlechter eher irritierende Überlegung. ... Deshalb habe ich meine eigenen Erfahrungen und Überlegungen dazu unter** „*Wie ein Mann liebt ...*"** beschrieben.** [29]

Mittlerweile kennt die medizinisch soziologische Forschung ebenfalls derart biologisch motivierte Bedürfniswechsel, sowohl in der Partnerschaft als auch zu verschiedenen Zeiten innerhalb jeder einzelnen weiblichen Periode. Außerdem klären Expert(inn)en auf: *Ein Leben lang vom biologischen Standpunkt aus betrachtet, bedeutet vier bis sechs Jahre.* Eine Beziehung auf Lebenszeit hätte die Evolution nicht vorgesehen. Barbara Schweder, Evolutionsbiologin und Anthropologin: „*Und wenn das schief geht, dann ist man ja auch untröstlich. Man sieht nicht, wie viele schöne andere Mädchen es noch gibt, wenn man als junger Mann, nur in dieses eine verliebt war.*" [30]

Es gab sie in unserer Kultur: die bekannt rigiden, gesellschaftlich motivierten Scheidungsgesetze. Sie dienten zur Sicherung und zum Schutz von Familien. Und so kam es dazumal auch kaum zu Scheidungen (durch keines der beiden Geschlechter). Diese Rechts-sicherheiten gab es aber nur *genau so lange*, wie Frauen existenziell von ihren Männern abhängig waren. Mittlerweile wurde der Schutz mehr oder minder fallengelassen, weil es „obsolet" erscheint, Frauen

---

28 B. Schweder / S. Riedl: „*Wie Frauen Männer gegen ihren Willen glücklich machen.*" Wien 2003, S. 39.

29 Das Thema „*Männliche und weibliche Sexualität*" wird Teil eines Fortsetzungs-bandes sein,

30 B. Schweder, in: „*Beziehungen ohne Ablaufdatum*", ORF/Ö1-Radiokolleg, 7/2016, von U. Maurnböck.

weiterhin solchen Schutz zu gewähren. Für beide Geschlechter gibt es bezüglich Scheidung heute kaum noch irgendeine Hürde.

Wer meines Erachtens solche Sicherstellung allerdings heute dringlichst bräuchte, sind Kinder und Väter. **Denn obgleich es wohl noch nie so viel Verständnis und häusliche Unterstützung von Vätern gab, liegt die von Frauen eingereichte Scheidungsrate heute bei ca. 80%. Es sind heute meist immer noch die Väter, die in Konsequenz „außen vor" bleiben. So etwas macht einfach auch Männerherzen Angst. Denn auch für sie gilt natürlich – trotz teilweise „harter Schale" für einen „weichen Kern":** *Die Psyche ist ein unsichtbares Organ und es blutet auch nicht.* Scheidung kann AUCH bei Vätern (und Kindern) Panikattacken auslösen, psychische Krankheit, Depression oder gar Selbstmord, u.s.w.

... und auch MEINE beiden Kinder konnten nicht zusammen mit mir gemeinsam aufwachsen – sowie: ich nicht mit ihnen (trotz einer stets gewahrten und liebend gern erfüllten Besuchsrechtsregelung). Heute, da sind wir alle vermutlich darüber hinweg. Aber, ich kann sagen: *Sehr, sehr bitter! Sehr, sehr schmerzhaft!* [31]

An der Stelle wieder eine ergänzende Frage an die Leserinnen unter den Leser(inne)n, aber natürlich auch an alle Leser: *Wie würde es Ihnen gehen, wenn es die MÄNNER wären (bei der Größenordnung heutiger Trennungs- bzw. Scheidungsraten!) die zu 80% die Scheidung einreichen würden und Ihre Kinder in der Regel bei „IHM" bleiben würden? ... Und wie, wenn Sie jenes Recht/jene Pflicht vom Scheidungsrichter (meist im Gegensatz zu heute: ein Mann) übertragen bekämen, dem Besuchsrecht hinterherzulaufen, dass es wirklich stattfinden darf – gepaart mit der Verpflichtung „zu zahlen"? – Fühlen Sie mal ... Wie fühlt sich das an, und wie „frei"? Würden Sie tauschen wollen mit heutigen Männern (Vätern)?!*

Die ehemalige Gleichstellungsbeauftragte in Deutschland, Monika Ebeling sagt dazu: „*Von Frauen geht überwiegend der Wunsch auf Trennung einer Beziehung oder Ehe aus. Mit diesem Wunsch setzen*

---

31 Es wird natürlich auch noch heute Männer geben, denen das (scheinbar) weniger an die Nieren geht. Ich glaube aber, dass die Verletztenanzahl in dem Maß steigen wird, wie Männer sich zur Kindererziehung bereitfinden und sich involvieren.

Mütter die gemeinsamen Kinder einem großen Risiko aus. Viel zu viele Kinder sehen ihren Vater nach Trennung und Scheidung selten und dann bald gar nicht mehr. Dies ist leider oft rechtlich und behördlich abgesichert. Jeder kennt entsorgte Väter, die still leiden, sich zurückziehen oder aggressiv vorgehen, weil sie sich von Müttern dominieren lassen müssen, um den Kontakt zum Kind nicht zu verlieren. Väter, denen die finanziellen aber auch emotionalen Ressourcen ausgehen, die demoralisiert sind und im schlimmsten Fall sogar mit ihrem Kind den Freitod wählen. Das Leid der Väter sollte endlich öffentlich wahrgenommen werden und wir müssen gesamtgesellschaftlich darauf angemessen reagieren. Ich meine, hier brauchen auch Männer Hilfe!" [32]

Wir brauchen hier nichts zu verallgemeinern. Dennoch: Dass Männer Angst vor Frauen [33] haben ist mindestens genauso wahr wie, dass Frauen Angst vor Männern haben. Und benutzt wollen wohl ebenfalls beide nicht werden. Frauen aber „nutzen" Männer einfach anders und für andere Lebensaspekte als umgekehrt (Beruf, Kinder). Oder haben Sie schon einmal gehört, dass Männer in ihrem Arbeitsbereich Frauen dazu nutzen (könnten), um sich nach oben zu katapultieren? ... Leider prostituieren sich Männer in ihren Leben ebenso wie Frauen. Aber auch DAS läuft letztlich doch sehr viel anders – in gänzlich anderen Formen – ab.

Nochmals Monika Ebeling: *„Parteiübergreifende einseitige Parteilichkeit für Frauen hat in unserer Gesellschaft Geschlechterapartheid zu Lasten von Männern etabliert. Wir tun gut daran, im demokratischen Sinne, den Diskurs der Geschlechter neu zu ordnen. Mir kommt es nämlich oftmals so vor, als wenn die*

---

32 M. Ebeling: *„Können Jungen und Männer in unserer Gesellschaft benachteiligt werden?"* Vortrag, Technische Hochschule Nürnberg, 30.4.2012. Aus: https://geschlechterdemokratie.files.wordpress.com/2012/05/vortrag-ebeling-ohm.pdf .

33 *„Die geltende Moral lautet, Männer sollen vor allem eines: zahlen. Dahinter steht eine Haltung, dass Männer in jedem Fall schuld sind. Wenn sie fremdgegangen sind, sind sie Betrüger, wenn die Frau eine Affäre hatte, dann nur, weil der Mann lieblos war. Oft genug sind nicht Gerechtigkeit und sinnvolle Absicherung die Leitmotive für die Unterhaltsforderungen, sondern Rache und Zerstörungswut."* C. Bauer-Jelinek: *„Der falsche Feind. Schuld sind nicht die Männer.",* Salzburg 2012, S. 40.

Frauenbefreiungsideologie teilweise autoritär unser Denken und Handeln bestimmen könnte. Vielleicht müssen wir Frauen uns aus einer ideologischen Fremdbestimmtheit befreien? Weg mit den feministischen Scheuklappen? Auf jeden Fall müssen wir die Geschlechterapartheid zu Ungunsten des Mannes öffentlich machen! ... Der Mann könnte, durch die sich manifestierende Geschlechterapartheid, in eine äußerst prekäre Lage gebracht worden sein. Männer sind heute zutiefst verunsichert. Es gibt Männer, die es nicht mehr wagen eine Bindung mit einer Frau einzugehen. Die Arbeitslosigkeit unter jungen Männern ist hoch. Von Obdachlosigkeit sind im überwiegenden Maße Männer betroffen. Es gibt signifikante Bereiche, in denen es Männern überaus schlecht geht. Täterschaft und Schuld ist menschlich nicht männlich. ... Häusliche Gewalt ist immer eine Beziehungstat. Sie sollte systemisch, nicht ideologisch und keinesfalls geschlechter-hierarchisch und einseitig parteilich betrachtet werden. Letzteres ist in den Netzwerken häuslicher Gewalt fast immer die Regel. Ausschließlich Männer zu Tätern zu machen ist fatal und wird der Problematik und den von häuslicher Gewalt betroffenen Familien in keinster Weise gerecht." [34]

Es hat aber alles seinen/ihren Preis. So funktioniert diese Welt. Was sich heute verändert hat – und daran ist zunächst ebenfalls nichts Schlechtes, nur fehlt noch jegliches ideelle Gegengewicht – formuliert die Professorin für Familiensoziologie, am Institut für Soziologie an der Uni Wien, Ulrike Zartler folgendermaßen: *„Eine deutsche Kollegin, Elisabeth Beck-Gernsheim, hat das ganz wunderbar zusammengefasst in dem Satz: ‚Wenn Frauen früher mit ihrer Paarbeziehung unzufrieden waren, haben sie ihre Hoffnungen auf eine erfüllte Paarbeziehung aufgegeben und haben an der Partnerbeziehung festgehalten. Wenn Frauen heute mit ihrer Partnerbeziehung unzufrieden sind, halten sie an ihren Hoffnungen fest und geben die Paarbeziehung auf'."* [35]

---

34 M. Ebeling: *„Können Jungen und Männer in unserer Gesellschaft benachteiligt werden?"*https://geschlechterdemokratie.files.wordpress.com/2012/05/vortrag-ebeling-ohm.pdf .

35 U. Zartler, in: *„Beziehungen ohne Ablaufdatum"*, ORF/Ö1-Radiokolleg, 7/2016.

Alles kein Problem, diese Haltung, solange man sich noch in einer Art „Ausbildungssituation" befindet. Dann aber beginnt in einer seriösen Firma die Verantwortung für die Bedürfnisse von wertvollen Klienten, dem Kapital der Zukunft – unsere Kinder. Heute scheint sich allerdings eine ganze Kultur und ihre Gesellschaften im Zustand einer derartigen Ausbildungssituation einzufinden. Wahrscheinlich meinen Mann und Frau heute genau deshalb, in einem so empfundenen Interessenskonflikt zwischen sich selbst und den Klienten (Babys), ihre Selbständigkeit behaupten zu müssen. So spricht strategisch scheinbar vieles dafür, ihre Betreuung in flächendeckende Babykrippen „auszulagern". Für ein Verständnis dessen, was da in unseren Ländern politisch auf Schiene gebracht wird, kann ein Gedankenexperiment dienlich sein: Malen Sie sich konkret aus, was es bedeutet 6-8 linge zu bekommen und für diese gleichaltrigen Babys von 7:30 bis 16:30 (oder gar 19:00) ALLEINE zuständig zu sein (oder gemeinsam mit einer anderen Frau für weitere 6-8 linge).

Die Analogie von 6-8lingen bildet die momentane Realität von Babykrippen in unseren Ländern durchaus treffend ab und wird von manchem genügsam ahnungslosen Mind bereits als „guter" Schlüssel bezeichnet. Allerdings nicht von Kinderpsychiatern und Pädagogen! Was „6-8linge zu betreuen" für die (meist) Frauen bedeutet, weiß jeder / jede, die tagsüber nur für ein Kind oder Zwillinge verantwortlich war. Ich finde die feministische Forderung eines *„flächendeckenden Angebots von Babykrippen"* unter *solchen* Voraussetzungen unverantwortlich! Nicht nur für die Betreuenden, sondern ebenso für die Babys. Wie sollen Kleinkinder diese Phase ihres Lebens nutzen, um das mit am Wesentlichste zu lernen: ihre Bindungsfähigkeit?!

Das Heranwachsen unserer unmündigen Staatsbürger/innen – unserer Kinder – muss auch in Zeiten einer vom Neoliberalismus angestrebten und vom radikalen Feminismus propagierten Vollerwerbstätigkeit ALLER, in Würde ermöglicht werden. Für die Ausbildung der Beziehungsfähigkeit unserer Kinder muss auch künftig vonseiten der Gesellschaft Sorge getragen und vom Gesetzgeber ein prüfbarer, REAL EXISTIERENDER Betreuungsschlüssel festgelegt werden (ohne mitgerechneter Verwaltungs- und Logistikkräfte, ohne Teilzeit und Urlaubsausfälle!) Einfach um ein *Heranwachsen in Würde*, parallel zum *Altern in Würde* zu ermöglichen. Das bedeutet: Für jeden Babykrippenplatz im *ersten Lebensjahr* wird in Zukunft ein rechtlich verpflichtender Betreuungsschlüssel von zwei Babys auf eine Betreuungskraft gewährleistet sein müssen, wie von medizinischer Seite (Kinderpsychiatrie) eindringlich gefordert. Danach 3 : 1, etc. [36] **Ansonsten muss meines Erachtens gelten, was trotz der Wichtigkeit und Berechtigung für ausreichenden Energiebedarf der Gesellschaft auch bezüglich Atomkraft gilt: NEIN DANKE! – Und desgleichen aus massiven Gesundheitsbedenken: BABYKRIPPEN, NEIN DANKE!**

Massentierhaltung gilt heute als nicht artgerecht und wird daher von weiten Teilen unserer Bevölkerungen abgelehnt. Für Kleinkinder muss im gesellschaftlichen Bewusstsein unserer Länder erreicht werden, dass ein Betreuungsschlüssel von 6-8 : 1 (und mehr) in der Babybetreuung als vergleichbar unwürdige Größenordnung künftig ebenfalls ausgeschlossen wird! (Ich weiß: sowohl bezüglich Babykrippen als auch im Bereich industrialisierter Landwirtschaft und Massentierhaltung herrscht / frauscht in vielen europäischen Staaten ein gänzlich anderes Bewusstsein

---

36 Der Universitätsprofessor Karl Heinz Brisch, Kinderpsychiater am Dr. von Hammerschen Kinderspital der Ludwig-Maximilian-Universität München sagt im Interview: *„Die jetzigen Krippen-Bedingungen, wie wir sie in Deutschland haben – und in Österreich ist dies nicht viel anders –, wo wir 12, 14, 18 Kinder haben in einer Gruppe bei 0-3-Jährigen, die von zwei Erzieherinnen versorgt werden, da können alle diese guten, feinfühligen Prozesse, die notwendig wären für eine Gehirnreifung, für ein entsprechend runter-reguliertes Stress-System nicht mehr passieren. Und dass diese Kinder hohe Stressausschüttung haben, das ist vielfältig untersucht und ist gar keine Frage.* **Ich hab in einem anderen Artikel gesagt, da kommt eine Lawine auf uns zu, weil diese Kinder werden uns noch große Probleme machen. Die internationale Forschung ist da sehr klar: Bei Kindern, wenn sie tatsächlich schon im ersten Lebensjahr in der Krippe sein müssten – eine Erzieherin maximal 2 Säuglinge.** *Und wenn die Kinder 2-3 Jahre sind, dann eine Erzieherin für maximal drei."* K.H. Brisch „Kindsein zwischen Traum und Trauma.", ORF/Ö1-Von Tag zu Tag, 17.2.2017, von J. Kneihs.

als in Deutschland / Österreich.) Lassen wir es bitte bleiben, dies eins zu eins nachzumachen: Wo bliebe sonst ein Heranwachsen in Würde für unsere Unmündigen?! Gesundheitliche Langzeitfolgen wären vorprogrammiert! Wenn es um den Erwerb von Resilienz und das Erleben von „Grundgeborgenheit" als Ressource für ein hoffentlich langes Leben geht, sollte sich der elterliche Interessenskonflikt für die ersten Lebensjahre hoffentlich nie aufdrängen müssen – mindestens nicht aus finanziellen Gründen. [37]

Tja, wie WOLLEN wir das jetzt und in Zukunft sehen ...?! – Es wird die Zeit kommen, auf beiden Seiten wertschätzender agieren zu wollen (zu „können" heißt ja immer zu „wollen"). Doch auch das will gefördert werden. Dazu ist ein offener Diskurs zwischen den Geschlechtern unumgänglich und überfällig um Kurzsichtigkeiten zu vermeiden! Ganzheitlich betrachtet steht für mich außer Frage: *Wir sind hier auf dieser Welt jeder für den jeweils anderen da, im Rahmen unserer Möglichkeiten und unserer Freude.* Und: Dankbarkeit und Wertschätzung sind die besten Schlüssel dafür. Alles andere wird Widerstand und Aggression erzeugen. Wozu das bei Männern führen kann, lehrt die historische, patriarchale Geschichte: zu nichts Gutem.

Wir befinden uns als Menschheit auf einem entscheidenden Abschnitt unseres Evolutionsweges: Wir haben den erstmaligen Versuch gestartet, eine kulturell gewollte Gewaltfreiheit auch in Erziehung und menschlichen Beziehungen, zu etablieren. Es geht somit um weit mehr, als bloß die Legalität des Patriarchats über Bord zu werfen. Es gilt die „Macht-des-Stärkeren" auszuhebeln, zugunsten der „Stärke-der-Macht-über-sich-selbst". Hier soll ein gänzlich neues Kultur- und Menschenrecht legalisiert und etabliert werden. Diesbezüglich werden wir alle, Männer wie auch Frauen, noch viel zu lernen haben. Die meisten von uns

---

37 *„Laut einer österreichischen Studie (‚Der neue Jugendmonitor' von Sohie Karmasin und Peter Filzmaier) sind **77% der jungen Frauen und jungen Männer dafür, dass Kinder in den ersten drei Lebensjahren überwiegend von Mutter und Vater betreut werden sollen – wenn es die wirtschaftliche Lage erlaubt."* C. Bauer-Jelinek: *„Der falsche Feind. Schuld sind nicht die Männer.",* Salzburg 2012, S. 128.

haben nämlich noch kaum neue Fähigkeiten gebildet, um mit der veränderten Sachlage umzugehen. Wohlwollen und Achtsamkeit, sowie Geduld und Mitgefühl werden nötig sein. „Macht-über-sich-selbst" zu erringen, ist eine diesem Jahrtausendwechsel wahrhaft würdige Herausforderung, die ein gänzlich neues Verständnis von Verantwortung bringen wird: Bewusstheit über unsere Bewertungen, Glaubenssätze und Haltungen. Dennoch: Es ist erreichbar – mit Beharrlichkeit über viele Generationen hinweg. Lernen wir die Wirkungsweisen des Bewusstseins kennen und wie wir ticken. Stehen wir voll hinter dieser, das Lebens umwälzenden Veränderung! – DIES möge so für BEIDE Geschlechter gelten.

Gewalt ist, wie wir alle wissen, nicht nur KÖRPERLICH. Es gibt alle möglichen Formen von Gewalt, auch psychische, auch verbale. Kränkungen und Abwertungen gehören ebenfalls dazu. Am ENDE (fast) jeder Gewaltspirale steht HEUTE zumeist die körperliche Gewalt eines Mannes. WO und WIE aber beginnt sie?

Abschließend: „Wiedergeburt"

Nur ein Gedankenexperiment: Glauben Sie an Wiedergeburt? – Ich verstehe: *Wiedergeburt?!?* – *Nur über Ihre Leiche!* ☺ ☺ ☺ – Ok, nehmen wir es hiermit also nicht als Frage an sich, sondern nur im Sinne eines harmlosen Stimmungsbarometers.

Ich habe immer wieder, über viele Jahre, Frauen (und Männer) gefragt – unabhängig davon, ob sie an so etwas wie Wiedergeburt glaubten – als WAS sie lieber „wiedergeboren" würden – als Mann oder Frau? Kennen Sie EINE Frau, die im nächsten Leben lieber als Mann geboren werden würde? Ich hab eine einzige getroffen! [38] Alle anderen, die ich je gefragt habe, wollten wieder als Frau auf diese Welt kommen (Immanent in der Frage offenbar – obwohl ich das nie angesprochen hatte: als Frau oder Mann in Mitteleuropa, klar!) Von Männern hörte ich übrigens überwiegend dieselbe Antwort, nämlich ebenfalls: *„als Frau!"* – Gut, dabei könnte

---

38 Dieser *Ausnahme* begegnete ich bei Straßen-Interviews, Thema „Ausländer-Integration" Herbst 2017 in Wien am Yppenmarkt. Ihr nebenan sitzender Partner beteuerte, dass ER jedenfalls lieber als Frau wiederkehren würde, wenn sie ... ☺ .

man einwenden, dem läge eine gehörige Portion Selbstmitleid zugrunde. Sei's drum! – Kaum jemand reißt sich offenbar darum, Mann zu sein.

Und Sie? – *Was würden eigentlich Sie antworten?* Seien Sie einfach ehrlich zu sich, also ohne strategische Berechnung. ... Was wäre denn Ihnen, liebe Leserin, lieber Leser, allemal lieber? – Vorausgesetzt es gäbe eine derartige Zukunftsrealität in diesem unfassbaren Kosmos. OK! – UND WARUM?! – Liebe Leserinnen: *Was ahnen Sie bei solcher Signifikanz eventuell selbst schon ...?* Und: *Wie wollen Sie das selbst interpretieren?*

Fragen zur Plausibilität angeführter Aspekte in diesem Kapitel:

1.) Hinweise auf eine latente Anti-Männer Stimmung sowie diskriminierendes Misstrauen gegen Männer sehe auch ich und weiß um die Bedeutung von Wertschätzung und Vertrauen für veränderungs-bereite Menschen. – Versöhnung und „Vertöchterung" steht an.

O	O	O	O	O
sehr	überwiegend	durchschnittlich	wenig	gar nicht

2.) Ich kann nachvollziehen, in welchem Ausmaß Männer lernen mussten, gewaltige gesellschaftliche und individuelle Verluste in Kauf zu nehmen. Durch die dargelegten Positionen kann ich auf neue Weise das von Männern dafür aufgebrachte Wohlwollen und ihre Akzeptanz nachfühlen, die allen gewaltigen Änderungen zum Trotz den sozialen Frieden zu bewahren ermöglichte.

O	O	O	O	O
sehr	überwiegend	durchschnittlich	wenig	gar nicht

3.) Ich bin bereit anzuerkennen, dass zukünftig ein gänzlich neues Kultur- und Menschenrecht etabliert und legalisiert werden muss. Dafür braucht es meinen Willen und meine Beharrlichkeit.

O	O	O	O	O
sehr	überwiegend	durchschnittlich	wenig	gar nicht

Punkte: sehr = 5; überwiegend = 4; durchschnittlich = 3; wenig = 2; gar nicht = 1

Ihre persönliche Auswertung/durchschnittlicher Punktewert:

Kapitel 8:
Sichtweisen hinterfragen – bei geänderter Lage!

Der Froschkönig (Fortsetzung 8)

„Endlich sprach er: ‚Ich habe mich satt gegessen, und bin müde, nun trage mich hinauf in dein Kämmerlein und mach dein seiden Bettchen zurecht, da wollen wir uns schlafen legen.' Die Königstochter fing an zu weinen und fürchtete sich vor dem kalten Frosch, den sie nicht anzurühren getraute, und der nun in ihrem schönen reinen Bettlein schlafen sollte. Der König aber ward zornig und sprach: ‚Wer dir geholfen hat, als du in der Not warst, den sollst du hernach nicht verachten.' Da packte sie ihn mit zwei Fingern, trug ihn hinauf und setzte ihn in eine Ecke. Als sie aber im Bett lag, kam er gekrochen und sprach: ‚Ich bin müde, ich will schlafen so gut wie du. Heb mich herauf, oder ich sag's deinem Vater.' Da ward sie erst bitterböse, holte ihn herauf und warf ihn aus allen Kräften wider die Wand. ‚Nun wirst du Ruhe haben, du garstiger Frosch.' " [1] (Fortsetzung / Ende folgt)

Wie verhindern wir selbst Chancengleichheit in der Gesellschaft?

Dies tun wir, Frauen und Männer, indem wir gängigen aber veralteten Klischees *nach dem Mund reden*. Dieses Buch sieht seine Aufgabe u.a. darin, beide Geschlechter wachzurütteln, sich der gegenwärtigen Gender-Gesamt- und Gender-Realsituation bewusst zu werden: Nicht nur sind die Jungen nachgewiesener Maßen die *Verlierer im gesellschaftlichen Bildungssystem*, es sind auch die Männer sowie geschiedenen Väter die *Verlierer im gesellschaftlichen Sozialsystem.* [2]

... und dass wir uns hier nicht falsch verstehen: Dies ist kein Vorwurf an die Frauen, sondern vielmehr ein Weckruf an alle engagierten Männer UND Frauen sowie an Bildungs- und Sozialpolitiker/innen. **Diesbezüglich ist es im Grunde genommen bereits eher 5 nach 12 – als 5 vor 12!** *Daher auch mein Hinweis und Appell an alle Frauen: Nicht nur, wer eigene Söhne hat und sie liebt, auch wer eigene Töchter*

---

1 Aus: *„Der Froschkönig"* (auch: *„Der eiserne Heinrich"*), Märchen der Gebrüder Grimm. Online: www.internet-maerchen.de/maerchen/froschkoenig.htm .

2 ... wie in früheren Kapiteln dargelegt; z.B.: Kap. 7: Wer fürchtet sich vorm *„Weißen Mann"*?! (Abschnitt: Massive Änderungen im Sozialen u. Zwischenmenschlichen).

hat, wird einen Freund für die Tochter oder einen Schwiegersohn wünschen, der zu einer männlich-gearteten Entwicklung befähigt worden ist und hoffentlich auch bildungsmäßig mithalten kann.

Was uns alle zu interessieren hat, ist, einen notwendigen Perspektiven- und Paradigmenwechsel im heutigen Gender-Bereich zu initiieren. Einfach deshalb, weil in der Gesellschaft immer noch eine, einstmals politisch durchaus stimmige Stoßrichtung vorherrscht, die aber ohne Bezug zur mittlerweile veränderten Realität steht und ihr in krasser Weise nachhinkt.

„*Männerdiskriminierung*" – Berichte von offizieller Seite: KEINE!

Es gibt mittlerweile in fast allen europäischen Staaten offizielle Daten-Reflexionen zum Thema Gender. So auch in Deutschland und Österreich. Auch hier wurde also vor einiger Zeit unter der Ägide der Österreichischen Bundesministerin für Bildung und Frauen ein „*Gender Index 2015*" erstellt. Verantwortlich dafür – drei Frauen. Zitat: „*Der Gender Index liefert Informationen über die tatsächliche Situation von Frauen und Männern und gibt Auskunft über das, was hinter den Durchschnittswerten liegt. Deshalb sind diese Statistiken und Daten eine unerlässliche Voraussetzung, um Entscheidungen, Ziele, Indikatoren und Maßnahmen aus der Geschlechterperspektive zu bewerten.*" [3]

Ich habe selten eine Darstellung erlebt, in der das zu vermittelte Frauenanliegen „*Seht doch WIE benachteiligt wir Frauen sind!*", derart spürbar ist wie in dieser Publikation. Jeder gebildete Mensch weiß natürlich, wie man Daten als Fakten so aufbereitet / manipuliert, um das eigene Anliegen bestens zu kommunizieren. Und weil das jeder weiß, ist es notwendig, dass ein derart wesentlicher Bericht von Vertretern beiderlei Geschlechts gleichermaßen verantwortet wird.

Ja, es gibt Bereiche in der Gesellschaft, in denen Frauen noch immer Benachteiligung widerfährt. Dies wird es aber wohl immer geben – und zwar *für alle* Menschen. Wenn aber kein einziger solcher Bereich, in denen Männer benachteiligt sind in derartigen

---

3 Aus: „*Gender Index 2015: Frauen und Männer in Österreich*", S. 5. https://bildung. bmbwf.gv.at/frauen/gender/gender_index_2015.pdf?5lidom .

Dateninterpretationen auffindbar ist, wird klar, dass bei diesem Konvolut etwas absichtlich in Schräglage gesetzt wurde. Allein das in meinem Buch angesprochene Bildungsdefizit von Jungen ist so ein schwerwiegender Mangel an Chancengleichheit zu Ungunsten der Jungen. – Dennoch ist es den Verfasserinnen keinerlei Hinweis oder Kommentar wert gewesen.

Dieser drastisch verschlechterten Bildungschancengleichheit liegen äußerst belastende kulturell-gesellschaftliche Veränderungen zugrunde, welche primär zu Lasten des männlichen Nachwuchses und des männlichen Teils der Bevölkerung gehen. Und natürlich zeigen sich derartige Entwicklungsmängel vornehmlich in den Folgegenerationen. **Hier liegt etwas sehr Wesentliches im Argen.**

Über passende „Kandidaten" als Begründung braucht wohl nicht lang gesucht oder gemutmaßt werden: Hier muss an erster Stelle jenes pauschal ängstliche Misstrauen und „latent Unwirsche" vieler Frauen gegenüber Männern in dieser Gesellschaft gesehen werden; nicht selten gesteigert bis zum kaum mehr verdeckt Gehässigen bei manchen Feminismus-Aktivist(inn)en. Das schwächt kollektiv. Aber auch der Mangel an erlebbaren Vorbildern für Jungen fällt in dieses Kategorie. Ihre *role models* (Väter) zeigen sich heute vornehmlich gesellschaftlich geschwächt (wenn sie sich zeigen) oder sind als Männer im Lehr- und Erziehungs-bereich generell abhanden gekommen. Gründe für Letzteres gibt es ebenfalls unterschiedliche, z.B. die männliche Akzeptanz dieses Fähigkeitenfeldes als matriarchal angelegter Dominanzbereich, der von jeher (intern der Familie) den Frauen oblag; vielleicht auch jene eher durchschnittliche Bezahlung.

Was jenseits dieser „Gründe" als zentrales Faktum bleibt: In den entwicklungsrelevanten und somit entscheidenden Jahren der Biographie (in der Kindheit und Jugend) finden Jungen heute fast nur noch weibliche „*role models*" (**Eigentlich müsste man stimmiger sagen: „*Frauen als role models*"**). Und einige feministisch orientierte Pädagog(inn)en finden das ja sogar „*sehr gut und sinnvoll*" [4].

---

4 E. Wölfl, zitiert in: www.derstandard.at/2000051640972/Das-geschwaechte-Geschlecht-Wann-ist-ein-Mann-ein-Mann .

Die Situation darf / muss doch längst viel differenzierter gesehen werden: Wir tragen als Vertreter/innen beider (aller) Geschlechter den „Opfer- UND Täteraspekt" in uns – auch wenn viele Männer es „hassen", sich bewusst mit ihren Traumata und ihrem „Opferteil" zu konfrontieren. Allemal identifizieren sie sich leichter mit dem „Täter in sich" (*falscher Stolz*) als mit dem verletzlichen „Opfer". Ja, manchmal werden sie dadurch sogar zum Selbst-Mörder – oder gar zum Mörder. – Während sich umgekehrt viele Frauen primär mit ihrem „Opferanteil" belastet sehen und sich auch lieber so zeigen möchten, anstatt den eigenen „Täteranteil" zu konfrontieren (*falsche Scham*).

Unsere gemeinsame Herausforderung besteht heute darin, das WEIBLICHE in der Gesellschaft gleichermaßen wertzuschätzen und zu honorieren, wie das Männliche! – Eine Aufgabe, der sich der *männlich-orientierte Feminismus* in KEINER WEISE stellt. Ganz im Gegenteil: Er setzt auf Männlichkeit und vermittelt den Frauen, dass sie nur so in dieser Gesellschaft gleichwertig bestehen könnten. Was es braucht ist ein *weiblichkeits-orientierter Feminismus*, der die WEIBLICHKEIT STÄRKT – bei Frauen wie bei Männern; oder noch besser, etwas Erneuerndes, das BEIDE Geschlechter gemeinsames kreieren.

Immer wieder aber erleben wir größten Widerstand gegen „gesellschaftliche Tendenzen" und vorgebliche Versuche einer „Täter-Opfer-Umkehr", ein wahrhaft sehr, sehr heikles Thema. Auch ich bin der Auffassung, dass weder die „Täter-Opfer-Umkehr" noch eine „Opfer-Täter-Umkehr" für künftige Lösungen etwas beitragen kann. Wesentlich aber wäre wieder wahre Empathie zu schenken – gerade für diesen ungeliebten und oft unsichtbaren *eigenen* Schatten wie auch den *fremden*. Weder Männer noch Frauen sind per se die „besseren" Menschen – nur andere. Und sie sind *beide* zu achten.

Diesbezüglich stellt sich die individuelle Aufgabe für Männer bzw. Frauen geradezu als die sprichwörtliche „Kehrseite der Medaille" dar. Beides wäre essenziell nachhaltig, effizient und klärend – und beides braucht wahren Mut und ist gleichermaßen anspruchsvoll.

Soziale Medien & Peer Groups – Meinungs-Bubbles & TABUs

Als ich selbst Mitte-20 war, glaubte ich allen Ernstes, dass die österreichische Gesellschaft auf bestem Wege sei, sich politisch „grünen Anliegen" verpflichtet zu fühlen bzw. sich für sie zu öffnen. Ja, ich lebte damals als Student in einem Peer-Umfeld, in einer mir offenbar unbewusst bleibenden „Meinungs-Blase". So war ich überrascht, dass es bei den Bundeswahlen dann nicht bedeutend mehr Mandate für die „Grünen" gab. Dass das erste und einzige Atomkraftwerk Österreichs (Zwentendorf) in den 1970er Jahren in einer Volksabstimmung von einer knappen Mehrheit dann doch abgelehnt wurde, hatte damals nicht primär „Anti-Atomkraft-Gründe" als Wurzeln.

Heute ist diese „Meinungs-Bubble"-Situation natürlich wesentlich krasser geworden. Das liegt laut Expertenmeinung an der exponentiellen Verwendung *Sozialer Medien*. Mittlerweile wird vonseiten der Medienwissenschaft allen Ernstes sogar in Frage gestellt, ob *„liberale Demokratien" die Entwicklung überhaupt ‚überleben' können.*"[5] Ihre Antworten klingen überwiegend skeptisch. Von allen „persönlich gehaltenen" Informationen im Internet seien es mittlerweile nahezu die Hälfte, welche nur noch von *Info-Antwort-Maschinen („Bots")* versendet werden. Wer dies für „Verschwörungstheorie" hält, der / die möge entsprechende Forschungen und Berichte nachlesen.[6]

Unsere heutige Zeit mit ihren *sozialen Medien* begünstigt eine Informationsgesellschaft, in der stark ideologisch gefärbte Weltanschauungen in sogenannten „Filterblasen und Meinungs-Bubbles" separiert von einander sitzen. Solche „Echokammern" bewirken, den eigenen Standpunkt beizubehalten, auch wenn er noch so einseitig und fragwürdig ist. Man nimmt nichts anderes mehr wahr und so entstehen quasi digitale Parallelgesellschaften, in denen plurale Werte und Ansichten nicht mehr gewährleistet sind. Und sollte es dennoch einmal dafür eine Chance geben, dann interessiert es das eigene Weltverständnis auch „nicht-die-Bohne".

---

5   https://www.ipg-journal.de/interviews/artikel/wie-demokratien-ueberleben-3330/ sowie: http://www.taz.de/!5375458/ .

6   Ebenda.

Für Gender-Forscherinnen heißt diese Ideologie-Bubble mit den dazugehörigen Begleitüberzeugungen in etwa: *„Frauen werden unterdrückt. Frauen brauchen mehr Unterstützung. Die Männer sitzen an der Macht."*

Weiter gibt es in solchen Meinungs-Bubbles sozialer Medien, Diskussionsforen, Kaffee-Kränzchen oder Motorrad-Treffs (bereits beiderlei Geschlechts) natürlich auch TABUs: private, in jedem Fall aber strikt vorgegebene oder immanente Regeln. Im Gender-Bereich umfassen diese TABUs zum Beispiel und im Besonderen Feminismus kritische Kommentare. Derartiges widerspricht eindeutig den dort gepflegten Usancen. So etwas *„geht GAR nicht!"*

Ein weiteres TABU scheint zu brechen, wer nicht die feministische Meinung teilt, dass es primär Mädchen in unserer Gesellschaft seien, die benachteiligt würden, sondern heutzutage die Jungen sind, die jungen Männer, die Väter ... Männer ganz allgemein. Ein solches TABU zu brechen und auf männliche Benachteiligungen hinzuweisen – so jemand diskreditiert sich in den Augen jener selbst *männlich-orientierten Feministinnen* bereits als „unfair" oder noch schlimmer gar als möglicher „Frauen-Hasser". Kürzlich wurde mir von einer mir nahestehenden, jungen Frau süffisant geraten, doch Aufsätze von *„Frau Barbara Rosenkranz"* (u.a. Ex-FPÖ-Abgeordnete) zu lesen, die könnten mich *„wohl auch sehr interessieren"*. Und dies ausschließlich deshalb, weil ich ihr den Link zu einem von Doris Bischof-Köhler, Biologie- und Psychologieprofessorin der Uni München, verfassten, Gender-kritischen Artikel in *„Die Zeit"*, schickte. [7] **Da wird man(n) gern mal schnell als Quasi-Subversiver mit einem rechten Schwinger ins „rechte Eck" befördert – die „Mund tot Keule" eben.** [8]

---

[7] http://www.zeit.de/2013/24/genderforschung-evolutionsbiologie; (Feb./2017).

[8] Derartiges kennen wir von allen „ismen" und Ideologien, wie beispielsweise in der McCarthy-Ära in den USA während der Anfangsphase des Kalten Krieges, wo jeder, welcher / welche die herrschende Meinung kritisch hinterfragte, als „Kommunist" abgestempelt wurde, oder auch in der UDSSR und DDR als „Feind des Sozialismus" oder „Imperialist", in der Türkei als „Staatsfeind". Das typisch Ideologische: *Sie lässt kaum Kritik zu, auch wenn diese schlüssig begründet ist.*

Extremismus / Fundamentalismus / Sexismus – auf beiden Seiten!

Die soziologische Fragestellung muss stets jene sein: *Wie geht es jemandem, der von solchen „-ismen-Vorurteilen" und gesellschaftlicher Entwürdigung bis zur Ächtung und Ausgrenzung betroffen ist?* Für Männer – und für die spreche ich hier – bedeutet das: *Wie geht es der Hälfte der Bevölkerung, wenn sie unterschwellig bis öffentlich von radikal-feministischen Kreisen ständig als potenzielle Täter, als Unterdrücker oder unberechtigte Machthaber bezichtigt und tituliert wird?*

Ja, es gibt diese Trieb- und / oder Gewalttäter und jeder von ihnen ist in seiner traurigen Ausrichtung einer zu viel. Aber: Sind das 0,1%, 1% oder gar 2%? Was ist mit den 99,9%, 99% oder 98%, die ebenfalls „Männer" sind, aber keineswegs so veranlagt? Ganz abgesehen davon, dass es natürlich auch weibliche „Triebtäterinnen" gibt (und sicherlich nicht zu wenige). **Allerdings: Das könnte (muss aber nicht) anders aussehen. Und auch die Vorgehensweise sowie die Folgen für die andere Seite (Männer) sind andere – z.B. ein ¼ Jahrhundert lang für ein Kind bezahlen, das niemand außer der „Triebtäterin" so geplant hatte. (Nach dem Motto: *Ich will ein Kind und ich brauch jemand, der mir das macht, mich ein paar Jahre unterstützt und dafür auch zahlt.*) Ja, ich weiß, das klingt hart in manchem Ohr. Aber auch DAS ist Realität und sie nimmt nicht ab in dieser Gesellschaft, sondern zu.**

Das ist das eine. Das andere: Wer wird heute abgewertet und wer „unterdrückt" – und wo? *Wo sind „die Männer" in dieser Gesellschaft, welche „DIE Macht" hätten? Es gibt sie, ja. Aber wie repräsentativ sind diese wenigen Männer für die große Masse „DER Männer"? Die meisten Männer haben doch keinerlei Macht in dieser Gesellschaft! Und das haben sie mit einer in etwa gleich großen Gruppe in der Gesellschaft gemeinsam: mit den meisten Frauen.* In gesellschaftlich-soziologisch *entscheidenden* Entwicklungsbereichen der Gesellschaft aber haben **real betrachtet**, primär Frauen das Sagen. Ich habe diese charakteristischen Bereiche bereits angesprochen und als versteckte Berufs-Matriarchate bezeichnet. Hier werden die wesentlich neuen Impulse für künftige gesellschaftliche Entwicklung gesetzt und gehandhabt.

Ohne irgendetwas wie „Schuld" zuweisen zu wollen, ich glaube nicht an Schuld. Fakt aber ist – wie bereits hingewiesen: Jungen fallen in den meisten Gesellschaftsbereichen, immer weiter zurück. (Ja, GOTT SEI DANK nicht alle!), weil es für Jungen noch keine gleichermaßen geförderten Forschungsprogramme gibt. **Geförderte Genderforschung von Frauen- wie von Männerseite GLEICHERMASSEN, das fehlt noch gänzlich. Wie eben auch ein Minimum an Förderprogrammen für Jungs! Als langgedienter Sozialarbeiter / Sozialpädagoge weiß ich: Wir alle sind für die Folgen verantwortlich.**

Hypothesen sind solange interessante *vorwissenschaftliche Fabeln*, als die Empirie sie nicht bestätigt oder widerlegt. Faktenwissenschaft und empirische Daten ebnen *Hypothesen* entweder den Weg zu einem neuen Paradigma oder stoßen sie vom Podest und machen sie zu *post-wissenschaftlichen Fabeln*, die niemand mehr interessieren.

Der politische Feminismus und die damit verbundenen „Gender Studies" sind bislang offenbar nicht bereit, die dichte Fakten- und Datenlage anderer wissenschaftlicher Forschungen gleichermaßen anzuerkennen. Die renommierte Entwicklungspsychologin Doris Bischof-Köhler von der Uni München forscht seit vielen Jahren im Bereich der Geschlechtsausbildung. Sie untersuchte, welche konstitutiv vorgegebene Geschlechterunterschiede es gibt (angeborene, evolutionsbedingte), bzw. welche lediglich kulturell konstruiert sind [9]. Bischof-Köhler sagte diesbezüglich in einem Interview in der „Zeit": *„Die Genderbewegung hat, soweit ich erkennen kann, kein Interesse an Objektivität. Hier scheint ein konstruktivistisches Weltbild vorzuherrschen, dem zufolge so etwas wie eine objektive Wirklichkeit, die es zu erforschen gilt, nicht existiert. Faktizität und Phantasie verschmelzen auf eine Weise, in der ich nicht recht mitdenken kann. – ZEITMAGAZIN: Verstehen Sie den Vorwurf der Genderforschung, dass die Naturwissenschaft lange benutzt wurde, um die Minderwertigkeit der Frau zu beweisen? BISCHOF-KÖHLER: Selbstverständlich. Aber daraus lässt sich schwerlich folgern, dass man empirische Befunde nicht zur Kenntnis*

---

9   Nach: https://de.wikipedia.org/wiki/Doris_Bischof-Köhler .

nimmt oder leugnet, bloß weil irgendwer sie mal missbraucht hat oder missbrauchen könnte. " [10]

Das betrifft nicht nur die durchaus gegensätzlichen Fakten neuro-physiologischer Datenvielfalt bezüglich der Geschlechterunterschiede im Bereich genetischer und epigenetischer Provenienz, sondern auch jene von Evolutions- und Verhaltensforschung, soziologischer, hormoneller und immunologischer Forschung, u.s.w. Hier scheinen ideologische Aspekte wichtiger als wissenschaftliche Fakten und hat wider besseres Wissen ein bemerkenswerter Mangel an „wissenschaftlicher Redlichkeit" Einzug gehalten. Forscher wie der Evolutionsbiologe Ulrich Kutschera (Uni Kassel / Stanford-Palo Alto) klagt dies mit drastischen Worten an und bezeichnet die Genderforschung als *„Irrlehre"*, als *„Gender-Ideologie made in Germany"* [11]

Wie lange noch *geht-der-Krug-zum-Brunnen-bis-er-bricht ...?*

Lächeln mit Nasrudin zu dem Thema gefällig? Ich weiß, es scheint auf den ersten Blick etwas kontraproduktiv für mein Anliegen zu klingen. Aber ich bin überzeugt: Sie finden schon den rechten Standpunkt dafür, dass diese Story doch passt ☺. Hier für Sie, liebe Leser und Leserinnen, Mulla Nasrudin mit „*Vertrauen gegen Vertrauen*": „*Ein Nachbar kam zu Nasrudin und wollte sich dessen Esel leihen. ‚Tut mir Leid', sagte Nasrudin, ‚ich habe ihn schon ausgeliehen.' In diesem Augenblick schrie ein Esel aus Leibeskräften. Der Radau kam aus dem Stall des Mullas. ‚Aber Mulla, das ist doch Dein Esel, der dort schreit!' Bevor er dem Nachbarn die Tür vor der Nase zuschlug, sagte der Mulla erhobenen Hauptes: ‚Ein Mann, der dem Wort eines Esels mehr Glauben schenkt als meinem Wort, verdient nicht, etwas geliehen zu bekommen'.*" [12]

Taktische Lügen haben immer wieder bewiesen, dass sie zumeist „*kurze-Beine-haben*", wie dies der Volksmund schon sagt. Trotz

---

10 D. Bischof-Köhler: *„Keine falschen Schlüsse ziehen"*, Interview von E. Raether; zitiert in: http://www.zeit.de/2013/24/genderforschung-evolutionsbiologie .

11 U. Kutschera: *„Das Gender-Paradoxon – Mann und Frau als evolvierte Menschentypen"*, Berlin 2018 (2. Auflage), S. 51.

12 Aus: R. Fischer (Hg.): *„Also sprach Mulla Nasrudin"*, München 1993, S. 144.

und falscher Stolz beim Ertapptwerden sind jedoch selten so witzig verpackt wie in Nasrudins Geschichte. Es besteht jedenfalls eine Unzahl an Möglichkeiten für skurrile und närrischer Situationen, wenn es primär drum geht, sich keine Blöße zu geben, statt der Wahrheit das Recht zur Selbstkorrektur zuzugestehen. Solche Spielchen gehen letztlich selten anders aus ...

Unschuldsvermutung als Menschenrecht

Für die Sicht aufs abgewertete bis pauschal entwertete Geschlecht (Mann), als dessen gesellschaftliches Opfer „frau" sich im politischen Feminismus definiert, scheint bewusste Differenzierung nicht „opportun". Welche ideologisch Radikalisierten interessiert es, zu wissen, wie es den einzelnen Subjekten bei der heute praktizierten *„Optimierung-der-Kultur-Verhältnisse"* geht? **Menschen werden da leider als Masse begriffen.** Für sie scheint politische Fairness somit „unangebracht", wenn nicht sogar als für das „Wohl der Allgemeinheit" gefährlich. Von etwas wie politischem Mitgefühl ganz zu schweigen. – Einer derart generalisierenden Sündenbock-Mentalität liegen bekannterweise (egal bei welchem Geschlecht) projizierte Ängste aus einem meist geschwächten Selbstwert und gekränkter Eitelkeit zugrunde. Darauf jedenfalls weist uns die Aufarbeitung – nicht nur jene des 20. Jhdts. und seine Lehren – hin.

Auch Mitglieder einer gesellschaftlich in Misskredit geratenen, schädlichen Gruppe aber, als die heute die „weißen Männer" gelten, haben ein Recht auf Anhörung ihrer individuellen Motive und Lebensumstände (So sie überhaupt noch mutig und bereit sind, darüber zu sprechen). Wer meint, Frauen seien die besseren Menschen oder Ähnliches, den / die werde ich mit meinen Hinweisen im Buch nicht erreichen. Das ist mir klar. Aber vielleicht all jene, die übers bisher Dargelegte in Ruhe und unbefangen nachzudenken bereit sind. Die Männer sind meines Erachtens jedenfalls durchwegs liebevoller, unterstützender und friedfertiger als dies das gegenwärtig verunglimpfende „Männer-Bild" suggeriert. Ich sage dies, wissend, dass anders Gesonnene aussagekräftige Negativ-Beispiele anführen können. Und das sicherlich auf BEIDEN Seiten der Geschlechter.

Die Chance lebt (noch), den Männern ihre Art Besonderheit, Eigenart und Würde wieder zuzumuten. Systemisch betrachtet gilt bekannterweise: *Jeder, den man mobbt bzw. entwertet, dem man nichts zutraut, kann auf solche Art und Weise seiner Entwicklungsmöglichkeiten beraubt werden.* Neben der notwendigen Versachlichung der Gender-Debatte muss auch für Männer gelten dürfen, was für alle sich Entwickelnden in unserer Gesellschaft gilt: *Kritik, Anforderung, Verständnis und Förderung müssen ausgewogen sein.*

Und vor allem ersuche ich an der Stelle dringend um Respekt und die Beachtung der „Unschuldsvermutung", auch für Männer: Schluss mit den pauschalierenden Vorverdächtigungen der Männer in dieser Gesellschaft bezüglich Machtmissbrauch, etc.! Es gibt nicht nur die beklagte Diskriminierung von Frauen (durch Männer) in der Gesellschaft, sondern eine ebenso bedeutende, wenn auch subtilere Diskriminierung von Männern durch Frauen. Was den Unterschied ausmacht: Es fehlt für Männer die unterstützende Lobby. Auch von Frauenseite.

Machen wir uns einfach immer wieder deutlich: Diskriminierung entsteht NICHT DURCH UNTERSCHIEDE, sondern durch Bewertungen!

Der Beginn einer Verbesserung der gegenwärtigen Situation läge wohl darin, geschlechtsspezifische Unterschiede anzuerkennen und sie bezüglich ihrer Entwicklungen *gutzuheißen* sowie zu fördern, anstatt auf (noch) Unvollkommenes zu verweisen, **oder den Finger in die Geschlechter-Wunde zu legen.** Gegenseitiges Wohlwollen muss wieder möglich werden dürfen, indem man(n) / frau es aktiv pflegt. **Dass dies heute immer noch nicht sein darf, dazu muss die Frage gestellt werden dürfen:** *Wer könnte etwas davon haben, wenn dieses Wohlwollen in der Gesellschaft nicht-und-nicht entstehen darf!? Warum eigentlich gibt es kaum Anerkennung, oder gar Dankbarkeit dafür, was in extrem kurzer Zeit an drastischen Veränderungen vonseiten der Männer mitgetragen wurde? Was sind schon eineinhalb Generationen, betrachtet man die enormen Entwicklungen unter genetisch-epigenetischen Zeitdimensionen von Prägung und Entwicklung?! – NICHTS, einfach GAR NICHTS!*

Daher meine Bitte: Geduld und Förderung für all jene, welche zu den dramatischen, kulturgeschichtlichen Veränderungen ja sagen sollen. *„Der diskriminierte Mann braucht unsere Unterstützung. Die staatliche aber auch die persönliche Hilfe. Er braucht das emanzipierte Vorbild im eigenen Geschlecht, ein männliches Netzwerk und eine Männerlobby, in der er sich sicher fühlen kann. Uns Frauen hat das alles sehr gut getan. Statt ausschließlich auf Frauenrechte zu pochen, sollte in der sogenannten Geschlechterfrage mehr von Menschenrechten die Rede sein."* [13] Es geht heute um Männern-Integration in wichtige Entwicklungsbereiche der Gesellschaft. – Aber wie?

Den in dem Kapitel bereits genannten, aber vermutlich ALLEN ideologischen „-ismen", muss die sträfliche Reduktion komplexer Zusammenhänge vorgeworfen werden. Es ist daher dringend nötig, das humanistische Gedankengut zu stärken, um so wieder eine Ideologie-freie Selbsthinterfragung zu ermöglichen.

Wollen Männer in unserer Kultur bezüglich ihrer Aufgaben als Väter, als Kindergärtner, Pädagogen sowie Sozialarbeiter und im Bereich der Gesundheit *wirklich* bestärkt werden, so müssen sie als erstes aus dem ständig kolportierten, sexistischen und desaströsen *Männer-Bild* ABSICHTSVOLL entlassen werden. Damit „Männer-Integration" in diese Bereiche erfolgreich sein kann, müssen sie sich diesbezüglich auch explizit angesprochen fühlen dürfen. – **Männer sind weder alle Täter – und schon gar nicht Übel-Täter! Es geht nicht an, das „Männliche" am Pathologischen festzumachen. Ebenso wenig wie das „Weibliche". Männlich / weiblich sind Qualitäten, die sich erfreulicherweise selten in pathologischer Weise zeigen.**

Politisch seriöses *„Nudging"* kann auch in dem Bereich essenzielle Bewusstseinswandlung hervorbringen und wichtige Entwicklungen vorantreiben, die in Gesellschaften bereits (unbewusst) im Gange sind! – Mein Anliegen und Vorschlag dazu: *Wie wäre es endlich mit einem entsprechenden Ministerium, wo der Begriff „Männer"*

---

13 M. Ebeling: *„Können Jungen und Männer in unserer Gesellschaft benachteiligt werden?"* Vortrag, 30.4.2012, Ohm Hochschule Nürnberg. Aus: https://geschlechterdemokratie.files.wordpress.com/2012/05/vortrag-ebeling-ohm.pdf .

AUCH vorkommen darf?! – Denn Männer finden bis heute weder in Deutschland noch in Österreich in der Namensgebung auch nur eines Ministeriums Erwähnung. Weder im Zusammenhang mit *Familie* noch mit *Gesundheit, Sozialem* oder *Bildung.* Alles Mögliche wird heute *gegendert.*

Warum denkt eigentlich hier keiner daran?

Fragen zur Plausibilität angeführter Aspekte in diesem Kapitel:

1.) Ich halte für sehr wahrscheinlich, dass es die eigenen „Echo-Kammern" (Resonanzen) sind, welche den Anhänger/innen des radikalen Feminismus eine einseitig erlebte „Benachteiligungs-Realität" vorspiegeln, verbunden damit, den Rechtsanspruch auf soziologische Deutungshoheit für sich zu reklamieren und diese so abzusichern.

O	O	O	O	O
sehr	überwiegend	durchschnittlich	wenig	gar nicht

2.) Ich bin gegen wissenschaftlich-ideologisierte Forschung. So etwas gab es schon und hat noch nie gut getan! Ich finde es traurig, wenn nun auch Frauen derartige Ideologien selbst einsetzen.

O	O	O	O	O
sehr	überwiegend	durchschnittlich	wenig	gar nicht

3.) *„Unschuldsvermutung als Menschenrecht"* auch für Männer: Diesbezüglich darf sich jede(r) Einzelne an die eigene Nase fassen.

O	O	O	O	O
sehr	überwiegend	durchschnittlich	wenig	gar nicht

Punkte: sehr = 5; überwiegend = 4; durchschnittlich = 3; wenig = 2; gar nicht = 1

Ihre persönliche Auswertung / durchschnittlicher Punktewert:

Epilog. – Und wie es weitergeht

Oscar Wild sagt einmal: *„Am Ende wird alles gut. Und wenn es noch nicht gut ist, ist es noch nicht das Ende!"* – So ist es auch bezüglich des glücklichen Zusammenlebens der Geschlechter. Lassen Sie uns zunächst hier auf das Ende dieses Märchens schauen …

Der Froschkönig (Ende) … und Neubeginn!

„Als er aber herab fiel, war er kein Frosch, sondern ein Königssohn mit schönen und freundlichen Augen. Der war nun nach ihres Vaters Willen ihr lieber Geselle und Gemahl. Da erzählte er ihr, er wäre von einer bösen Hexe verwünscht worden, und niemand hätte ihn aus dem Brunnen erlösen können als sie allein, und morgen wollten sie zusammen in sein Reich gehen. Dann schliefen sie ein. Und am anderen Morgen als die Sonne sie aufweckte, kam ein Wagen heran gefahren mit acht weißen Pferden bespannt, die hatten weiße Straußenfedern auf dem Kopf, und gingen in goldenen Ketten, und hinten stand der Diener des jungen Königs, das war der treue Heinrich. Der treue Heinrich hatte sich so betrübt, als sein Herr in einen Frosch verwandelt worden war, dass er drei eiserne Bande hatte um sein Herz legen lassen, damit es ihm nicht vor Weh und Traurigkeit zerspränge. Der Wagen aber sollte den jungen König in sein Reich abholen; der treue Heinrich hob beide hinein, stellte sich wieder hinten auf, und war voller Freude über die Erlösung. Und als sie ein Stück Wegs gefahren waren, hörte der Königssohn, dass es hinter ihm krachte, als wäre etwas zerbrochen. Da drehte er sich um und rief, Heinrich, der Wagen bricht.' – ,Nein Herr, der Wagen nicht, es ist ein Band von meinem Herzen, das da lag in großen Schmerzen, als ihr in dem Brunnen saßt, als ihr ein Frosch wart.' Noch einmal und noch einmal krachte es auf dem Wege, und der Königssohn meinte immer der Wagen bräche, und es waren doch nur die Bande, die vom Herzen des treuen Heinrich absprangen, weil sein Herr erlöst und glücklich war." [1]

… ja, das kommt schon noch, wenn wir endlich zulassen zwischen den Geschlechtern wieder gemeinsame Sache zu machen.

---

1 Aus: *„Der Froschkönig"* (auch: *„Der eiserne Heinrich"*), Märchen der Gebrüder Grimm. Online: www.internet-maerchen.de/maerchen/froschkoenig.htm .

Dem „sozialen Klimawandel" begegnen!

Vorerst könnte aber noch etwas anderes eintreten: Dann nämlich, wenn es dazu kommen sollte, dass Frauen demnächst alle wesentlichen sozialen Aufgaben in dieser Kultur an sich gezogen haben und ein Gros der Männer ihre Motivation im gesellschaftlichen Spiel der Geschlechter verloren hat. – Dann würde der „soziale Klimawandel" unsere Kultur und Gesellschaft gänzlich beherrschen / befrauschen.

Die Folge davon könnte sein, dass viele Männer sich bezüglich Gemeinschaftlichkeit der Arbeit künftig ähnlich „zurückhaltend" zeigen, wie wir dies heute in manchen Gegenden Afrikas erleben. Wo häufig die Frauen den Großteil gemeinschaftlicher Arbeiten leisten und die Männer partizipierend mit-ernährt werden. Oder sich paramilitärischen Banden anschließen und die Gegend unsicher machen. Oder es führt dazu, dass Männer ein Dasein im Status „drohnenartiger Arbeiter-Bienen" führen. In jedem Fall wäre ihnen wohl ein gesellschaftlicher Randbereich sicher.

So ein Szenario strebt künftig wohl keiner / keine wirklich an! Daher gilt es versöhnlich / „vertöchterlich" in unser aller Geschlechter-Zukunft zu schauen, um drohenden Entwicklungen BEWUSST „die-Stirn-zu-bieten". – Klären wir die Bedeutung, ja: NOT-WENDIGKEIT, welche wir diesem, „von-Menschen-gemachten-sozialen-Klimawandel" und unser aller Zusammengehörigkeit einräumen wollen.

It is NOW!

Was wir heute tun können, ist ganz bewusst die rechte Augenhöhe zwischen Männern und Frauen herzustellen, um neues Vertrauen zu schaffen. Dazu braucht es UNSER ALLER bewusst gestärkte Wertschätzung für das jeweils andere Geschlecht. Daher möge JEDE / R EINZELNE dafür Sorge tragen, dass die Gender-Rivalitäten nicht weiter überhand nehmen und die Zusammengehörigkeit zwischen den Geschlechtern sich wieder verbessern darf. Beide haben ihre eigenen Bedürfnisse und Qualitäten. Genau darin liegen die Chancen im Leben. *Nur wer sich selbst vertraut, kann anderen Vertrauen schenken.* Selbstvertrauen entsteht genau wie (Fremd-)Vertrauen zu anderen: *Halten Sie sich an Ihre EIGENEN Werte und Abmachungen – die eigenen „Core Values".* DAS ist zentral. *„Am Ende wird alles gut"* sagte Oscar Wild. Ich glaube das auch. Noch stehen wir nicht dort. Jenseits davon liegt, was ich als die neue Qualität und Kraft des „GEMEINSAM" bezeichne. Mein Anliegen: *An diese Kraft des „Gemeinsam" bereits heute aktiv zu glauben und es zuversichtlich für möglich zu halten.* – Unser JETZT ist die Zeit, damit zu beginnen.

Etwas, das das Drehbuch am Ende des Films, *„Matrix Revolution"* eine Frau (das Orakel) sagen lässt: *„Nein, ich habe es nicht gewusst, aber ich habe geglaubt."* Zu GLAUBEN, ist eine Kraft – kein laues *„Für-möglich-Halten".* – Dafür lohnt es, einzustehen.

Ich hoffe, die froschkönigliche Aueinandersetzung in diesem ungewöhnlichen Fairnessplädoyer aus einer Männerperspektive konnte Ihr Leser/innen-Interesse finden. – Es ist JETZT, wo der mögliche Transformations-Prozess in eine für BEIDE Geschlechter heilsam neue Richtung beginnen kann /muss. Durch Menschen, die erkennen, dass die Praxis eines Business as usual: *„Frauen für Frauen"* / *„Männer für Männer"* aufhört, sinnvolle Lösungen zu befördern. Es geht um Geschlechter-Fairness, nicht darum, die „Ohnmacht" statt bei den Frauen, nun bei den Männern zu beheimaten und sie als Systemverlierer zu missachten, die einfach *„selber-schauen-sollen!"* Es geht um REALE Gleichberechtigung. Denn: Es gibt nur EIN Boot!

Wenn Sie mein Anliegen unterstützen wollen, so weisen Sie, liebe Leserin, lieber Leser, Ihre Freunde und Bekannten auf dieses Buch hin und erheben Sie unerschrocken Ihre Stimme für ECHTE weibliche UND männliche Chancengleichheit! – Danke!

Fortsetzungsband: *„Lösungen im sozialen Klimawandel"*

Dieser Band wird aus heutiger Sicht fortgesetzt werden: *„Plädoyer für Gleichstellung – Lösungen im sozialen Klimawandel".*

Es wird mich freuen, Sie nach Erscheinen des Folgebandes auch als Leserin / als Leser begrüßen und gewinnen zu dürfen!

Mit besten Wünschen, Ihr / euer Autor
Kurt Froschkönig

Zum Buchautor:

Kurt Froschkönig

Der Autor lebt in Österreich. Er ist zum zweiten Mal verheiratet und Vater zweier erwachsener Kinder.

Zunächst arbeitete Kurt Froschkönig als Pädagoge / Heilpädagoge sowie in der Betreuung behinderter Menschen. Später wandte er sich dem Bereich angewandter Bewusstseinsforschung zu. In den vergangenen Jahren arbeitete er als Transformations- und Bewusstseins-Coach sowie als Sozialpädagoge mit männlichen Jugendlichen. Weiter ist er heute noch als Schriftsteller sowie freischaffender Künstler tätig – und ehrenamtlich als Mitarbeiter in der Hospizbewegung.

Das „sich-schöpferisch-Wandelnde" sowie der Lebenssinn stellte für Kurt Froschkönig zeitlebens die zentrale, menschheitliche Lebens-Thematik dar. Emanzipation und Transformation waren / sind für ihn somit essentiell wichtig! – Das „WIE" wurde ihm dabei jedoch entscheidend!

Kurt Froschkönig beschreibt sein Lebensanliegen selbst freudig so: *„Meine selbsterlebte Berufung war stets – und ist es nach wie vor – „Brücken-zu-bauen". Und als solches ist auch die Aussöhnung beider (aller) Geschlechter – als Basis für ein Gesunden dieser Kultur und Gesellschaft."*